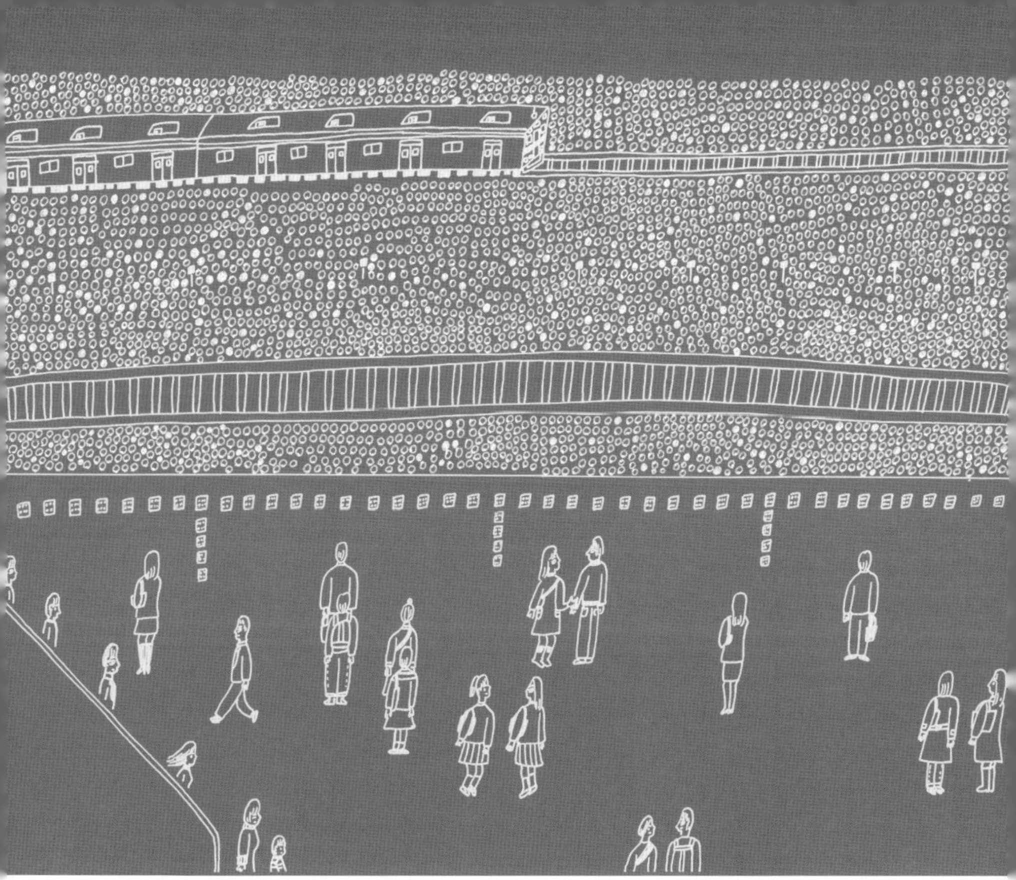

現実に介入しつつ心に関わる

多面的援助アプローチと臨床の知恵

田嶌誠一
TAJIMA Seiichi

金剛出版

はしがき

　著書を出すというのは，実に久しぶりのことである。
　書きたいという想いはあるものの，私は何冊も自分の著書を出したいという欲求にはいささか欠けるところがある。これまで表紙に自分の名前が出るような本は，わずか二，三冊出しただけなのに，それなりに気持ちが落ち着いてしまっていた。
　それでも，ありがたいことに，私の書いた論文をまとめた論集を出版したいという依頼はかなり以前からいくつかの出版社からいただいていた。もう何年前になるだろうか，なかでも金剛出版の立石正信社長には，当時編集長の時代に，驚いたことにすでに私の論文を集めて編集し，タイトルまでつけて一冊の本にしてゲラを送っていただいていた。あとは「はしがき」を書けば出版できるばかりにしたものであった。しかし，私はいまひとつ気が進まず，出版には至らなかった。そうこうして数年が過ぎ，今度はその後に書いたものを集め，追い討ちをかけるように，これまた同様に編集したゲラを送っていただいた。これもその後，さらに数年にわたって，ほったらかしにしてしまった。当然ながら，立石氏には会わせる顔がなく，学会等ではなるべく顔を合わせないようにしていた。なんとも申し訳ない次第である。
　ひとつひとつの論文は，執筆当時に私なりに乏しい知恵を振り絞ったものであり，個人的にはとても愛着がある。しかしまとまった本として出版するとなると，どうだろう。はなはだまとまりの悪いように思えて仕方がなかったのである。そういう中途半端なものを出版する気にはなかなかなれず，いずれ書き下ろしで書くことにしたいと漠然と考えてきた。せっかく出版させていただくのなら，いいものをという想いは強かったのである。
　しかし，想いの強さとはうらはらに，原稿は書けないままであった。さて，どうしたものかと迷いながらも，日々の臨床と教育，そして大学業務とに追わ

れ，真剣に苦悶することもなく，月日は流れていった。とうとう 60 歳も近くなってしまい，一冊の本をまるまる書き下ろしで書くのは，もはや無理であることを突然自覚するに至った。私はおおざっぱでルーズな人間だと思われているようだが，案外こだわりが強い面もあるのである。もはや，出版は無理なのではないかと思われた。

　そういうさなかで遭遇したのが，本書でも触れている児童養護施設の暴力問題である。私たちの社会に，かくも深い闇が残されていたのかと愕然とした。臨床心理学を専門とする者としてはもちろんのこと，なによりもひとりの大人として子どもたちのこの切実な問題を放置しておくわけにはいかないと思った。しかし問題が問題なだけに，いたずらに騒ぎ立てるのではなく，慎重に取り組むことが必要であると考えた。そして私はこの数年間，密かに施設の暴力問題に全力をあげて取り組んできたが，その過程ではさまざまな種類の困難にぶつかることとなった。実は，この暴力問題の深刻さと取り組みの困難さとが，本書の出版に向けて私の背中を強く押してくれたのである。

　私がこうした形の臨床を辛うじてではあるがなんとかできているのも，それに先立ち，本書で述べている「ネットワーク活用型アプローチ」等の経験があったからである。もはや，全体のまとまりがどうのなどとは言っていられなくなった。私の臨床を，私の学問を形にして紹介しなければという気持ちになってきたのである。本書が「ネットワーク活用型アプローチ」が中心になっているのはこういう事情からである。

　いまひとつ本書の出版を後押ししてくれたのは，2007 年の日本コミュニティ心理学会第 10 回大会で，思いがけず大会企画講演をさせていただくことになったことである。終わってみると，それが思いのほか好評で，その記録を学会誌に掲載していただくことになった。そして，この講演がはからずもこれまでの私の心理臨床の全体像をまとめるのに役立ったのである。そのため，これを冒頭にもってきて，それまで書いてきたいくつかの論文と合わせて一冊にすれば，なんとか出版に耐えるものになるではないかと思えてきたのである。

　これが本書の出版に至る経緯である。もし本書をお読みいただけるのであれば，そういう事情から，全体としてのまとまりの悪さと内容に多少の重複があることをご容赦いただきたい。最初に冒頭の「総論に代えて」を読んでいただきたい。あとは，興味関心にしたがって，どこを読んでいただいてもかまわな

いのではないかと思う。

　私は当事者のニーズに応えること，そしてできればもっとも切実なニーズに応えることを心がけてきたつもりである。むろん，それがどれだけ実現できているかは心もとない限りではある。また，執筆にあたっては，自分の実感を大事にしつつ，なるべく実践に役立つものをと留意してきたつもりである。読者の皆さんがそれぞれ，何か意味あるものを感じ取っていただければと願っている。

　本書の出版にあたって，まず感謝しなければならないのは，これまで私と臨床経験をともにしてくれたクライエントの皆さんである。ある程度まとまった事例報告については，すべてご本人の許可をいただいたものである。記して，深く感謝申し上げます。

　また，臨床家としてまた研究者として私が影響を受けた方々は少なくない。ここでおひとりずつお名前を記すことは控えさせていただくが，深く感謝申し上げます。出版にあたっては，先にも述べたように，長い間，実に長い間お待たせし，それでも見捨てないで辛抱強くおつきあいいただいた金剛出版の立石正信社長とこの本の編集途上で退社された山内俊介氏に深くおわびと感謝を申し上げる次第です。

2009年8月31日

田嶌誠一

目　次

はしがき　3

総論に代えて　現実に介入しつつ，心に関わる
　　　　──「内面探求型アプローチ」,「ネットワーク活用型アプローチ」,
　　　　「システム形成型アプローチ」──　11
　　【資料】安全委員会に関するアンケート調査　45

第Ⅰ部　多面的援助アプローチの基本的視点

第1章　多面的援助アプローチの考え方　54
第2章　臨床の知恵（工夫）が生まれるとき
　　　　──私の臨床実践──　64
第3章　密室カウンセリングよどこへゆく
　　　　──学校心理臨床とカウンセリング──　88
第4章　心理援助と心理アセスメントの基本的視点　98
第5章　事例研究の視点
　　　　──ネットワークとコミュニティ──　122
□コラム
　①勉強すればするほどダメになる？　135
　②そこにいられるようになるだけで　141

第Ⅱ部　ネットワーク活用型アプローチ

第6章　学生相談と精神療法　144

8　現実に介入しつつ心に関わる

第 7 章　強迫的パーソナリティとの「つきあい方」の一例　157
第 8 章　青年期境界例との「つきあい方」　178
第 9 章　スクールカウンセラーと中学生　198
第10章　ひきこもりへの援助の基本的視点　211
第11章　不登校の心理臨床の基本的視点
　　　　　――密室型心理援助からネットワーク活用型心理援助へ――　217
第12章　相談意欲のない不登校・ひきこもりとの「つきあい方」　239
第13章　不登校・ひきこもり生徒への家庭訪問の実際と留意点　258

□コラム
　③夜間校内適応指導教室　280
　④いじめ問題が臨床心理士につきつけるもの　282

あとがき　287
索　　引　288

現実に介入しつつ心に関わる

総論に代えて

現実に介入しつつ，心に関わる
—— 「内面探求型アプローチ」，「ネットワーク活用型アプローチ」，「システム形成型アプローチ」 ——

　皆さん，こんにちは。まず，自己紹介も兼ねて，私のやってきた臨床の話をさせていただきたいと思います。私は30年以上にわたって，ずっと心理臨床の世界でやってきました。そして，「壺イメージ法」というイメージ療法の技法のひとつを考案しました。その関係の本も書きましたけれども，ちっとも売れなくて，すぐに絶版になってしまう。悔しいので，自分で「幻の名著」だと言っています。

　「現場は学問のはるか先を行っている」というのが，私の実感です。現場に鍛えられているうちに私の臨床もいろいろ変化してきました。私はもともとコミュニティ心理学を専門としてきたわけでも，それをめざして研究や勉強をしてきたわけでもありません。しかし，さまざまな臨床現場で，現場のニーズを「汲み取る，引き出す，応える」ということを心がけているうちに，結果としていつのまにかコミュニティ心理学的アプローチをとることが大変多くなってきました。

I　三種のアプローチ

　そこで，個人の内面や深いところを扱う臨床から出発し，それだけでなく，コミュニティ心理学的発想に至る私の臨床の工夫や変遷について，臨床経験を交えて，お話しできたらと思っています。具体的には，①「内面探求型アプローチ」，②「ネットワーク活用型アプローチ」，③「システム形成型アプローチ」，私がやってきた臨床をだいたいそういうふうに総括してみたいと思います。現場の心理臨床では，このいずれのアプローチも必要であると，私は考えています。

現場のニーズを「汲み取る，引き出す，応える」ためには，心理臨床家が従来のようにもっぱら心の内面や深層に関わるという姿勢（それも必要ですが）のみでは不十分で，「現実に介入しつつ心に関わる」という姿勢とそれに基づく多面的アプローチが重要になります。これは，心理臨床が生き残れるかどうか，換言すれば心理臨床が社会に真に貢献できるかどうかに関わる重要なことだと私は考えています。

　心理療法に関心を持つ人はですね，私もそうなんですが，どうしても二人関係が好きなんですね。心の深いところが好きなんですね。そういうものにものすごく関心が強い。そういういわば「病理」を持っていると言ってもいい。だから，どうしても二人関係とか，心の奥底とか，それはそれで大事なんですが，もっぱらそれに終始しようとする傾向があります。だからよほど私たち自身が気をつけとかないといけない。コミュニティ心理学というのは，そういう偏った傾向を和らげるのに非常に重要な役割を果たすのではないかと思います。

II　内面探求型アプローチ

壺イメージ法のなりたち

　私は最初病院臨床，それから外来の心理相談室，そういうところで臨床をやってきました。そこで，イメージ療法というのをいろいろやっていました。壺イメージって何だろうかと言いますと，イメージ療法というのは，まず，箱庭とか描画とかと違って道具を使わないで，ただ目の前に浮かんだイメージを味わうというやり方なんです。

　精神科病院で，ある患者さんにイメージ療法を実施したところ，洞窟の中に壺がずらーっと並んでるというイメージが浮かんだんですね。〈壺の中に何が入っているでしょうね？〉と言いましたら，患者さんが「中に入っているものを出すと消えちゃう」と言われるので，私は〈じゃあ，壺の中に入ってみてはどうだろう〉と提案したんです。そしたら，「手前のほうは入れるけども，奥のほうは入れない」と，今にして思うとその人がうまいこと言ってくれたんですね。そこで私は，〈手前と奥のほうは何が違うんでしょうかね？〉と聞きました。そしたら，「手前のほうは整理されているやつだけど，奥のほうは未整理だ」と，実にうまいこと言ってくれたんですよ。つまり，自分にとって危険な壺，きつ

い壺には入れないってわけです。そこで,「手前のほうにあるやつなら入れそうだ,大丈夫だ」〈じゃあ手前の壺に入ってみましょう〉ってやっていたら,そのうち「今日は調子がいいから,もうちょっと奥のほうの壺に入ってみます」と言って奥の壺に入れるようになったんですね。そういうことを繰り返したら,急速に症状がとれちゃったんです。それで,これはいいなと思って,「壺イメージ法」という技法を創ったわけです。

「安全弁」という視点

　今日は端折りますが,私がそれまで勉強したそれなりの理論的背景がその基礎にあって,壺の中に出たり入ったりする,都合が悪いものはフタをしてしっかりしまいこむという技法を創ったわけですね。これが「壺イメージ法」のごく荒っぽい紹介です。これは結構,効果がある人には劇的効果があります。やっぱり精神科領域の患者さんは,心がうすーいガラス細工みたいなところがあって,ちょっと刺激的なことがあるとすごく状態が悪くなることがしばしばあります。そこで,患者さんの心に安全にアプローチするための方法ということで,「安全弁」という視点・発想を持ちました。病院臨床や外来の心理相談をやっているときには,密室の中で,心の深いところを慎重に扱うということで,それなりにやれていたわけです。

III　ネットワーク活用型アプローチ

学生相談では病院のようにはいかない

　ところが,学生相談とかスクールカウンセリングなどをやり始めたら,そういうアプローチだけではやっていけなくなってきました。コミュニティ心理学会には学生相談をやっておられる人が会員の中に少なくないと思いますので,学生相談については皆さんご承知と思います。私は6,000人規模の大学の常勤カウンセラーでしたから,大変だったんですね。統計的にみても当然なのですが,毎年必ず統合失調症などの精神病を発病する学生が出てきます。病院での心理臨床と違うのは,大学内のその辺で発症しているから,精神科の病院への受診・入院のお世話をしないといけないということです。私がそれまでやってきた病院心理臨床では,患者さんはすでに入院になって,急性期を過ぎて,ある程度

状態が安定している人あるいは外来で通ってきている人ということで，いわゆる相談とか治療という体制にある程度のっかっている人たちだったんです。

ネットワークで支えた暴力を振るう男子学生

学生がキャンパスの中で通りがかりの別の学生に飛びかかって，二三十発殴って逃げたという事件がありました。学生部の職員が「先生どうしましょう」と言ってきたんですね。〈どうしましょうって言われても……殴られた人は？〉，「全然心当たりがない。全然知らない学生が突然飛びかかってきて殴ってきた」と。〈じゃあ，その殴った方の学生は？〉って聞いたら，「バスに乗って帰りました」と言うんですね。〈バスに乗って帰ったってあなたねぇ。車に飛び乗って逃げたとかならわかるけど，バスに乗って帰ったって……。バス停にいたのならどうして連れてこないの？〉と私が言ったら，その職員が言いました。「先生，怖かったです」と。体重110キロ……巨漢ですね。こういう場合に〈君は何か悩みがあるんだろうから，来週の金曜日相談にきなさい。待っていますから〉と呼びかけたところ来てくれないですよね。

そこで，学生部の職員と2人で，その学生の家に行きました。2時間くらいかかりましてね。慣れると1時間ちょっとで行くんですけどね。最初は夜，暗い中探して行くから時間がかかる。行ったら，お父さんは出張で留守とのことでした。

お母さんに〈これまでも，暴力を振るうということはありませんでしたか？〉と尋ねたら，「うちの子は至っておとなしい子で，これまで暴力を振るうなんて全くありませんでした」とおっしゃるんですね。ところが，家の中の壁にはあちこちにボコボコと穴があいているんですよ。もう，明らかにすごい状況でした。そしたらね，学生部の職員が「自分たちは学生を処罰する仕事をしているんじゃない。いかに学生のことを考えているか」って話をとうとうとされたんですね。20分くらい。すると，お母さんが泣き崩れられたんですよ。で，「実は，3カ月前に本人に蹴られて肋骨を5本折った」ということでした。5本ですよ？　お父さんは夜中に飛びかかられて一緒に暮らせなくなって，1年前からよそで暮らしているとのことでした。

お母さんと下の部屋でこういう話をして，それから本人を呼んでもらいましたが，2階の自室にこもったまま出てきません。これは何とかしなきゃいけな

い。〈じゃあ，私が行きましょう〉ということで部屋に行くことにしたんですよ。「先生大丈夫ですか，一人で？」って職員の方が言ってくれたんですけど，〈あんまり大丈夫だとは思わんけど，二人で行くよりいいんじゃないかな〉と，一人で行きました。

　出会い頭のひと言というのは，心理臨床ではいつでも重要ですが，こういうときはひときわ大事です。皆さんだったら何と声をかけますか？　ちょっと考えてみてください。階段をあがりながら考えました。怖いですよ。110キロですからね。肋骨も5本折っていますしね。私は非常に怖い，怖いけれども，むこうはもっと怖いだろうなあと思ったんですね。そこで考えたのが，「3分だけ話そう。3分たったら帰る」ということです。これは実は「関係における安全弁」なんです。

　要するに，3分という枠の中でより安心して話そうよというわけです。で，「相談にのる」と言いました。そしたら，「誰にでも相談できるわけじゃない」とある先生を指定したので，その先生を連れて翌日行きました。その後の経過は略しますが，結局，いろいろな人間関係のネットワークで支えるという形をとったんですね。こういうときには「1週間に1回お会いしましょう」なんてことをやっていたらもうどうもなりません。ネットワークでその人を支えていくということで，何とか状態が安定し，その学生は無事卒業できました。

ストーカーにつきまとわれた女子学生

　もう一つ思い出すのは，女子学生が知り合いの男性にしつこく付きまとわれて，脅されたりして困って相談に来た例です。このとき警察にも行ったんですけど相手にしてくれない。当時は，民事不介入。今はだいぶ変わりました。ストーカー規制法ができたし。今にして思うと，ストーカーという問題なんですね。ストーカーは，全然知らない人が付きまとうということももちろんありますけども，結構知った人がもつれて，しつこくいろいろやってくるということがあるんですね。

問題を問題として把握する力が必要

　つまり何が言いたいかというと，問題を問題として把握する力が必要だということです。臨床心理学や精神医学が最近になって取り組んでいる問題の多く

は，以前は問題として認知されてなかった問題です。たとえば，いじめ，児童虐待，DV，犯罪被害，いずれもかつては問題として認知されていなかった。だから，当たり前だけど，問題を問題として適切にとらえるということが，非常に大事なのだというふうにそのときに思いました。

スクールカウンセラーで経験したこと

そういうことを経験した後に，平成 7 年から「スクールカウンセラー委託研究事業」が始まったので，スクールカウンセリングをやったんですね。私，割とくじ運が悪いんですね。有名校，荒れているので有名な中学校に当たりました。非常によく知られた学校で，新聞にも以前載った学校です。7 人の教師が生徒 2 人を砂浜まで連れてって首から下を埋めたっていう事件があったわけです。砂浜に埋めるとどうなるかっていうと，波がこう寄せてくるわけですね。そうすると，ほっとくと溺れ死んじゃうわけですよ。そういうことがありましてね。「教師の体罰がここまできた」という論調で新聞に叩かれて裁判になった事件でした。

考えてみると私はずっとおかしな話だと思っていました。というのは，一人の教師がそういうことやったのなら，その人個人の問題である可能性もあるかもしれないけど，この場合 7 人もの教師がそれをやったんですね。もっぱら教師がむちゃくちゃな体罰をしたという報道しかされなかったけど，私は背景には学校が相当荒れていたのではないかと思っていました。行ってみたらやっぱり実際にそういうことでした。生徒を砂浜に埋めるのはもちろん，体罰は許されることではありません。しかし，この問題はそれだけですむ問題ではないんです。

私がスクールカウンセラーとして勤務したのは，その事件から何年も経ってからで，ずいぶん落ち着いてきたと言われている時期でしたが，それでも他の学校に比べるとなかなかのものでした。スクールカウンセリング行っても大変なんです。行ったら校長さんと教頭さんがバタバタしているんですね。初出勤なのに，スクールカウンセラーと打ち合わせするどころじゃない。何でバタバタしているのかというと，親が子ども捨てて逃げちゃったと言うんです。中学生と小学生の 3 人の子どもを残して，両親がどこかに逃げてしまった。どうしましょうってことでね。それはもう，カウンセリングがどうのというレベルの問

題じゃないですね。しょうがないから,生徒指導の先生と一緒にその子たちの家に行き,荷物をまとめる手伝いをして,児童相談所に付き添って行きました。

本人自身には相談意欲がない場合が多い

こういう経験をして,本人は困ってないけど周りがすごく困っているとか,相談意欲なんて全然ないように見えるというような人たちと接することが非常に多くなってきたわけですね。スクールカウンセリングでもそうです。たとえば不登校ひとつ取りましても,「学校には行ってない。だけど定期的にきちんと相談室には通ってくる」,これはまだ力のある生徒です。そうじゃなくて,家の中にじっとひきこもっている場合はどうしたらいいのか。あるいは,生徒が学校に行かないで,髪染めて遊びまわっている。本人は全然困っているようには見えないけれども,周りはものすごく困っているというような人たちと接するようになってきました。

ネットワーク活用型の援助――母親だけが相談にくる場合の例

どんなことをやったかっていうと,たとえば,相談に来ない不登校生徒にネットワークを使った援助ということを考えました。例をあげましょう。相談室に,小学校4年の子が不登校になったということで,お母さんだけが相談にこられました。実は,こういう例は大変多いんです。こういう場合,残念なことにしばしば「本人がこないとどうしようもありませんね」と言われたりするんです。相談意欲のない人たちの援助ではそういうこと言っていたら,それこそセラピストとしてはどうしようもないと思うんですが,実際にはこういう対応をされることが多いんですね。

大事なことは,こういうときに初回に何を言うかということですね。さあ,皆さんだったら,何て言います? もう長期化した子については,〈学校に行く行かんよりもね,あなたが元気になることが大事〉(あるいは〈これ以上元気をなくさないことが大事だ〉)〈そのために,学校が何をしたらいいか,親御さんが何をしたらいいか,それを一緒に考えましょう〉と言いました。「本人にもそう伝えてください」とお願いしました。お母さんが家に戻って,本人にそのとおりに言ったところ,それを聞いた途端本人の表情がぱーっと明るくなったそうです。

原因探しの落とし穴

しばしば間違えるのは，学校の先生と保護者とが「原因は何でしょう」と話し合うことです。しばしばどうなるかというと，たとえば，学校の先生は37人の学級がいるとしたら，「37人の生徒のうち36人は学校にきている。この子だけ来ることができない。原因は何でしょうねと考える。すると，やっぱり原因は家庭だよな」と思うわけです。ところが，家庭のほうはどう考えるかというと，「子どもを3人育てた。上の2人は学校に行ったのにこの子だけ学校に行かない，行けない。原因は何だろう。やっぱり原因は学校だよな。そういえばあの担任はちょっと頼りないし……」みたいな話になるんです。その二人が出会って，「原因は何でしょうね」と言い出すわけですよ。すると，お互い内心では「こいつだな」と思っているわけです。そうすると，連携がちっともうまくいきません。

それよりもこの子が元気になるために学校に何ができるか，保護者に何ができるか，それを一緒に話し合うというスタンスでいきますと，割合，無難な対応ができます。

先ほどの例ですと，あのひと言で元気になって，その後ぱっと学校に行くようになるといいんですけども，通常はそういうわけにはいかないものです。この子の場合は，その後担任の先生にお願いして，家庭訪問をしてもらいました。最初は本人が先生と会うのを嫌がって，会えませんでした。家庭訪問の要領を担任の先生に私が教えていましたので，そのうち会えるようになりました。家庭訪問は上手にやると，ほとんどが本人と会えるようになります。本人と会って，少し遊んで帰るようになりました。これでまたさらに元気になってきました。次にお母さんにお願いして休みの日にこの子を外に連れ出してもらいました。そうしますとね，土曜日や日曜日とかに公園とかで遊んでいると，同じ学校の子たちがその辺にいたりするわけですよ。それで，だんだん一緒に遊ぶようになりました。これで相当元気になってきました。そうこうしているうちに，今度は日曜日に学校に友だちと遊びに行こうという約束をして行くようになりました。

基本的にはこんな形で，保健室登校からクラスに戻るという形でいきました。これには，保護者の力，担任の先生の力，生徒たちの力，そして相談にのった私と，いろいろな人がネットワークを活用してその子の援助をしていくという

形になります。これが「ネットワーク活用型援助」です。心の内面だけでなく，現実に介入していくわけですね。

現実に介入しつつ，心に関わる

そういういじめの例をお話しします。いじめの場合はしばしば，内面に関わるだけではだめですね。ご両親が相談にみえたんですが，チックが出ている。登校しぶりが始まって，このままじゃどうもいけないのではないかと相談にみえたんですね。こういうときは事実関係を調べるというのが大事なので，ご両親に「ちゃんと観察をしてください」とお願いしました。

そしたらですね，集団登校をしていて，登校の途中で完全に仲間はずれにされているということがわかりました。その経過の詳細は省きますけれども，ちょっと荒っぽいんですが，結局お父さんが子どもたちをどなりつけるという形でいじめはぴたっとなくなりました。

いじめはなくなったんですが，チックがなくならない。ここは私の出番です。本人と会いまして，プレイセラピーをやりました。するとその子は，プレイクッションを投げつけました。次に「壁を蹴っていいか」って言って，1時間くらい汗だくになって壁を蹴りました。それで，お父さんに教えまして，毎日少し時間をとって一緒にやってもらいました。そしたら，2週間でチックが完全に消滅しました。

つまり，ここではいじめという現実がなくならないといけない。その解決は，いじめが沈静化する必要がある。完全な解決かどうかはともかく，とりあえずいじめがなくなる。その後，本人の心を扱うという形をとる。これが「現実に介入しつつ，心に関わる」ということの例のひとつですね。

「変わるべきは主体と環境との関係」

このように，いじめなどがそうですが，必ずしもその人自身が変わるべきなのではなく，周囲が変わるべきである場合もあると考えるようになりました。こうした経験から，私は「変わるべきは個人」というふうに考えすぎていたと反省しました。問題は，「個人と環境との関係」であるというふうに考えるようになりました。その後，それもちょっとすっきりしなくなって，今は，「主体と環境との関係」だというふうに言っています。主体と環境，つまり，主体と内

的環境と外的環境があって，その心，内面の問題は内的環境との問題だろうというふうに考えるようになりました。

密室型援助からネットワーク活用型援助へ

大学生の学生相談で，密室モデルの限界ということを感じたわけですね。「生活という視点」とか，「多面的なアプローチ」が大事だというふうに考えるようになりました。それからスクールカウンセリングに行ったわけですね。スクールカウンセリングの理論的なことは端折りまして，とにかく，密室型からネットワーク活用型の援助だと。基本的には，「ネットワークによる援助」→「状態の安定」→「目標の共有」→「自助努力や工夫を引き出す」ということになります。もう少し専門的に言いますと，初期対応と見立てが必要で，大事なのは「個人の心理や病理」だけではなく，「ネットワークの見立て」だということを強調しているわけです。（本書第4章107頁参照）

相談意欲がない場合の居場所活動

相談意欲がない，あるいは本人が困ってないような子が複数いる場合に，私がよくやっているのは「居場所活動」ですね。子どもたちが居場所を得られるような活動をするわけです。スクールカウンセリングでも子どもたちが学校に行ったときに相談がなくても相談室に出入りできるような形にしました。私は学生相談でもそれで長いことやりましたし，現在，心理教育相談室でもやっています。

（写真［本稿では割愛］を提示しながら）これは女の子たちが談笑しているところです。かわいらしいでしょ？　でも，卒業間際にはこの子らリンチ事件を起こしたんですよ。女の子たちがいっぱいきます。座る場所がもうなくて，床に座り込んだりする。男の子もきます。この小さな部屋に，多いときは20人くらい来るんですね。中にはこういうファッショナブルな子たちも来ます。眉毛剃り上げていたりですね。普通の子もきます。「Dear ○○くん。4時間目も授業受けんけど怒らんでね。カウンセリングルームにいます。探さないで」と書いています。

私の絵もよく描きました。実物はもっといいと思うんですけど。これなんかひどいでしょ？　もうちょっとうまく描いてくれんかなと思うんですが。こん

な感じですね。で，いろいろ落書きしていきます。「押し付けるな　指図するな　俺は俺でいろ」。お父さんとの関係が非常に難しかった生徒です。「我は我に従え」。この生徒もそうですね。「爆音　命ある限り愛し続ける　天上天下」。「鬼に会うては鬼を斬り　仏に会うては仏を斬り　親に会うては親を斬る　これぞ我が暴走人生なり」。これ書いたのは，実は女の子なんですね。もうね，一緒ですよ，男も女もやってることは。

　軽度発達障害の子が誰も遊んでくれんと言って，絵を描いて帰ったりします。それから，プリクラを「先生，これあげる」と言って，何枚もくれるんですよ。一休何のことかわからなかったら，要するに，プリクラ交換するんですね，この子たちは。それがお友だちの証みたいなところがあって，カウンセリングルームにずっとこう貼ってくれました。

　これが相合傘。付き合っている子がけっこうたくさんいるんですね。私はもうびっくりしました。誰と誰が別れたとかね，誰が誰のをとったとかね，すごいものですよ。これね，「4月13日で付き合ってちょうど1年です。でも今，○○は旅に出ている。みんなで帰り待っててね」と書いてあります。旅に出ているというのは，これは少年院に行ったんですね。私が勤務している2年間で，この学校は新聞に3回載りました。これは私のプリクラです。不登校の子の家庭訪問をしたときに作ったんですね。行ってもなかなか会ってくれないもんだからこういうものを使ったわけです。これは不登校生徒の保護者からの礼状です。「今，学校に行っています」というお葉書をいただいたんですが，こういうのをいただくとうれしいですね。

　これは卒業式のときのものです。これなんかは，すごい服装でなかなかはじけてるでしょ。学校の名誉のために言っときますと，この格好は卒業式のときはさせない。だから，ツッパリ生徒も悔しいわけですよ。卒業式が終わって，体育館の外へ出た途端，物陰で急いでばたばたっと着替えて，最後の根性を見せて卒業していくというその風景なんですね。これなんかもそうです。

　卒業にあたって，生徒たちが，お手紙とか記念品とかをいろいろくれるんですよ。「本当にありがとう。大好きよ」と書いてある手紙，これ皆さんに見せたかったんです。こんなの，30年以上前に欲しかったなと思います。それから，これは私の顔ですって。記念にと言って，私の顔を皮を切って作ってくれたんです。もうちょっと上手に作って欲しかったなとは思うけど，うれしかったで

すね。でも，自分がどう見られているかというのが非常によくわかりますね。それから，「忘れないでね」と歌を吹き込んだテープをくれたりしました。

卒業した後ですね，突然「今から行くから」と研究室に電話がかかってきました。「行くってどこに？」と言ったら「先生のところに行くから」と言って，四，五人できました。「じゃあ，せっかくだから焼肉でもごちそうしてやろうか」って言ったら，「九大にはもう一生くることはなかろうから，九大の食堂でご飯が食べてみたい」と。しめたと思いましたね。安くあがったと。これが九大の食堂でご飯を食べている写真です。そしたら，何と言ったと思います？「九大生もたいしたもん食ってねーな」と言って帰りました。これは，卒業生が結婚して遊びにきて，こういうのを書いていってくれた。

コミュニティという発想が重要

要するに，ネットワークを活用した臨床をやっていたんですね。壺イメージ法とかいう内面を探求する方法だけではどうにもならないものですから，こういうアプローチを考えたんです。こういうことは，特にコミュニティ心理学を勉強して始めたわけではないんですが，「コミュニティという発想」，「生活という視点」が非常に重要だと考えるようになったわけです。

Ⅳ　システム形成型アプローチ

児童養護施設

現場というのは大変で，現在取り組んでいるのが，児童養護施設での援助活動なんです。この中でもひょっとしたら児童養護施設に関わっている人も結構おられるんじゃないかと思うんですが，児童養護施設というのは，いろんな事情から親が育てられない子たちがたくさん入っているんですね。そういう子たちを養育している場所です。もちろんそれは，病気で育てられない，貧困で育てられないとか，いろんな事情があるんですが，現在非常に多いのが虐待から保護された子たちです。以前は親がいない子も結構いたんですが，今は親がいる子が多いんですね。いるけども育てられない。あるいは虐待を受けてとても親元にはおいておけない。そういう子たちが大変多いんです。2歳からおおむね18歳までの子が基本的には入所しています。

施設内暴力・施設内虐待の深刻さ

児童養護施設では，近年，入所児童の心のケアの必要性が認められ，心理職が配置されるようになってきました。私もこの数年，いくつかの児童養護施設で入所児童の成長・発達のための関わりをあれこれ実践してきましたが，それなりの成果はあったものの，どれも今ひとつの観があったわけです。そして，やっとわかってきたのは，児童養護施設では深刻な暴力があるということ，すなわち子どもたちが「成長の基盤としての安心・安全な生活」を送っていないということです。したがって，この問題への取り組みなしには子どもたちへの成長・発達への援助はありえないと言えます。

いずれも過酷な状況を潜って児童養護施設へ保護され，本来最も手厚く保護され養育されるべきその子どもたちが，またさらに深刻な暴力にさらされながら日々の生活を送らなければならないことには，やりきれない思いがします。

施設内暴力・施設内虐待の実態とその適切な理解

「施設内虐待」や「施設内暴力」といえば，現在のところ施設職員による入所者への暴力（職員暴力）がもっぱら注目を浴びています。

しかし，それだけでなく，施設には「2レベル3種の暴力（含性暴力）」があります。2レベルとは潜在的暴力と顕在的暴力であり，3種の暴力とは，①職員から入所児童への暴力（職員暴力），②子ども間暴力（児童間暴力），③子どもから職員への暴力，の三つです（表1）。これらの施設内暴力（含性暴力）は，いずれも深刻であり，またいずれも子どもたちの安心・安全を脅かすものです。しかもそれらはしばしば相互に関連しており，いずれか一つの暴力だけを取り扱うのでは他の暴力が激化することがあるので注意を要します。したがって，現在のように職員暴力だけがもっぱら注目され問題とされていることには大きな問題があるわけです。

施設職員による入所者への暴力（職員暴力）については，すでにいろいろな報告があるので，私もある程度は承知していましたが，驚いたのは，入所児童たちの間で非常にしばしば予想をはるかに超えた暴力があるということでした。

児童養護施設における児童間暴力の実態

たとえば，どんなことがあるかというと，ある施設では小学校1年生の男子

表1　2レベル3種の暴力（田嶌 2005c, 2007c）

2レベル3種の暴力
　1）2レベル
　　①顕在的暴力　②潜在的暴力

　2）3種の暴力
　　①職員から子どもへの暴力（職員暴力）
　　②子どもから職員への暴力
　　③子ども間暴力（児童間暴力）

　児童が，中学校2年生の男の子からいいこと教えてあげるって言われて，ついて行ったら，人気のないところで，あそこを出してなめろと言われた。嫌だって言ったら，何度も殴られたので，仕方がなくなめたって。それが発覚するまで約1年続いたそうです。

　また別の施設で起こったことです。小学校5年の子が腹痛を訴えた。かねてから施設のボスだった中学2年生の男子生徒が数人の子を集合させた。そして，「調子にのってる」と自分がまず殴った。その後，他の子に順に殴れと言って殴らせた。皆がその子を殴った後に，それではまだ終わらないんです。今度はですね，殴られた本人に，今まで殴ったやつで誰が一番弱かったか，誰が本気で殴らなかったかと聞いて，次はその子をターゲットにしてまた他の子たちに順に殴らせています。これを3ラウンドやっています。それからまた別の施設では，ライターとか針金で下の子を焼いたのが発覚して，職員に咎められたら，「ぶっ殺してやる」と騒いで，結局退所になった子がいます。

死亡事件や裁判も

　私は自分がこういう問題に関わることになるなんて夢にも思っていませんでした。だけど気がついたので，放っておけないのでやり始めたわけです。そのときにこの領域のいろいろな方に相談したのですが，ごく一部の方を除いて全体としては反応がものすごく悪かったんです。児童福祉領域で「そんなことあるはずがない」という人から，「いやーそういうもんですよ」という人までいろいろだったんですが，びっくりしたのが，なかなかこの問題にみんな触れようとしないということです。

それで、「死人が出ないとこの子らは救われないのかなあ」と思いました。そのときはっと思って、今もうすでに死んでいるかもしれないと思って調べてみました。調べて唖然としたんですが、新聞で報道されただけでも、児童養護施設ですでに3人殺されています。

　たとえばですね、1982年岡山の施設で入所児のリンチ、少女6歳が死亡しています。1986年大阪の施設で小学校1年生の女の子が男子6人からリンチを受けて死亡しています。3番目、2000年大阪の施設で17歳の少女が3歳の女の子を5階から投げ捨てて、これも死亡しています。その中身を見ると、もう凄惨です。この子らにとっては地獄です。

　もっと調べてみたら、裁判もいくつか起こっているんですね。有名な事件では、愛知県の全国に知られた有名な児童養護施設で、入所児童が上級生にリンチを受けて、脳障害を起こしています。ついこの間、2007年の1月に最高裁の判決が出されました。県に全面的に責任があるということで、3,400万だったか支払うようにとの判決が確定しました。

驚くほど類似している

　全国で起こっている児童養護施設での暴力事件の中身が、パターンが驚くほどよく似ているんです。吐くセリフまで一緒です。「調子にのっている」、「生意気だ」「はしゃぎすぎてる」、これがもっともよく出てくる。ベスト3ですね。遠く離れた地域で起こっている事件にもかかわらず、まったく同じセリフを吐くんですよ。パターンは一緒なんです。

　大阪で起こったリンチで死亡した事件でも、私が先ほどお話しした事件とそっくりです。まず自分たちが殴る蹴るしている。その後、ボスが他の子に殴れと命令しています。「調子にのってる」って言うんです。そしておまけにそれに加担した加害児のうち一人は一、二年前まではそのボスからおしっこを飲まされたり、散々いたぶられています。つまり、かつての被害児が加害児童になっているわけです。

　たとえば、私がお話しした事件の加害児もかつてはひどい被害を受けてきています。小学校4年から中学校2年までいじめられ続けた。嫌なことも死ぬほどあった。たとえば回数がわからないくらい殴られた。態度が悪い、言葉遣いが悪いと殴られたり蹴られたりした。コップに入った小便を飲めと言われたり、

他の子どもたちが囲んだ中で年長児との絶対勝てるはずのないタイマン（＝一対一の殴り合い）をさせられる。その標的にされてボコボコにされたりしていました。

　もう一つには性暴力があります。小学校の頃，夜寝ていると時々布団に中学生が潜り込んでくることがあった。服を脱がされていたり，時に痛くて目を覚ますと，肛門に性器を挿入されていた。さっき交代で殴らせた子ですが，この子もやられています。お風呂場にずらっと上級生が並ぶんですね。順番になめさせられる。程度の差があれ，全国的に多くの施設でも起こっていることであるとわかってきました。

児童間暴力（含性暴力）は連鎖する：被害者が加害者になっていく

　そのような施設内暴力は特定の地域や特に荒れた施設での話ではなく，ごく普通の施設で全国的に起こっているのだということを強調しておきたいのです。さらに痛ましいことには殴る蹴るといった暴力だけでなく，異性間および同性間での性暴力もあるということです。また被害児が長じて力をつけ加害児となっていく。すなわち児童間で暴力の連鎖が見られるのです。

職員暴力と児童間暴力

　「施設内虐待」や「施設内暴力」と言えば，現在のところ施設職員による入所者への暴力（職員暴力）がもっぱら注目を浴びています。しかし，もっぱら職員暴力だけが取り上げられていることには大きな問題があります。施設では職員暴力だけが問題なのではなく，子ども間暴力（児童間暴力）もまた深刻であり，児童から職員への暴力もある。しかもそれらはしばしば相互に関連していると考えられるからです。たとえば，職員暴力だけを問題にすれば，かえって子ども間暴力（児童間暴力）がひどくなる可能性が高いわけです。ですから，先に述べた2レベル3種の暴力を同時に扱うことが重要なのです。

成長の基盤としての安心・安全：マズローの欲求階層（101頁図参照）

　心理学で勉強する有名な理論にマズローの欲求階層というのがありますが，その中でもっとも基本的なのは「生理的欲求」ですが，これは通常は満たされています。しかし，施設では多くの場合，その次の「安全欲求」が満たされて

いないわけです。これは成長の基盤です。だから暴力をなくさないといけない。しかしこの理屈が意外と臨床心理の人に通りが悪かったんです。つまり，子どもたちが暴力を振るうのは心の傷があって，それをケアすることが大事なんだという発想がものすごく強すぎて，理解が進まないんですね。心のケアは大事だけど，その前に暴力を使わないで暴力をきちんと抑えるということが必要です。私は優先されるべきは，安心・安全，そのためには暴力を非暴力で抑えること，その後，成長のエネルギーを引き出すということが大事だと考えています。

現在の状況への反応としての問題行動

　ぜひとも考慮していただきたい極めて重要な可能性を，私は指摘しておきたいのです。
　現在，児童養護施設の入所児童のさまざまな問題行動や気になる兆候が注目されています。それらの問題行動や気になる兆候は，過去の虐待や過酷な養育環境への反応として，反応性愛着障害あるいは発達障害の兆候としてもっぱら理解されてきたように思われます。事例検討会や研修会などでも，もっぱら「心の傷のケア」「トラウマの治療」や「愛着の形成」「発達障害の発達援助」といったことに関心が向けられ，そうした視点から議論されているように思われます。
　しかし，それらの問題行動は，子ども間暴力（児童間暴力）や職員からの暴力等のその子が現在置かれている状況への反応である可能性があるということです。控え目に見ても，過去の虐待や過酷な養育環境への反応だけでなく，現在の状況への反応が大いに含まれている可能性があるということです。また，児童の問題行動や気になる兆候がなかなか改善されない場合，それらの問題行動を維持・持続させてしまう要因が現在の状況にあるという可能性を疑ってみるべきであると思います。そして，その子が現在なんらかの暴力にさらされている可能性をまず疑うべきです。児童養護施設に関わる人たちには，まず最優先にその可能性を考えてほしいと私は切に願っています。

入所以前に受けた虐待が主たる要因ではない

　いわゆる専門家でさえしばしば誤解しているのは，被虐待児だからそのような暴力が起こるのではないということです。集団内の暴力（含性暴力）は児童養護施設に限ったことではなく，大人であれ子どもであれ，ある程度の数の人

間が閉鎖性の高い空間でストレスに満ちた生活を共にする時，極めて起こりやすい性質のものであると言えます。実際，私が調べたところでは，学校の寮などでも同様のことが少なからず起こっています。したがって，入所以前に受けた虐待は暴力の促進要因のひとつではあるにせよ，少なくとも主たる要因であるとは考えられないわけです。

欧米にモデルはない：欧米のモデルの限界，「仕組みづくりの必要性」

もう一つは，欧米にモデルはないであろうということです。欧米の多くの国では里親養護が主なんですね。ごく大まかに言いますと，9割は里親さんに委託され，残り1割が施設に措置されます。しかも日本の児童養護施設みたいなものではなく，イメージ的におおまかに言えば，情短施設，グループホーム型の情短施設という感じでしょうかね。つまり50人とか100人とかが集団で暮らす日本の児童養護施設みたいなものは，欧米の多くの国にはないんです。だから，欧米にこの問題にきちんと対応するモデルはたぶんないだろうというふうに私は考えています。つまり欧米では里親養育が主であり，施設養育が主ではないので，集団生活によって生じるこの問題の解決のモデルは欧米の少なくとも児童福祉領域にはないと考えられるわけです。したがって，施設内の3種の暴力を同時に扱うことが必要であり，そういう方式をわが国で独自に考案していく必要があるわけです。

施設におけるすべての暴力を同時になくしていくのに有効な包括的対応システム，暴力から子どもたちを日常的に護るシステムを創っていくこと，すなわち「仕組みづくり」が必要なのです。

攻撃性の法則

私が作った「攻撃性の法則」というのをご紹介します。第一法則は「攻撃性は出るべきところに出るのではなく，出やすいところに出る」。第二法則，「出るべきところが出やすいところなら，より出やすく，また激しくなる」。第三法則，「集団の中では容易に連鎖する」(表2)。これはいじめなどの理解にも有用です。

暴力をなくすには：「個と集団」という視点からのアプローチ

では，暴力をなくすにはどうすれば良いのでしょうか。「心の傷」のケアさえ

表2　攻撃性の法則

第一法則：「攻撃性は出るべきところに出るのではなく，出やすいところに出る」
第二法則：「出るべきところが出やすいところなら，より出やすく，また激しくなる」
第三法則：「集団の中では容易に連鎖する」

すれば暴力を振るわなくなるという理解があるようですが，それは甚だ疑問です。たとえば，その子だけが暴力を止めても，次に自分がやられるかもしれない中で生きているのですから，個別対応だけでは解決困難であるわけです。「個と集団」という視点からのアプローチが必要であると言えるでしょう。

施設全体で取り組む「安全委員会方式」：その基本要件

　児童養護施設の暴力をなくし，子どもたちが安心・安全な生活を送ることができるようにということで，私は現在，児童相談所と連携して施設全体で取り組む「安全委員会方式」を実践していますので，その概要を紹介したいと思います。「安全委員会方式」とは，簡単に言えば，外部に委嘱された委員と職員から選ばれた委員とで「安全委員会」というものをつくり，そこで施設内での暴力事件についての対応を行う方式です。その概要は，①安全委員会では力関係に差がある施設内でのすべての暴力（＝2レベル3種の暴力）を扱う，②安全委員会には，児相と学校に参加してもらうこと，③委員長には外部の委員がなること，④定期的に聞き取り調査と会議を行い，対応を協議し実行すること，⑤事件が起こったら緊急安全委員会を開催すること，⑥対応には四つの対応ステップがあること，一番目「厳重注意」，二番目「別室移動（または特別指導）」，三番目「一時保護（を児相に要請）」，そして四番目が「退所（を児相に要請）」である，⑦原則として，暴力事件と結果の概要を入所児童に周知すること，⑧暴力を抑えるだけでなく，代わる行動の学習を援助し，「成長のエネルギー」を引き出すこと，そのためにキーパーソンと呼ばれる子を選んで，その子たちについての対応をケース会議で職員と一緒に検討する，⑨その効果をモニターしつつ進めること，などです（表3）。

表3　安全委員会方式の基本要件

① 力関係に差がある「身体への暴力」を対象とする
② 安全委員会には，児相と学校に参加してもらう
③ 外部委員が委員長を務める
④ 定期的に聞き取り調査と委員会を開催し，対応を協議し実行する
⑤ 事件が起こったら緊急安全委員会を開催する
⑥ 四つの対応ステップ
⑦ 原則として，暴力事件と結果の概要を入所児童に周知
⑧ 暴力に代わる行動の学習を援助し，「成長のエネルギー」を引き出す
⑨ 効果をモニターしつつ，取り組む

　また，導入にあたっては，現時点では，私たちの関係者による導入のための（導入前，立ち上げ集会前後，立ち上げ後の）3回パックの研修会と安全委員会ネットワークへの参加が最低限必要であると考えています。原則として，以上の基本条件を満たして初めて，安全委員会活動といえると私は考えています。この方式では，「対応の透明性」「対応の一貫性」が重要です。なお，懲戒権は施設長にあり，措置権は児相にあることは言うまでもありません。

安全委員会活動とは

　誤解されやすいのは，安全委員会の審議と四つのステップだけが安全委員会活動なのではないということです。それだけでなく，同時にスタッフによる安全委員会活動も必須です。すなわち，安全委員会活動とは，①安全委員会の審議と対応，および②スタッフによる安全委員会活動の両者を含むものであるということなのです（表4）。生活場面でのスタッフによる暴力への対応や指導，ケース会議等をはじめ成長のエネルギーを引き出すための活動が同時に行われているわけです。

安全委員会方式の視点

　安全委員会方式の視点としては，①施設そのものを一事例として見る，②システムとして見る，③集団と個，あるいは個と集団という視点を持ちます。④風通しをよくする，⑤現実に介入しつつ心に関わる，⑥動きながら考える，⑦指導，対応の一貫性と透明性，⑧事後対応であると同時に予防にも役に立つ，

表4　安全委員会活動とは

① 安全委員会の審議と対応

② スタッフによる安全委員会活動
　　日々の指導：「叩くな，口で言う」等
　　緊急対応　事件対応　応援面接
　　ケース会議　等
　　→成長のエネルギーを引き出す

というような視点を持っています。

緊急対応チームの編成と対応

　暴力が激しい施設では，緊急対応マニュアルを作成し，「緊急対応チーム」を編成して対応することにしています。私の入っている施設では，おそらくみなさんが聞いたらびっくりされるような施設もあります。たとえばですね，警察には3カ所に挨拶に行きました。つまり何かあった時には警察の力を借りなくてはいけないこともありうるからです。そういう準備をしておきます。だから一番大事なのは，緊急対応マニュアルを作ることです。普段のシステムと緊急対応のシステムを両方作らなきゃいけないわけです。

暴力を非暴力で抑える：関係の脱虐待化

　そして，「暴力を非暴力で抑える」わけです。被虐待児の場合，安心・安全を保障すること，そして暴力を非暴力で抑えることで初めて，「関係の脱虐待化」が起こるわけです。

　たとえばある施設では，ボスの年長児が職員をボコボコにしました。高校生が男子職員を小学生の見ている前でボコボコにしたんです。それから，さらに別の日には刃物を持って女性職員を追い掛け回しました。こういうときの適切な対応が全然できていないわけです。その子は自立支援施設に措置変更になり，その後に私が入りました。そうすると，どこの施設でも起こっていることですが，ナンバー1が出ていったら，しばし平穏な時期があります。ここでしばしばほとんどの施設がホッとして安心してしまい，なにも取り組みをしない。だけれども，この時期は次のナンバー2，ナンバー3が，だれがボスになるかを

うかがっているんです。だから、チャンスはこの時期なんです。この時期にちゃんと対応すると、あとは何とかなるわけです。

　私が入って安全委員会を立ち上げました。子どもたちも職員も全員集まって、「これからは暴力のない施設にしよう」というわけで、安全委員会の「立ち上げ集会」というのをやるわけです。その施設では、安全委員会を立ち上げて翌日です。ナンバー1の子が職員を突き飛ばして暴れました。その施設では私の助言で緊急対応をちゃんと準備していました。何をやったかというと「全員集合」です。職員全員に緊急の集合をかけたわけです。夜中の9時くらいでしたが、実際に全員が駆けつけるとまではいきませんが、ほぼ集まりました。すると、その子が、いつもと違って、すぐに反省しました。「これはいかん。ここは本当に変わったんだ」とわかったんですね。今までだったら許されたことが、許されなくなった。

　その後、その子は暴力を振るわなくなりました。そして、その子が高校を中退したので、里親さんのところへ出て行きました。すると、それから数時間後、ナンバー2が今度は俺の天下だというわけで、同級生の気に入らなかった子をボコボコにしました。その時も緊急対応で職員が集まったんですが、その子は反省しない、謝らないんですよ。すごいものです。職員集団に向かって「お前らが悪い。お前らがこいつをちゃんとしつけてないから俺が殴らないといけなくなった。だからお前らが悪い。俺はちっとも悪くない」っていうわけです。この子を説得するのに4時間かかりました。私のところに電話がかかってきました。今から施設に駆けつけますという連絡です。私は慌ててその辺のお店に入って待機していました。これが夜9時くらいでした。それで結局ね、4時間かかって、やっと怪我させたのは悪かった、殴ったのは悪くない、こいつが悪いんだからというところまで何とかもっていったわけです。その日はそれで終わりました。

言葉で言えるように援助する

　暴力を非暴力で抑えたら、次は「言葉で言えるように援助する」というのが基本です。それから二、三日後に、緊急安全委員会を開いて審議しました。「厳重注意」にしようということで、その子を呼び出しました。安全委員会の委員が7, 8人くらいいるところに担当職員と一緒に呼び出すわけです。そして、私

が委員長なので，私が〈何で呼ばれたかわかるか？〉〈何が悪かったか？〉と聞くと，「怪我さしたのが悪かった，もうしない」ときちんと答えたわけです。それで私が言いました。〈相手が悪かったら殴っていいのか！〉と。そしたら，一瞬うっという感じになりましたが，しばし間があってそれから「悪くても殴ったらいけんと思う」と言いました。こういうふうに子どもが認めた時は，引き続いてくどくどと言わない方がいいと私は考えていますので，〈よしわかった，そしたらもう二度としないように〉と言って，厳重注意は終わりとしました。まあそんな調子でやっています。

元被害児である加害児たちの思い：「俺もやられた」「俺の時は助けてくれんかったくせに」

どの施設の加害児たちも例外なく，まったく同じことを言います。「俺もやられた。俺のときはもっとひどかった。このぐらいたいしたことない」。私は面と向かって，別々の子から何度も同じことを言われました。「俺がやられている時は助けてくれんかったくせに，何で今頃こんなことするんだ」と。

加害児にならなかった被害児もたくさんいる

その一方で，加害児にならなかった被害児がたくさんいます。これもぜひ，強調しておきたいことです。やられたけど，やる側に回らなかった子たちがいる。この子たちが希望です。この子たちの存在が施設を変えていく力になると思います。先に「被害児が加害児になるという」暴力の連鎖をお話ししましたが，被害児が必ず加害児になるわけではなくて，やっぱり踏みとどまった子たちが少なからずいるんです。ただし，その子たちも深い傷を引きずっています。

ある施設で，高校2年生の子が，「どうしても田嶌先生と一対一で話をさせろ」と要求してきました。それで，定例の安全委員会の会議が終わった後に会いました。ものすごい形相で来ました。そして，「何でもっと早く安全委員会をしてくれなかったか!!」と言うなり，号泣しました。話しながら涙がぼろぼろですよ。時間をかけて聞き出したら，自分は小学校のときからずっとやられてきた。腕を折られたこともあったそうです。性暴力もあった。誰も助けてくれなかった。「何で早く助けてくれんかったか」と。私は〈すまなかった〉とこの子に謝りました。この子は，ここのところ，眠れなくて，病院で薬をもらって

寝ていたそうですが，この後ぐっすり眠れたそうです。今は薬がいらなくなっています。

立ち上げ集会を開催

（写真［本稿では割愛］を提示しながら）これはある施設なんですけど，子どもたちと一緒に立ち上げ集会。これは私がしゃべっているところですね。また，こういう「パンフレット」を作ります。「安全委員会のしおり」「安全委員会便り」というのをこうやって出すわけですね。保護者にもちゃんと資料をお送りします。それから，こういうふうに掲示物を作るわけですね。定期的に大きな暴力はゼロでしたとかね，子どもたちに報告をします。

子どもたちに報告する

基本的に事件の概要と対応を子どもたちに周知します。事件が起こったら，実名を伏せつつ，こういう事件が起こりましたと，事件の概要を説明して，こういう対応を取りましたということを子どもたちに報告します。

成長のエネルギーを引き出す：キーパーソンの選定と協議

先に述べたように，安全委員会方式では，単に安全委員会を開催して暴力事件について審議するだけじゃなくて，並行してキーパーソンを挙げ，ケース会議で検討するわけです。どの施設でも施設全体に影響を及ぼすような子どもたちがいます。施設の状況にもよりますが，そういう年長の子3人ぐらいをキーパーソンとして選び，スタッフ会議（ケース会議，処遇会議等）で継続的に検討するわけです。この子たちの様子はどうか，この子たちにどうしていったらいいか，この子たちの成長のエネルギーを引き出すためには，どう関わっていったらいいかということを，並行して職員と一緒に検討していきます。（31頁表4参照）

愛着行動・愛着関係の変化

私がこういう活動について話すと，「やっぱり虐待は愛着です。あの子たちは愛着が形成されていない。だから愛着の再形成と心のケアが必要だ」とよく言われます。私の経験では，大変落ち着いてきた施設で，子どもたちが，小学校

の高学年から中学生までが，添い寝をしてくれとしきりに言うようになった施設があります。これって愛着の問題でしょう。それから，施設での被害体験を語るようになりました。さらには入所以前の虐待体験を語るようになった。それから施設に友だちを連れてくるようになった。こういうふうな変化が出ています。安心，安全が実現されるだけで，子どもたちが成長していく力が出てくるわけです。だから，まずは安心・安全を実現して，次いでなおかつ心のケアや発達援助や愛着の形成など必要なことをやるべきだと私は考えています。

暴力がおさまってくると：年少児が元気になる

このキーパーソンというのは，実は弱い子たちからも選び，どう関わっていったらいいかということをケース会議で検討します。安全委員会活動がうまくいっているという指標，暴力が本当におさまっているというサインとしては，まず強い子たちが暴力を振るわなくなるということ。もう一つの指標は，弱い子たちが，過去やられてきたということを言うようになる。それから，次に，拒否できるようになる，少し元気になってくる，これがポイントです。暴力がおさまってくると，小さい子や弱い子がはじけてきます。小さい子や弱い子が元気になって，ちょっと生意気になります。大きい子相手にもう怖くなくなるから，言いたい放題言い始めるんですよ。これはとりあえず良いサインですが，要注意でもあります。ここをきちんと対応していくことが重要です。

暴力を振るう子どもを排除する方式ではない

この安全委員会方式は，暴力を振るう子どもを安易に排除しようとする方式であると批判する人がいます。退所者をたくさん出しているように思っている人がいますが，実際はそうではありません。実際には被害児を守るだけでなく，加害児にも暴力を振るわないで生きていけるように援助していく方式です。そしてさらには暴力に使われていたエネルギーを成長のエネルギーにしていく援助を行うものです。実際，現在この安全委員会方式というのを，全国で四つの県，5カ所の施設で展開していますが安全委員会立ち上げ後，現在までに退所に至った例は1例もありません。私は定期的にそれらの施設に入り，安全委員会の運営と個々の子どもたちへの関わりについて助言をしています。現在，いずれの施設でも暴力がおさまっています。しかも暴力事件を起こした子どもた

ちのほとんどが「厳重注意」の段階で改善しています。

　実際，現在この安全委員会方式というのを，全国四つの県，5カ所の児童福祉施設で展開していますが，そこでは暴力が激減することはもちろんのこと，それ以外にも子どもたちにさまざまな望ましい変化が起こっています。また，四つの基本ステップを設けていることから，「3回暴力を振るえば退所させる方式である」との批判もあるようですが，これも全くの誤りです。暴力事件については，「深刻度」，「再発可能性」，「施設全体への影響度」の三つの視点から対応を検討するのであって，何回やれば退所（の要請）などといったことは決してありません。実際，安全委員会立ち上げ後，現在までに退所に至った例は一例もありません。私は定期的にそれらの施設に入り，安全委員会の運営と個々の子どもたちへの関わりについて助言をしています。現在，いずれの施設でも暴力がおさまっています。しかも暴力事件を起こした子どもたちのほとんどが「厳重注意」の段階で改善しています。（＊その後，この安全委員会方式は七つの県の14カ所の施設で導入されており，また退所者が1名出たが，その後もその子についてはフォローしている。なお，2008年8月に静岡県の吉原林間学園が安全委員会方式に関する調査を行った報告がある。吉原林間学園のご了承をいただき，本章末尾に【資料】として掲載するので，参考にしていただきたい。そこでは，「一時保護も退所者も大変少ない」と述べられている）。

安心・安全が実現すると

　安全委員会方式が軌道にのり，安心・安全が子どもたちに実感できるようになると，しばしば次のような変化が起こります。

　①強い子が暴力を振るわず，言葉で言うようになる。
　②弱い子がはじけたり，自己主張するようになる。
　③被害体験のフラッシュバックが起こる。
　④特定の職員に過去の被害体験や虐待体験を語るようになる。
　⑤愛着関係や友人関係がより育まれる。
　⑥職員が安心し，元気になる。

　「安心・安全」が実現されると，自然に，それまでとは違う愛着関係が展開してきますし，またしばしば子どもたちが自発的に過去の被害体験や虐待体験を

特定の職員に語るようになります。「安心・安全」が実現できてこそ，「愛着」も「トラウマ」も適切に取り扱うことが可能になるものと考えられます。「愛着」や「トラウマ」関係のどの本でも，安心・安全が重要であると述べられていますが，その安心・安全を施設で実現することがいかに大変なことか，どうやって実現していったらよいかということがまったくといっていいほど言及されていないのです。このことこそが，現在この領域でもっとも重要な課題であると思います。

安心・安全のアセスメントが重要

児童養護施設に心理士が配置され，最近では入所児童を対象にトラウマや愛着に焦点をあてた心理療法を行った事例が学会誌などで報告されるようになってきました。しかし，それらの報告のいずれもその施設でその子の安心・安全がどの程度守られているのかということについてのアセスメントに触れたものは，私の知る限り，今のところありません。施設の実情を考えれば，これは大変困ったことです。現実生活の中でひどい暴力やいじめにあっている可能性がある子たちに，もっぱらプレイセラピーや箱庭療法を行うということになっているわけです。心理療法や心のケアにあたっては，現実の生活場面での「安心・安全のアセスメント」が重要です。

そして，安心・安全が保障されていないならば，その実現こそが優先されるべきです。最近では児童福祉施設における心理職の役割が論じられることが多くなってきていますが，この「安心・安全のアセスメント」こそが心理士のもっとも重要な役割であると私は考えています。心理療法，心のケア，トラウマの治療，愛着の再形成，発達援助，ソーシャルスキル・トレーニング（SST），性教育など，いずれの援助的関わりも生活場面で子どもの安心・安全が守られているかどうかのアセスメントをしっかり行ったうえで，実施していただきたいのです。とりわけ，施設職員はもちろんのこと，施設に関わる臨床心理士や精神科医の皆さんにも，ぜひこのことに留意していただきたい。

かくも長き放置（ネグレクト）

私はこの問題に人よりもわずかに早く気づいて取り組みを開始してきたにすぎないと思います。そうした立場の者が，こういう言い方をするのはどうかと

思いますが，しかしあえて申し上げたいと思います。これは，「かくも長き放置（ネグレクト）」です。専門家によるネグレクト，大人によるネグレクト，そして社会によるネグレクトです。先に述べたように，施設には「2レベル3種の暴力（含性暴力）」があります。2レベルとは潜在的暴力と顕在的暴力であり，3種の暴力とは，①職員から入所児童への暴力（職員暴力），②子ども間暴力，③子どもから職員への暴力，の三つです。これらの施設内暴力（含性暴力）は，いずれも深刻であり，またいずれも子どもたちの安心・安全を脅かすものです。にもかかわらず，この施設内の暴力という問題は，もっぱら「職員から子どもへの暴力」という側面だけが注目され，実際には「子どもの安心・安全」には程遠い現実のまま放置されてきたのです。子どもたちのもっとも切実なニーズは，長い間汲み取られてこなかったのです。これだけ厳しい深刻な現実があるにもかかわらず，安心・安全の実現は，この領域の共通の取り組み課題とはなっていなかったのです。この領域で多種多様な人たちが関わってきているにもかかわらず，なぜこんなにも長い間放置されてきたのでしょうか。このことは今後検討していく必要があると考えています。

自分が見たいものしか見えない

人はしばしば「自分が見たいものしか見えない」ということがあるのだと思われます。自戒もこめて言えば，専門家であればなおさらそういう危険性があるように思います。

たとえば，「子どもの権利擁護・権利侵害」を見たい人は子どもの権利侵害しか目に入らないし，子どもの権利侵害という視点からのみ理解してしまいがちです。たとえば，「トラウマ」や「愛着」に関心を持って施設に入っていく人は，しばしばトラウマや愛着しか目に入らないし，なんでもトラウマや愛着という視点から理解してしまいがちになってしまうということがある。念のために言えば，「子どもの権利擁護」も「トラウマ」も「愛着」も重要な概念であると，私は考えています。ただ，すべてその視点からしか現実を見ないことの問題性を指摘しているのです。「それしか見ようとしない」という姿勢が施設の子どもたちの現実の苦難を見るのを妨げてきたという側面があるのではないか，と私は考えています。「それしか見ようとしない」姿勢が思いがけない道を開くことがあることも，私は理解しているつもりです。しかし，この施設の暴

力問題または安心・安全という問題は,そう言って済ませてしまうにはあまりにも子どもたちに深刻な犠牲を強いるものです。

それから,ぜひ皆さんに理解していただきたいのは,こういう展開を図る時,「現場に入る」「現場に入れてもらう」という難しさがあるということです。私たちは臨床家ですから,「告発者」としてではなく,外部から援助者として現場にうまく入らないといけない。そのためには,大変なエネルギーと技術が必要です。しばしば,「志は高く,腰は低く」という姿勢が必要です。そして問題を発見して,解決システムを模索して考案していくという順番になります。要するにシステム形成型アプローチというのは,「システム模索」「システム提案」「システム形成」「システム実践」「システム改善」「システム維持」,あるいは「システム普及」というふうに進めていくことが必要ということになります。

システム形成型アプローチとは

「システム形成型アプローチ」についてお話ししてきました。ここで私の言うシステムとは「仕組み」のことを言い,システム形成型アプローチとは問題解決のためのより有効な「仕組みづくり」をめざすアプローチをさすものです。これまでお話ししてきたのは,児童福祉施設という組織における暴力問題解決のための「仕組みづくり」ということになります。

活動の展開過程全体が心理臨床活動:システム形成型アプローチの視点

この問題は,特定の地域の特定の施設の問題ではなく,全国的な問題です。したがって,ある施設だけで有効な取り組みが行われればそれだけで済むというわけにはいかないのです。幸い,先述のように現在では,この問題の解決に向けて全国的に活動が展開しつつあります。

しかしここに至るまでにはさまざまな困難がありました。

なにしろ,これだけ極めて重要な問題であるにもかかわらず,何十年もの間目を向けられなかった問題です。そこには,そういうふうに目を向けない,取り組みを開始しないという状態を維持してきた力がさまざまな側面で働いているに違いないと考えられるわけです。したがって,この活動の開始当初から,さまざまな壁にぶつかることを想定し,どういう点に配慮して,活動を展開し,どのような壁や障害にぶつかり,それをどう克服していくかということを検討しな

がら進めていくことが必要であると考えました。すなわち，個々の施設での活動だけでなく，こうした活動の展開過程そのものを「システム形成型アプローチ」による臨床活動であると捉えることが必要だったわけです。そして，それは「社会的問題を発見して，その解決をはかるための活動のひとつのモデルにしたい」ということでもありました。今でこそ，暴力をなくし安心・安全を実現するために私が考案した方式をいくつもの施設が実践していますが，ここまでくるのは大変でした。

まず，児童間暴力の深刻さを訴える論文（「その１」）と私が考案した方式を紹介した論文（「その２」）とを別々に書き，前者のみを知り合いを通じて関係者に送付し，さらに希望者には後者を配布するという形を取りました。

「そんなことあるはずがない」

実に多くの方々から論文の請求がありましたが，それでもいろいろな壁があって，なかなか取り組みは始まりませんでした。たとえば，ある県のある施設で安全委員会活動をぜひやりたいと希望した施設がありました。しかし，その県の中央児相の所長の猛反対でつぶれてしまったんです。「そんなことがウチの県であるはずがない」というのが主な反対理由のひとつでした。その県ではその後も安全委員会活動はできていません。

「懲戒権の濫用」という批判

それから，これはまた別の県の児童相談所の児童福祉司さんが，「子どもに対して退所という語を使うのは『懲戒権の濫用』にあたる可能性があるからやめるように」と言ってきたこともあります。いくつかのやりとりの後，さすがにまずかったと思ったのか，当時の中央児相の所長名で，「……『懲戒権の濫用』と言ったのは言葉として行き過ぎでした」といった内容のファックスを受け取りましたが，施設内の暴力についてなんらの対案もなしに「懲戒権の濫用」などと言ってくるのには驚きました。

現在，各県で児相が協力的であることを考えると，信じられないような話ですが，以上は事実です。

「懲戒権の濫用」に注意すべきなのは言うまでもないことです。しかし，その一方で，児童福祉施設には「職員から子どもへの暴力」だけでなく，２レベル

3種の暴力があるという現状から言えば,「懲戒権の濫用」を言うだけでは施設の暴力はなくならないし,施設で暮らす子どもたちの安心・安全は実現できないと言えます。「懲戒権の濫用」と同時に「懲戒権の有効かつ適正な使用」ということが論じられるべきです。被害児を守るためにも,そして加害児が暴力を振るわずに生きていけるように援助するためにもそれが必要です。単に,濫用にあたるかあたらないかといった議論だけでなく,もっと踏み込んで暴力への対応に有効かつ適正な使用のあり方ということが論じられるべきです。その議論なしに,「懲戒権の濫用」ということだけがもっぱら強調されてきたことこそが,問題であると私は考えています。

言うまでもなく,退所という措置変更は現実にあることであり,安全委員会がらみで始まったことではありません。であればこそ,稀にではあれ自分たち自身に適用される可能性があるルールについて,子どもたち自身があらかじめ知らされておくことは必要なことであると私は思います。なにも知らされないで,なんらかの深刻な事件を起こし,いきなり「退所」になることの方こそが重大な弊害であると思うのです。また,被害児を守り抜き,安心・安全を保障するためにも,ルールを教えておくことは必要であると考えられます。退所という措置変更がありうるということを,子どもたちには「知る権利」があるはずです。

他にもいろいろな困難がありましたが,その都度対応を検討・実行し,現在に至っていますが,その詳細はいずれまとめたいと考えています。現在私が関わりをもって活動している施設は,いずれも開始当初は私が施設名すら知らなかった施設ばかりです。活動の展開過程そのものを臨床活動であるとする視点がなければとてもここまでの展開はなかったと思います。

共通の取り組み課題に

子どもたちを安全・安心を実感できないような脅かされた状態に置かれたままにしておくことは,児童福祉に著しく反するものであり,早急になんらかの有効な対応が必要です。私は安全委員会方式を広めることに固執しているわけではありません。問題なのは,これがこの領域の関係者の間で「知る人ぞ知る」問題ではあっても,共通の取り組み課題として共有されているわけでは決してないということなんです。

私の方式に賛同しない方々にも、この問題の深刻さと重要さに鑑みて、事態改善のためのなんらかの取り組みを開始していただきたいと願っています。その際、重要なのは、どのような方法をとるのであれ、その効果を検証（チェック・モニター）しながら実践していくということです。

この問題の解決には、個別対応だけでは限界があります。子どもたちを日常的に守る仕組みづくり（＝システムづくり）、そして同時に個別対応を応援する仕組みづくりが必要です。とはいえ、児童福祉施設や児童相談所に対して、子ども間暴力（児童間暴力）や職員暴力を解決しろと外部からただ声高に要求するだけでは何の解決にもならないと、私は考えています。この問題を解決しうる有効な対応策や予防策を提示し、この問題に取り組む職員の方々を支援していくことこそが必要なのだと考えています。

おわりに

現場のニーズに応えようとした過程

私が実践してきた心理臨床について、①「内面探求型アプローチ」、②「ネットワーク活用型アプローチ」、③「システム形成型アプローチ」というふうに、三種のアプローチにまとめてお話ししてきました。私があれこれ手を出していろんなことをやっているように見えるかもしれませんけれども、結局「現場のニーズを汲み取る、引き出す、応える」、そしてそれを普及させていく、個から一般にもっていくという発想に立っているということなんです。だから、中身がひどく違ってきているように思えますが、結局、そのときそのときの現場のニーズにできるだけ応えようとした結果として、こういう動きになってきたということなのです。現場の心理臨床では、この三種のいずれのアプローチも必要であると考えています。

三種のアプローチに共通したもの：「安心・安全」というテーマ

実は、これら三種のアプローチに共通しているのは「安心・安全」というテーマです。壺イメージ法では内的安心・安全ということから生まれ、ネットワーク活用型アプローチでは「関係における安心・安全」、「居場所における安心・安全」そしてシステム形成型アプローチでは「現実生活での日々の安心・安全」

の実現ということをめざしたわけです。私自身が最初から自覚的にこのことをめざして活動してきたわけではありませんが、図らずも結果として「内的安心・安全」から「外的安心・安全」という動きになったというわけです。私自身の終生のテーマになっているといえるのかもしれません。

付記1　本稿は2007年7月9日の日本コミュニティ心理学会第10回大会における大会企画講演に加筆・修正したものである。

付記2　本講演後、児童福祉法の改正が検討されているとの報道があった（たとえば、毎日新聞2008年2月7日朝刊）。そこでは、施設内虐待の防止が盛り込まれ、しかも子ども間の暴力を放置していた場合はネグレクトと見なすという文言が入る予定とのことであった。その後、法案は成立し、2009年4月より施行となった。

付記3　その後、安全委員会方式を批判する論文も出ている。施設の暴力問題の解決には今後なによりもオープンな議論が必要であると私は考えているので、参考までに下記に挙げておく。この問題に関心がある方々には、本章末尾のアンケート調査報告と併せて、ぜひお読みいただければと思う。

加賀美尤祥（2008）社会的養護の担い手の課題と展望—養育論形成の序に向けて．社会福祉研究，10月号；38-46.

北川清一・田口美和・塩田規子（2008）児童養護施設実践の崩壊と再生の過程に関する事例研究—K園の取り組みを手がかりに．ソーシャルワーク研究，34(3)；56-66.

西澤哲（2008）田嶌先生の批判に応えて．臨床心理学，8(5)；706-712.

謝辞　本講演をまとめるにあたって、九州大学大学院人間環境学府大学院生徳島早貴さん、西村彩さん、藤井悠子さんのテープ起こしと編集のお世話になった。記して感謝致します。

文　献

静岡県立吉原林間学園（2008）安全委員会に関するアンケート調査．平成20年度児童養護施設等における暴力防止に関する研修会第1回講演抄録．

田嶌誠一編著（1987）壺イメージ療法—その生いたちと事例研究．創元社．

田嶌誠一（1992）イメージ体験の心理学．講談社．

田嶌誠一（2000）壺イメージ法の健常者への適用．心理臨床学研究，18(1)；1-12.

田嶌誠一編著（2003）臨床心理面接技法2（臨床心理学全書第9巻）．誠信書房．

田嶌誠一（2004）心の営みとしての病むこと．In：池上良正・小田淑子・島薗進・末木文美士・関一敏・鶴岡賀雄編著：講座宗教5　言語と身体．岩波書店，pp.145-179.

田嶌誠一（1995）密室カウンセリングよどこへゆく．教育と医学，43(5)；26-33.

田嶌誠一（1998a）スクールカウンセラーと中学生．こころの科学，78；67-74.

田嶌誠一（1998b）暴力を伴う重篤例との「つきあい方」．心理臨床学研究，16(5)；

417-428.
田嶌誠一（2001a）事例研究の視点―ネットワークとコミュニティ．臨床心理学，1 (1) ; 67-75.
田嶌誠一（2001b）不登校・引きこもり生徒への家庭訪問の実際と留意点．臨床心理学，1 (2) ; 202-214.
田嶌誠一（2001c）相談意欲のない不登校・ひきこもりとの「つきあい方」．臨床心理学，1(3); 333-344.
田嶌誠一（2002）現場のニーズを汲み取る，引き出す，応える．臨床心理学，2 (1) ; 24-28.
田嶌誠一（2000）学校不適応への心理療法的接近．In：岡田康伸・鑪幹八郎・鶴光代編：心理療法の展開（臨床心理学大系 18）．金子書房，pp.59-77.
田嶌誠一（2007）現代社会と子どもたちの悩み．In：河合隼雄・山中康裕・田嶌誠一・氏原寛・大塚義孝著心：理臨床の奥行き．新曜社，pp.67-102.
田嶌誠一（2005a）児童養護施設における児童間暴力問題の解決に向けて その1 児童間暴力の実態とその連鎖．心理臨床研究会，pp.1-11.
田嶌誠一（2005b）児童養護施設における児童間暴力問題の解決に向けて その2 施設全体で取り組む「安全委員会」方式．心理臨床研究会，pp.1-25.
田嶌誠一（2005c）児童養護施設における児童間暴力問題の解決に向けて その3「事件」等に関する資料からみた児童間暴力．心理臨床研究会，pp.1-19.
田嶌誠一（2006）児童養護施設における児童間暴力―子どもたちに「成長の基盤としての安心・安全」を．日本心理臨床学会 25 回大会発表抄録集，p.44.
田嶌誠一（2007a）子どもの夢を育む児童養護施設とは．中国地区児童養護施設協議会，第3回西日本児童養護施設職員セミナー報告書，pp.8-10.
田嶌誠一ほか（2007b）子どもたちの成長の基盤としての安心・安全を育む―施設内暴力（児童間・職員から子ども・子どもから職員）への包括的対応．中国地区児童養護施設協議会，pp.13-23.
田嶌誠一（2007c）児童養護施設における施設内暴力への包括的対応―児相と連携して施設全体で取り組む「安全委員会」方式．日本心理臨床学会 26 回大会発表抄録集，p.99.
田嶌誠一（2008）児童福祉施設における施設内暴力の解決に向けて―個別対応を応援する「仕組みづくり」と「臨床の知恵の集積」の必要性．臨床心理学，8 (5) ; 55-66.

【資　料】
安全委員会に関するアンケート調査　静岡県立吉原林間学園

趣旨

　田嶌先生が講演で再三強調して注意を促されているように，安全委員会方式は指導に困った子どもに対して安易な枠組みを呈示する管理強化を目的にしていませんし，その運用に当たっては暴力防止の理念理解や施設全体での取り組みについて周到な準備が必要です。さらに，施設外の第三者（外部委員）をメンバーに加えることにより，子どもへの指導の透明性を担保しようとするものです。

　しかし，安全委員会方式に対して，「一時保護（の要請）」や「退所（措置変更の要請）」という文言のみに反応していると思われたり，安全委員会が関係しない退所（措置変更）事例との混同と思われたりするような，「この方式の根本は排除の論理である」「懲戒権の濫用である」という批判が一部にあることを知りました（田嶌誠一 2008）。

　そこで暴力防止に関する研修を受け，安全委員会の導入を検討されている施設の方々に参考となるよう，安全委員会方式を実際に実践されている施設（調査時点で把握した実施中の全施設）における貴重な体験をお聞きするアンケート調査を実施しました。項目は以下のとおりです。

　①安全委員会立ち上げの経緯・目的
　②外部委員
　③安全委員会が措置変更の意見を出した数
　④③の結果として措置変更に至った措置先
　⑤③の結果として措置変更に至ったケースの困難点，「安全委員会方式は懲戒権の濫用」という意見へのコメント，取り組みの現況等

結果（調査対象施設12，電話による聞き取り調査で内容は表1（48頁）のとおり，平成20年8月12日現在）

　①ほとんどの施設において，【導入の経緯】は施設内のいじめ，暴力事例への効果的な対応法を求めた結果であり，きっかけとしては田嶌先生の講演，論文，児童相談所・県庁からの助言が挙げられた。
　②【外部委員】としては，大学（院）短大教授，准教授・講師，社福法人理事長・役員，乳児院長，他児童養護施設職員，民生委員，主任児童委員，

地域理事，元園長，教諭・児相・教委・県職 OB，児相職員，校長，教諭，教育相談指導主事，福祉総合相談センター職員，が挙げられた。

③【安全委員会が措置変更の意見を出した数】は，12施設のうち1施設で1ケースのみ。

④【③の結果として措置変更に至ったケースの措置先】は元児童養護施設職員の里親宅。

⑤【③の結果として措置変更に至ったケースの困難点】については次の1ケースがあった。

・他児への暴力から一時保護利用した保護所でも職員，児童への暴力があり，帰園後も他児への暴力が止まなかった。

【「懲戒権の濫用」という意見へのコメントや取組の現況等】については以下のような意見があった。

・枠組みの呈示，子どもを守るもの

　（安全委員会方式は）子どもへの「脅し」ではなく，守って欲しい線を伝えるもの，と理解している。

　措置変更もありうる，ということは暴力の歯止めにもなると思うが，「脅し」ではない。

　安全委員会の存在で子どもが守られている感覚を抱いていることは，入所児童に聞いてもらえばわかってもらえるはず。

　「暴力はいけない」という枠組みを明示することで，「（そんなことをすると）損するよ」とむしろ暴力を収める方向の援助ができる。

　「措置変更」の段階設定は，あくまで子どもの安心安全を守ることを意識している。

・子どもと向き合い，話し合うきっかけとなる

　本質は，職員の子どもと向き合う姿勢。

　月1回の聞き取りが，暴力だけでなく日常のしんどさを聞く場になる。

　四つのステップのみがクローズアップされがちだが，入所時面接，毎月の定期的聞き取り，進路などの将来に関する応援面接の実施が大前提にあるシステムということと，職員が子どもたちに寄り添う姿勢，子どもたちの成長を引き出す関わりがあってこその安全委員会活動である。

　すぐに安全委員会に依存するのではなく，職員が日常的に個々の児童に暴力

が許されないことを徹底して訴えることが必要。

　子どもからの反発は，目的，理由を丁寧に伝え，話し合うことで誤解，不安を払拭した。

　子どもからの訴えも多くなり，成長のエネルギーを引き出す面接ができるようになった。

・暴力にシステムで対応

　個人では対応できない暴力をシステムで対応することで収めることができる。

　委員会が精神的な後盾となり，職員のチーム対応が徹底された。

　問題が生じた場合の複数職員による対応がポイントで，個人指導，行事，日常業務に組織的に取り組む姿勢が生まれる。

・外部委員が入ることで支援の質が向上する

　外部の人が入ることで，オープンに指導内容について話し合えることが良い。

　委員会から園の状況や子どもへの対応のアドバイス等をもらえることが，指導の方向性，精神的支え，自信につながり，職員が逃げずに子どもと向き合い，最後まで対応できるようになった。

　施設業務・児童処遇は独善に陥りやすいので，教育経験，社会経験の豊富な外部の人の協力を得ながら子どもと関わりを持つことは子どもの意識変革にも有意義。

　第三者評価が求められている時代であり，施設職員が外部の経験者の目と共通の認識に立ち，学びつつ，子どもたちと深い関わりをもつことは，子どもの心に必ず響くものである。

　職員の不適切な対応へのブレーキにもなる。

・その他

　（委員会設置により）窮屈になった，という高学年児がいる反面，良かったと言う子もいる。

　施設で生活する子どもから日々問題行動が見えないからといって，何事もない，と思うのは誤りである。

　厳重注意に至る前に職員が丁寧に指導している。

　退所（措置変更）を出さないように取り組んでいる。

　委員会設置後は暴力が激減した。

表1　安全委員会に関するアンケート調査結果（順不同，平成20年8月12日現在）

No. 注1	①安全委員会立ち上げの経緯・目的	②外部委員	③委員会が退所（措置変更）の意見を出した数	④③の結果として退所（措置変更）に至った措置
1	潜在的性暴力もあり，施設内での児童間暴力が明白となり，園内にて協議し，児童相談所から改善方法の一つとして安全委員会の設置も検討してはどうかとの助言もあったので安全委員会的な組織を設置したが，先生に何の相談もせずに見切り発車であったため不備ばかりで不十分であったためトラブルが多発したため，田嶌先生に入ってもらい仕切り直した。改善点は①委員に児相を入れた（責任の明確化）②第三者委員の参加（客観性の確保）③個々の聞き取りとキーパーソン検討の徹底（個別対応の重視）。	県市児相，他の社会福祉法人の理事長（元小学校長），民生委員	0	無
2	際立った暴力はなかったが，児相で行った田嶌先生の研修会を受け，必要と認識して立ち上げた。	元園長，小学校教頭，地域代表（元児相職員），児相職員	0	無
3	それまでは対職員暴力と児童間暴力があり，職員と子どもの力関係が逆転している面があった。	大学院教授，児相，小中学校	1（安全委員会が審議する前に児相が措置変更を決定した）	里親
4	地域の中学校が荒れ，その影響を受けて園も荒れ始めた。園内が落ち着かず，子ども間，子どもから職員への暴力もあった。そんな中，小学校高学年数名が学校でエスケープと窓ガラス破損（2枚）等の問題行動をおこし警察の介入があった。その後，安全委員会を立ち上げた。	児相，小中学校，地域理事	0	無
5	社会的に暴力事案が多発しており，被虐待児が60％を超える入所児童をもつ施設の実態から，問題行動が起きることを予想するのは必然である。そこで教育的・社会的な経験が豊富で，児童対応の実力を持つ外部の人材の協力を得	学校教職員・教育相談指導主事・教育行政の経験者，関係小中学校長・生活指導担当者，	0	無

⑤③の結果として退所（措置変更）に至った困難点,「安全委員会方式は懲戒権の濫用」という意見へのコメント,取組の現況等

当初は不十分な説明を告知し内容的にも不備が多く,子どもが「監視システム」「罰」と見たり「何で今更」といった反発も示した。児童にルールの目的や理由を丁寧に伝え,話し合うことで,誤解を解いたり不安を払拭していった。職員が同じ言葉・態度で臨む効果が大きい,『暴力は許されない』というスローガンが浸透していきやすい。安全委員会があることで子どもも客観的に自分の行為に対する意見を聞くことができる。一時保護を利用したケースはない。職員の不適切な対応へのブレーキにもなる。当県で4施設安全委員会があるが,今まで措置変更は1件もない。

他方,暴力が減少したという顕在的な結果だけでなく定期的な聞き取り調査の中で,「夜中になにかしら起きてしまって眠れない」と言う児童が少なくなかったが,活動が軌道に乗り動き始めると「夜中に起きなくなった」「怖い夢を見なくなった」と言う回答が増えて来て,最近の聞き取りの中ではほとんどの児童が怖い夢など見なくなり,よく眠れているとの回答を寄せている。顕在的な結果にとどまらず最終目標である安心・安全のある生活に近づきつつある一つの指標ではないかと考えている。この結果に関しては田嶌教授からも大きな変化ですと評価頂いている。

予想はしていたが大変なのは職員の児童対応。すぐに安全委員会に依存するのではなく職員が日常的に個々の児童に暴力が許されないことを徹底して訴えることが必要。安全委員会ができ,精神的な後ろ盾となったり,職員のチーム対応が徹底された。職員1人が対応しても児童が指導にのらなければ,他の職員が駆けつけ複数で対応した。若い職員は随分楽になったと思う。最初は3週間ごとに安全委員会を開いていたが,第1回目に反抗的な小中高生が不満を言ってきたことがヤマだったと感じる。非常召集（注2）は4回。「一時保護」「措置変更」はなし。今は落ち着いている。本質は職員の子どもと向き合う姿勢だと思う。

今は,安心して生活できていると子どもが話してくれる。安全委員会という後ろ盾があることで職員が子どもに毅然と向き合えるようになったことが大きい。暴力は連鎖を断ち切るのが難しいが,当施設では徐々に落ち着いてきた。子どもからの訴えも多くなり,成長のエネルギーを引き出す面接ができるようになってきている。他に良い方法があるのならぜひ紹介してほしい。措置変更は高校生で,暴力で他児に怪我をさせることもある子どもだった。このため一時保護し,保護先でも対職員と対児童への暴力があった。帰園時面接,全体謝罪を行ったが,2カ月後に他児から暴力の訴えがあり,緊急に再度一時保護した。委員会が審議をする前に児相が措置変更と判断し,元児童養護施設職員の里親に措置変更をした。変更後もフォローはしており,今は暴力はなくなり学校にも通うようになっている。

安全委員会の内容よりも4つの対応ステップの形のみがクローズアップされがちであるが,安全委員会活動とは,むしろ入所時の面接と毎月実施する定期的な聞き取り,子ども達と職員が一緒に進路などの将来について考える応援面接が大前提にある。このシステムと,日頃から職員が子ども達に寄り添って行動している姿勢,子ども達の成長エネルギーを引き出すための職員の関わりがあってこその安全委員会活動である。又,万が一暴力問題が生じた場合は,複数で指導することも大きなポイントとなる。複数対応を重ねることにより,個別指導や行事,その他の日常業務に組織的に取り組む姿勢が生じてくる。

安全委員に園の状況や,職員の子ども達への対応についてアドバイス等をいただくことが,職員の指導方針の精神的な支えや自信につながり,職員が逃げずに子どもと向き合い最後まで対応することができるようになった。

一時保護を2日間実施した児童が1人いる。一時保護実施の理由は,①被害児の安心安全を確保し不安を解消すること,②加害児に事件の振り返りをさせ,反省する環境がぜひ必要であった,③加害児が最年長児でもあり,他の子ども達が園（職員）がどこまで本気で自分たちを守ってくれるかを見ていて,毅然とした対応が必要であった,である。一時保護中は,園から一時保護所に面接に行き,加害児と一緒に振り返りをし,今後どのようにすればよいかを考えた。勿論現在は,非常に落ち着いて生活できている。

独善に陥りやすい施設業務・児童処遇内容に対して,児童の権利を尊重するという視点で,教育経験・社会経験の豊富な外部の人の協力を得ながら子どもたちとの関わりをもつことは,子どもの意識変革においても有意義である。

安全委員会の設置は,問題を掘り出し懲戒又は措置変更することが目的ではない。平素より子どもたちに密接な関わりをもって,①問題行動が起きないように,②問題行動の早期発見・対応をすること

5	ながら，施設児童・職員が安全で，子どもたちの願いに応え得る処遇，暴力的行動を未然に防ぐことを目的として設置したものである。安全委員会を立ち上げるにあたっては，施設内暴力防止の対抗で実績を挙げている他の施設の安全委員会を参考にしつつ，施設職員の総意を結集して創造し，今後とも積み上げ方式で運営していく。	児童相談所，理事長，役員，施設個別対応・児童担当職員，民生委員	0	無
6	院内の暴力防止対策検討委員会で検討する中で県主管課からの勧めで立ち上げた。	小中学校長，児相課長，大学教授，元県職，乳児院長	0	無
7	児童間暴力への対応は個別指導だけでは効果的ではなかった。安全委員会についての研修をとおして，組織的な対応方法の在り方を知った。施設の力量アップの方法として安全委員会方式を取り入れた。	大学院教授，市県児相，小中学校，元法人理事	0	無
8	過去何年かにおいて発覚した性的問題行動について委員会立ち上げ前に検証調査を行ったところ，職員の全く知らないことや新たな事件が判明した。児相の指導を受けながら改善に取り組んでいる中，田嶌先生の研修を受け，この問題は職員側の問題であるとの認識に至り，子どもたちの安心・安全とを保障するための取り組みとして安全委員会を立ち上げることとした。	短大教授，大学院教授，児相，小中学校，主任児童委員	0	無
9	立ち上げ前年に対職員暴力や児童間暴力など大きな暴力が3度起っていた。一人一人の児童を見れば繰り返しの指導の中での成長は見られるものの，正に暴力的傾向の伝統は引き継がれており，実際には発覚に至らないものも多いだろうと思われる状況で，個々の治療，指導だけでは解決，改善は困難であると感じていた。そのような時田嶌先生の論文を入手し，実践発表も拝聴した。安全委員会とは「暴力を許さない」，「しない」，「させない」システムであり，取り組んでみる価値がありそうだ，という思いを深めた。翌年に職員が男子間の性的暴力の現場を押さえたことを契機に，立ち上げ準備が一気に加速した。	大学准教授，短大教授，児相（次長，課長），小中学校長。委員が出席できない場合，その所属から代理出席をしてもらっている。	0	無
10	設置前から問題行動が断続的に発生し，再発防止のためのマニュアルを作成。マニュアルに従って，再発防止に取り組んできたが，その後も問題行動が続き，児童の安全・安心のために，園長が安全委員会という新しいシステムの導入を決断する。	小中教諭，小中教諭OB，市県児相職員，民生委員，他児養護職員	0	無
11	きっかけは年長児からの性的いじめの発覚。田嶌先生を招いて，準備を進めている中で，再度新たな性的いじめが発覚し立ち上げに至った。	大学講師	0	無
12	本施設において，児童間暴力や対職員暴力が発生しており，この対応に苦慮していたところ，児相から田嶌先生の論文を紹介された。	福祉総合相談センター（児相），民生委員	0	無

（注1）1～11は田嶌先生のSVの下に導入。

が目的で設置したもので，その取り組みからさらに③処遇について学ぶことにある。
厳しい最低基準の中で子どもの最善の利益を保障する処遇を行うことは現状の実体から至難であり，施設で生活する子どもから日々問題行動が見えないからといって何事もないと思うのは誤りである。特に第三者評価まで求められている時代から考えるとき，施設職員が部外経験者の目と共通の認識に立ち，学びつつ，子どもたちと深い関わりをもつことは，子どもの心にも必ず響くものである。

措置変更もありうる，ということは暴力の歯止めにもなると思うが，それを「脅し」ととられるのは本意ではない。当施設では第一段階の「厳重注意」に至る前に職員が丁寧に指導して，すぐに「厳重注意」に至ることはない。設置後は，落ち着いた。年長児には抑止になっている。職員にとって指導がシンプルでわかりやすいことが良い。

2年間の安全委員会の活動で，高齢児から年少児への暴力事件はなくなった。児童相談所による訪問調査においても子ども達から「これまで暴力に対する不安もあったが，安全委員会ができて安心している」との声が上がっている。職員全体で継続的に取り組んできたことで「施設から暴力をなくしたい」という思いが子ども達に確実に伝わり，子ども達も行動をコントロールすることができるようになった。暴力のない生活を実現したことで，職員は子どもからの信頼を得ている。

「厳重注意」のステップが数回あった程度で解決している。児相や本課からの強い指導もあり，強い決意で取り組んできた。是非，私たちの施設の子どもに意見を聞いて欲しい。安全委員会の存在で子どもが守られている感じを抱いていることがわかってもらえるはず。

①のとおり，開設前に性的暴力があり，開設後に同じ児童による性的暴力が起きたため，その児童に対して「厳重注意」「別室移動」「一時保護」で対応した。それ以外は「厳重注意」で終わっている。「厳重注意」は外部の方から注意を受けるということが，子どもたちの歯止めになっている印象。「措置変更」の段階は設定しているが，あくまで児童の安心安全を守ることを意識している。怪我をさせるような大きな暴力は開設前後では明らかに減っている。

「懲戒権の濫用」という声は上がっていない。退所児を出さないようにと取り組んでいる。外部の人に入ってもらうことで，実際の指導の様子を見てもらえる等，オープンに指導内容について話し合えることが良いと考えている。窮屈になったという高学年の子がいる反面，良かったという子もいる。

「安全委員会方式」を子どもへの「脅し」とは理解していない。これ以上やったら大人の世界でも許されない，守ってほしい線があるということを伝え，子どもと向き合い話し合うきっかけとなっている。1/Mの聞き取りを暴力のことだけでなく，自立支援に向けた日々のしんどさを聞く場にしている。

現在までは，第1段階「厳重注意」第2段階「反省日課」までであり，「一時保護」「措置変更」まで要した事例はない。「反省日課」の内容は，問題行動の内容や程度及びその児童の状態に合わせて個別にメニューを検討して実施している。本委員会設置後，暴力問題は激減した，今年度は現在まで安全委員会の対象となる問題は発生していない。

(注2) 児童間暴力等で問題が起こった際，昼夜を問わず，非番も含め集まれる職員全員が施設に集合して対応する体制を組むこと。

まとめ

　安全委員会を導入している施設の多くは，施設内暴力問題への対応に苦慮していたことから安全委員会方式の考え方に共感して取組を始めていることが共通していた。

　また，暴力を抑止する（子どもを守る）枠としての4ステップの運用は，あくまでも子どもたちの成長を引き出すためのものであり，生活の中での子どもへの丁寧な関わりと第三者の目（外部委員）を取り入れた透明性のある支援，施設全体でのシステムとして対応という点が強調されていた。また，12施設中11施設において児相が外部委員として関与していた。

　一時保護，措置変更は大変少なく，実際に措置変更の意見を出したのは1ケースのみという結果であった（正確には安全委員会が審議する前に児童相談所は措置変更を判断していた）。

　総じて，組織として暴力はいけない（守れなければそれなりのペナルティがある）という枠を示すことの有効性を支持し，その枠を単純に当てはめてペナルティを科すだけの支援は否定する回答であった。

文　献

田嶌誠一（2008）児童福祉施設における施設内暴力の解決に向けて―個別対応を応援する「仕組みづくり」と「臨床の知恵の集積」の必要性　臨床心理学, 8(5) ; 694-705 金剛出版.

第Ⅰ部
多面的援助アプローチの基本的視点

第1章

多面的援助アプローチの考え方

　＊ここでは，私が実践し本書で紹介している多面的援助アプローチを読み解くためのキーワードとなるものを紹介しておきたい。その多くは，私の造語である。最初に，かつて雑誌の「臨床心理学キーワード」欄に書いた三つのキーワードを紹介し，さらに追加のキーワードを述べることにしたい。

I　私の三つのキーワード

　今回はいささか趣向を変えて，これまでのものとは違うものにしてみたいと思います。わが国のこの領域のキーワードは外国からの輸入が多いこともあって，りっぱすぎるというかなかなか固いものが多く，また美しすぎるというか，建前的とでも言いましょうか，私自身の現場の感覚からは違和感を覚えることが少なくないのです。むろんそれらは一方ではセラピストのロマンや理想主義に貢献するというプラスの面があるわけですが，その反面あまりに実態とかけ離れすぎているため，セラピスト自身の精神健康によくないという側面やあまりにもりっぱすぎる語にセラピストとクライエントの双方が振り回されるという実践上の弊害もあるように思われます。

　したがって，臨床現場の実感に照らし，キーワードを練り上げていくという作業が必要なのではないでしょうか。そうして生まれる語は，面接の中でクライエント自身にも通じるものとなるはずです。今回は私自身のそうした思い入れから，ここではより自分の実感に即したキーワードを紹介したいと思います。こうしたコーナーで自分の造語をもっぱら紹介するという我田引水的行為，今回限りのこととご容赦いただきたい。

節度ある押しつけがましさ（thoughtful pushiness）

　心理療法では，通常「クライエント中心」「中立性」「受動性」といったこと

が強調されているが，たとえば，ひきこもりの事例をはじめ相談意欲のないクライエントにはそうした態度ではうまくいかないことが多い。そこで必要とされるのは，「節度ある押しつけがましさ」という態度である。単なる「積極性」ではなく，積極的に関わろうとしつつも，踏み込みすぎない態度を言う。換言すれば，「逃げ場をつくりつつ，関わり続ける」ことである。

　例をあげよう。不登校生徒やひきこもりに対して，家庭訪問が有用と考えられるような場合，家庭訪問を行う際〈行ってもいい？〉ではなく，〈行く〉と宣言し，〈ただし，会いたくなければ，部屋にこもっててもいいよ〉と保証する。なぜ，このような態度をとるかと言えば，〈行ってもいい？〉と聞くと，もし「ダメ！」と言われたらとりあえず訪問できないことになるからである。この場合，〈行く〉と宣言する押しつけがましさと，しかし本人の部屋に踏み込まないという節度とが共存していると考えられる。また，積極的にいろいろな提案やお勧めをしつつも，それを拒否することを保証していくことなども，同様であろう。

　こうした態度はまた，セラピストだけでなく，ケースワーカーや教師や保健師さらには精神科医などが相談意欲に欠けるクライエントに関わる際にもしばしば有用なものである。一般には，前者（セラピスト）には「節度ある押しつけがましさ」のうち「押しつけがましさ」を，後者（ケースワーカー・教師・保健師・精神科医等）には「節度ある」を幾分強調するのがよいように思われる。

　社会のニーズが広がり，心理療法・カウンセリングに対するニーズが多様なものになりつつある昨今，セラピストにこの「節度ある押しつけがましさ」という態度が有用なことがますます増えるのではないだろうか。

健全なあきらめ（letting it go）

　私が好きな言葉に，「変わるものを変えようとする勇気，変わらないものを受け入れる寛容さ，このふたつを取り違えない叡智」というのがある。

　心理臨床の要諦がここにあるように思う。

　自己や外界の現実に対してあまりにも高い要求や願望を持っていて，そのことがその人を苦しめている場合が少なくないように思われる。あるいはそうではないにせよ，変えるにはあまりにも困難な状況であったりする。そのような

場合，自分の資質や心性にせよ，あるいは外界の現実にせよ，変わらない場合にはそれをあきらめ，受け容れることでしばしば道が開けるものである。このことは，従来の語では「(現実や自己の) 受容」とか「あるがまま」というのが関係の深い語であろう。しかし，この語はあまりにもりっぱすぎるし，なによりも体験している本人の実感にそぐわない場合が多いのではないかと思われる。

代わって，あげておきたいのは「健全なあきらめ」という語である。「健全な絶望」というものはありえないにせよ，「健全なあきらめ」ならありうるであろう。これが実現された時，その人の内面にはある種の安堵感やこころの安らぎが生じるが，同時にそこにはしばしば哀しみや切なさのようなものが内包されているものである。「受容」や「あるがまま」という語では，この哀しみや切なさのニュアンスが抜け落ちてしまうように思われる。また「健全なあきらめ」は，非現実的誇大的な願望ではなく，ささやかではあっても現実をふまえた希望を伴うものである。

『広辞苑』によれば，「あきらむ (明らむ)」とは，「明らかに見究める」ことであり，その意から「あきらむ (諦める)」とは，「思い切る，断念する」ことであるとされている。すなわち，「明らかに見究める」が「あきらめる」になったものと考えられる。

「明らかに見究める」という心の作業を十分に行うことを通して，私たちは「健全なあきらめ」に達することができるのである。カウンセリングとは，しばしばそのようなこころの作業に寄り添うことなのであろう。

おわりに，お固い用語もひとつご紹介しておくことにしたい。

体験様式，つきあい方，悩み方 (manner of experiencing, relating, suffering)

最近では体験様式という語がちらほら見受けられるようになってきた。体験を「体験内容」と「体験様式」とに分けて見ていくという視点から生まれたものであるが，今後ますます重要な語となるものと思われる。しかし，体験様式に注目した研究は非常に少ない。

心理療法の領域で最初にこうした着想から研究したのは，体験過程療法の創始者ジェンドリン (Gendlin ET 1966) であると考えられる。しかし，彼の理論

の最も主要なキーワードはよく知られているように「体験過程」であり，彼はこの体験過程について述べる中で「体験（過程の）様式」という語を使っている。そして，そのためか，この語自体についての考察はしておらず，特に定義を述べたりもしていない。体験過程と体験様式との違いについても明らかではない。

体験様式については，有名な成瀬の論をはじめいくつかの研究があるが（田嶌1987，1996；成瀬1988；鶴1991；河野1992他），ここでは，田嶌の論を紹介しておきたい。心理療法におけるキーワードとして体験様式という語をわが国で最初に使ったのは田嶌（1987）の研究であると思われる。田嶌はイメージ療法においては「どのようなイメージを浮かべているか」ではなくそのイメージを「どのように体験しているか」ということが重要であることを指摘し，それを「イメージ体験様式」と呼んだ。そして，その変化の過程を「イメージ拒否・拘束」，「イメージ観察」，「イメージ直面」，「イメージ体験」，「イメージ受容」，「イメージ吟味」という一連の過程として記述した。そして，さらに一般の心理療法でも成功例では同様の変化が起こっているのであろうと指摘した。

この「イメージ」のところを別のもの，たとえば，動作に置き換えてみると，「動作拒否・拘束，動作観察，動作直面，動作体験，動作受容，動作吟味」というふうに，そっくりそのまま動作法の過程の説明または記述になるものと考えられる（田嶌1996）。「体験」や「感情」など他の用語と入れ替えても同様である。

また重要なのは「体験内容」と「体験様式」とを概念的にも体験的にもどこで区別するかということであるが，田嶌の言う体験様式は次の二つの要因からなっている。ひとつは主体と対象（たとえばイメージ面接ではイメージ，動作法では動作）との体験的距離（田嶌1983, 1987）であり，いまひとつは対象に対する心的構え（田嶌1987）である。体験的距離とは，主体と対象との体験的距離が遠いか近いかということであり，心的構えとは，対象に対する主体の心的態度，ないし心の準備状態のことを言う（田嶌1996）。

むろん，体験様式についての研究が進んでこれ以外の他の側面も含むようになることもありえよう。なお，体験様式とは，日常語で言えば対象との「つきあい方」ということになり，また「悩み」を対象としてみた場合，体験様式とは悩みの内容ではなく「悩み方」のことであるといえよう。

文　献（一部のみ）

田嶌誠一（1987）壺イメージ療法．創元社．
田嶌誠一（1996）壺イメージ法の考案とその展開に関する臨床心理学的研究．博士論文（九州大学）
成瀬悟策（1988）自己コントロール法．誠信書房．

現場の実感に即したキーワード――いかがだったでしょうか？

　＊英訳については，国立国語研究所　當眞千賀子氏（現・九州大学）にお世話になった。記して感謝致します。

II　さらなる三つのキーワード

　＊ここでは，先の三つのキーワードの補足に加え，さらに三つのキーワードを述べる。もともとは雑誌等に別々に書いたものをここに集めたものである。

「つきあい方」

　心理臨床が現場の多様なニーズに応えるためには，個人レベル，ネットワークレベル，システムレベルといった種々のレベルへの多面的アプローチが必要であると考えられる。
　筆者の言う多面的援助方式では，面接室内でのカウンセリング（心理療法）だけでなく，その人をとりまく生活空間全体に注目し，その人に合った幅広い援助方式を行おうとするものであると言える。こうした方式におけるカウンセラー（治療者）の活動は，個人面接以外の場でクライエント（患者）さんとどうつきあうかということを重視するため，従来の治療とか援助とかいう概念では表現しきれないものがある。また，カウンセラー（治療者）をはじめとする専門家の活動だけでなく，非専門家による関わりも重視している。そこで，クライエント（患者）さんを援助するそのような幅広い活動を示すためにつきあい方という日常語を使うことにした。しかし，だからといって当然ながらやみくもにつきあえばいいというものではなく，そこに専門的見立てと配慮が働くことが必要である。そうした意味をこめて，つきあい方という日常語に「　」をつけて，「つきあい方」とすることとした。また，同時にそれはクライエント（患者）さんの自分自身の問題（症状）や悩みとのつきあい方をも意味する語で

もある。そして，カウンセラー（治療者）や周囲の者の「つきあい方」が，クライエント（患者）さんが外界や自分自身の問題（症状）やそれにまつわる体験とよりじょうずなつきあい方（体験様式）をできるようになることを援助することにもつながるものであると筆者は考えている。したがって，その点で筆者の「イメージの体験様式」に関する研究と視点からの発展であると言えよう。

「一次的ニーズ」と「二次的ニーズ」

　心理援助の基本は，なんといっても「希望を引き出し，応援する」ということである。換言すれば希望といっても，現実にはとても実現不可能な夢のようなものから，現実的なものまでさまざまな水準を含むものである。それらの多様な広がりを持つ希望のうち，ある程度は現実に実現可能性があるようなものをニーズと呼んでおきたい。これらのニーズのうち，本人自身のもっとも切実なニーズを「一次的ニーズ」と呼び，そこまでは至らないニーズを「二次的ニーズ」と呼んでいる。

　たとえば，深刻ないじめや児童虐待に苦しみ，未だその危険性を充分に回避できていないにもかかわらず，そのことに関心を払うことなく，「プレイセラピー」や「心理面接」に没頭している事例を耳にすることがある。おそらく，それはケースワーカーなどの他職種の仕事と考えてのことであろう。しかし，その人のもっとも切実なニーズは「いじめられなくなること」や「殴られなくなること」あるいは「またやられそうになった時に，どうしたらいいのか」ということである。こうした場合，そのことに関心を示さないセラピストに心を開くことがはたしてできようか。

　もっと別の例をあげよう。たとえば，現在大変重要な課題となっているのが，いわゆる学習障害，アスペルガー症候群，ADHD，知的障害をはじめとする発達障害を抱えた子どもたちや発達障害のような特徴を示す子どもたちの援助である。

　ここで注意すべきは，精神医学的診断や発達アセスメントも大事だが，発達障害と診断されたとしても，その「障害」の改善そのものを主な援助の対象とするのが適切であるとは限らないということである。

　たとえば学習障害（LD）と診断された子は，特定の教科と関連した能力が明らかに劣っている。それだけでなく，そのために教室でいじめられるなどの対

人関係の悩みや問題をもっていることが多い。なかには不登校になっている場合もある。いわゆる「アスペルガー症候群」や「ADHD」など他の発達障害でも同様である。軽度の発達障害児がクラスで友達もできず、いじめられるなどして不登校に至っている場合が少なくないのである。

このような場合、学習障害と診断された特徴やそこから推測される脳の障害は一次障害と言い、いじめや対人関係の悩みは二次障害と言われる。一次障害とは、「なんらかの中枢神経系の器質的・機能的な障害」を指し、二次障害とは周囲の無理解、拒否的態度、放置によって、心理的・行動的問題が発生することを指す、となっているようである。

しかし、ここで注意すべきは、本人自身の切実なニーズはどちらにあるのかということである。それは、特定の教科の成績を伸ばすことよりも、いじめられなくなることであろう。また、障害児も障害者も、障害とそれに関連したことだけを悩んで生きているわけでは決してない。当然ながら、一次障害にも二次障害にも属さない切実な問題を抱えていることもありえるのである。したがって、一次障害・二次障害という区分からは見えてこない重要なものがある。

ましてや、本人の最も切実なニーズはしばしば一次障害・二次障害という区分からはしばしば見えてこない。そこで、「一次障害」「二次障害」という語に併せて提案したいのは、「一次的ニーズ」と「二次的ニーズ」という語である。

心理臨床の目標は本人自身の最も切実なニーズからというのが望ましいと私は思う。むろん、それに応えることができそうにないことも少なくないだろう。また臨床心理士が直接それに応えないといけないわけでもない。そうであっても、せめて本人自身のもっとも切実なニーズに敏感でありたい。援助者が本人の切実なニーズに関心を払っていることが伝わることが何よりも重要であると思う。私たちが何者であるかが問われているのである。心理臨床は病や障害の治療ではない。病や障害や悩みを抱えた人の援助である。

当事者の目を意識するということ

「ピュイゼギュール、メスメルの時代から、治療法は患者からの贈り物である」とは中井久夫先生の指摘である。私の臨床現場は医療領域に限らないので、「患者から学ぶ」ということを「当事者から学ぶ」と言い換えることができよう。「当事者から学ぶ」あるいは「患者から学ぶ」とはどういうことをいうのだ

ろうか。

　私自身はある患者さんがイメージ面接の中で「洞窟の中に壺が並んでいる」というイメージを浮かべたのをヒントにして，かつて「壺イメージ法」と称する，いささか怪しげな雰囲気の漂うイメージ技法を考案したことがある。その経緯はすでに書いたことがあるのでここでは述べないが，確かに，このように個々の患者さんの言動や反応から私たちは多くのことを学ぶ。実際このコーナーではすでに，多くの臨床家がさまざまな患者さんとのエピソードを語ってきておられることだろう。しかし，ここでは，患者さんや当事者の個々の言動から学んだことでなく，もっと基本的なことについて述べてみたい。

　不登校のお子さんを持つ保護者の集まりで，不登校について講演を頼まれた時のことである。突然，そこに不登校の本人が現われたのである。予想もしていなかった事態に私は驚き，そしてしどろもどろになってしまった。何を話したらいいのかわからなくなってしまったのである。

　それでもなんとか時間は流れ，会は終わった。

　この後，軽く落ち込むと同時に考え込んでしまった。私はなぜあんなにも狼狽してしまったのだろうか？　どうやら思い当たったのは，私が当事者に通じる言葉や理論を持っていなかったためであるということである。むろん，私も当時若いとはいえ，臨床心理学の基礎は勉強はしていたし，また多少の臨床経験も持っていた。不登校についての教科書的な基礎知識も一応は承知していたつもりである。にもかかわらず，少なくとも不登校に関して，本人に通じる言葉や理論を持っていなかったのである。とりわけ，不登校状態の真っ最中の本人に通じる言葉や理論の必要性を感じたのである。

　この問題はしばらく私を苦しめた。いろいろ文献を調べたものの，なかなかぴったりくるものを見つけることができなかった。結局，自分で考えざるをえなくなった。やっと思い当たったのは，わかってみれば簡単な言葉だった。不登校状態では，「本人はなんらかの事情で元気をなくした状態にある」。したがって，目標は「学校へ行くことではなく，元気になること」であるというものである。元気になった結果として学校へ行けるようになる，あるいは学校へ行くことを通して元気になるということになる。

　さらに進んで，当面の目標は「嫌なことを避けて，元気になること」であり，次いで「少しくらい嫌なことにふれつつも元気」というのが目標となる。バリ

エーションとしては,「元気になる」というのがぴったりこない人には,「これ以上元気をなくさないこと」というのが通じやすいこともある。

　基本的には原因論には深くは立ち入らず,「本人が元気になるために, 学校が何ができるか, 家庭が何ができるか」をまず検討・実行し, さらに「本人が何ができるか」へと進むことにする。

　これを出発点として, 理論や言葉をいろいろ探した。まあ, こういうことを皮切りにして考えた言葉や理論 (のようなもの) を本人や家族に投げかけてみながら, 私の不登校への心理援助論はだんだんこまやかなものになっていった。このようにして紡ぎ出された言葉や理論は見栄えはしないかもしれないが, 臨床現場では有用なものである。

　このことはそうでない語と比較してみれば, より明らかである。

　たとえば,「自我の未成熟」や「母子密着」あるいは「父性の喪失」などといった語では, 当事者にとって当面は通じにくいものであるか, 通じても助けにならないものとなる可能性が大である。また, 先に公にされた文部科学省の協力者会議の中間答申では不登校の児童生徒への「社会的自立の支援」を目標とすべきであるとしている。登校ではなく, 社会的自立に注目したことを私自身もその通りだと思うし, 高く評価できる。しかし, ここで注意すべきは, この「社会的自立」という語や目標は, 少なくとも不登校に苦しんでいる最中の本人には通じないし, 通じたとしても当面は助けにはならないであろうということである。ある程度本人が元気になり活動範囲が拡がり, 周囲との関係がよりうまくいくようになるなど, 多少の克服後であれば, この語や目標が理解される場合もあるだろうが。

　当事者に通じるようにとの願いで紡ぎ出された語や理論は, 当然ながら, 当事者に通じやすい。私がうれしくなったエピソードをいくつかあげてみよう。

　お母さんだけが相談にこられたある不登校生徒は,「目標は, 学校に行く・行かないということよりも, 本人が元気になることが大事」と伝えてもらったところ, その瞬間に表情がぱあーっと明るくなったそうである。他にもいろいろ手をつくしたのだが, その後私にも会えるようになり, 担任教師にも会えるようになり, さらには学校外で同級生とも遊べるようになり, 結局クラスに戻ることができた。

　また, ある会で不登校・ひきこもりの保護者会で講演した時のことである。

私が話し終わった時，本人とおぼしき若い男性が手をあげ，「先生の話を聞いてびっくりしました。自分の不登校・ひきこもりの克服体験にあまりにもぴったりだったので驚きました。もちろん，細かい点では異なるところもありはしましたが」と言ってくれた。

もうひとつあげておこう。ある市の行政が設けている不登校対策協議会では，保護者代表で参加されている方から，「何年も前からこの会に委員として参加しているが，元気になることが目標だというのが，この会の提言としてとりあげられたのがとてもうれしい」と言っていただいた。

私たち専門家の言葉や理論というものは，当事者の視点から見た時，以下のように分けることができるように思う。

第一に当時者を傷つけるような言葉や理論。これはむろん問題である。

第二に当事者にわからない言葉や理論。これは第一のものよりもましだが，現場では役に立たないことが多いものと思われる。

第三に，当事者にわかる言葉や理論，納得できる言葉や理論。ここではじめて臨床現場で役立つ言葉や理論となる。

そして，第四に当事者を勇気づける言葉や理論。これが現場で最も有用なものであり，ここまでいくのはなかなか難しいが，臨床家としてはここを目ざしたいものである。

さらに，第五に当事者だけでなく，当事者以外の人も勇気づける言葉や理論。これまた困難ではあろうが，志としてはここもめざしたいものである。

ただし，気をつけなければいけないのは，いわば「当事者の耳に心地よいだけ」で長い目で見て役に立たないような言葉や理論，いわば「当事者におもねる」ようなものもありうるので，このようなものと混同しないように注意が肝要である。また，ひとくちに当事者といっても，当然のことなのだが，いろいろな人がいるのだということも忘れないようにしたいものである。

個々の患者さんの言動や反応から，私たちは多くのことを学ぶ。しかしそれだけでなく，患者さんや当事者が実際にはそこにいなくても，そこにいて，見たり聞いたりしているとイメージすることこそがもっとその基礎にある必要があるように思う。そして，患者さんや当事者の視点から，感じてみる，考えてみることこそが「患者さんや当事者に学ぶ」ことの基礎であろう。

第2章

臨床の知恵（工夫）が生まれるとき
―― 私の臨床実践 ――

I　臨床の知恵（工夫）の創造と展開過程

「動作法＝山口組」説

　私の周辺でずっと以前から密かにささやかれている話に「動作法＝山口組」説というのがある。それは，動作法の創始者である（私の師でもある）成瀬悟策先生の風貌がヤクザの親分然としている（サングラスでもかければ完璧？）からでも，動作法グループ内の「鉄の掟」ということによるものでもない。

　実は動作法は博多を発祥の地とし，かたや山口組は神戸から始まるという違いはあるにせよ，その後の全国への進出経路が非常によく似ているのである。まず関東に入れず，迂回して福井・金沢などの北陸へ，次いで福島を経て山形などの東北地方へ，さらに北上して北海道へ。やっと関東進出を狙うものの，都内へはなかなか入れずまずは横須賀で地盤を築き，その後やっと都内へ進出といった具合である。両者ともおおよそこのような同じ経路をたどっているのである。このことから長年にわたって，関係者の間で「動作法＝山口組」説が唱えられることとなった。

　誰が唱えているのかと言えば，実はこの私である。

　のっけから専門書にはふさわしくない話で恐縮だが，何が言いたいのかと言えば，創造的なものが生まれ，それが発展していく過程にはなにかある程度共通のものがあるのではないかということである。

　このようなレベルの異なる複数の事象に共通するパターンに注目したのは，確かダブルバインドで有名なグレゴリー・ベイトソンだったと思うが，異質同形性（isomorphism）というのだそうである。

創造的過程としての心理臨床

　臨床現場では日々さまざまな知恵や工夫が生まれている。それは個人的なものに留まることもあれば，臨床家が共有できるものになることもある。有用な言葉や取り組みの姿勢や心構えを指し示すという形をとることもあれば，新たな技法の提案という形をとることもある。心理臨床は優れて創造的過程であるといえよう。

　すべての臨床家にとって，日々の臨床はささやかであれ，このような創造的過程に他ならない。このことは，たとえ，とりたてて新しいものを生み出そうというつもりでなく，ただ先人のものを学び，実践しようとする場合でさえも，同様に創造的過程にならざるをえない。そして生み出されたもののうち，一部が対象化され，伝承され発展していく。

　そして結果として生み出された成果そのものは，これまでさまざまな形で紹介されてきた。その重要性は言うまでもないが，しかしもっと重要なのは，得られた成果そのものではなくそれを生み出す力なのではないだろうか。むろん，それを引き出すことは容易なことではないだろう。しかし，臨床の知恵や工夫が生み出され，受け継がれ，発展していく，その過程そのものについて，理解を深めておくことがその一助になるのではないかと思う。それはまた，臨床で生まれた知恵や工夫が，皮相的理解ではなくより深く理解され継承されるためにも，また新たな臨床の知恵（工夫）が生まれるための指針を提供するためにも，それが必要であろうと思う。

　本論では，理解の枠組みの提示を試みると同時に，壺イメージ法や多面的アプローチや「つきあい方」などと呼んでいる私自身の臨床について述べることを目的とする。

「かたくなさが道を開き，しなやかさが発展させる」

　臨床の知恵や工夫が生み出され，受け継がれ，発展していく過程を筆者なりにひとことで言えば，「かたくなさが道を開き，しなやかさが発展させる」ということになろうかと思う。臨床の知恵や工夫が生み出されるにあたって，柔軟な思考が必須であるのは言うまでもないが，それに加えて時代の流行や風潮に惑わされない——あえてこう述べる失礼をお許しいただきたいが——ある種の「かたくなさ」が必要であるように思う。より正確に言えば，着想には柔軟さ

が必要だが，それをやり抜くにはかたくなさが必要ということになろうか。これが創始者の多くに共通する特徴であると思うが，それが受け継がれ発展していくには，それだけでは不十分で，後継者が柔軟にしていくことが広まる大きな要因である。稀には創始者自身がひとりでこの両方をやってしまうこともある。

　臨床の知恵や工夫の過程と類似したものとして，ここで私は宗教をあげておきたい。ひとつの宗教が生まれ，それが継承発展していく過程もまた同様の過程をたどるものと思われる。実際には，宗教を開く契機となる宗教的神秘体験を経験している人はかなりの数にのぼるものと思われる。しかし，それらのすべてが大きな宗教へと展開するわけではない。創始者そのものもさることながら，案外重要な役割を果たすのが，優れた参謀的な役割をもつ人の存在である。また，井沢元彦（1993）が指摘しているように，後継者の中に教義が民衆に受け入れられやすいような修正ないし展開を行う人物が必要である。世界宗教となるには，このことが必須と思われる。これも井沢の指摘で知ったことだが，現在わが国最大の仏教の宗派である浄土真宗は，一時は衰退の一途をたどっており，蓮如という天才の出現によって，教義を柔軟にすることで広まったものである。

　臨床心理の新たな学派が世に出る時にも，しばしば同様のことが起こる。最初，それは華々しい目覚ましい「治療効果」のもとに，他学派とははっきりと区別される先鋭的な輪郭をもった形でデビューを飾る。しかし，それが次第にマイルドなものへと変化していくという法則がある。このように，宗教の教義と同様のことが起こるようである。

　以上を要約すれば，「かたくなさが道を開き，しなやかさが発展させる」ということになろう。

創造の病

　臨床の知恵・工夫を「創造」という面から見てみよう。

　偉大な芸術家や研究者のなかには，大きい心身の病を経験し，それを契機として，優れた創造的な業績をあげた人が少なくない。精神医学者エレンベルガーはフロイトやユングをはじめとする力動精神医学の創始者たちについての資料を収集し，その生涯を綿密に調査し論じた『無意識の発見』という大著を著した

が，その中でそのことに注目し，それを経過することで，人に創造性をもたらす類の病を「創造の病（クリエイティブ・イルネス）」と名づけた（Ellenberger 1970）。

　フロイトは婚約時代からさまざまな心身の症状に悩まされていた。動悸，不整脈，死の不安発作，鉄道旅行恐怖，気分の高揚と落ちこみ，腸の不調，偏頭痛など，今日でいう神経症，心身症の症状を呈していた。それはその後も長く続いたが，とりわけ彼の父親の死の前後からの10年間くらいが特にひどい状態であったらしい。彼はこの精神的危機を，当時親友であったフリースに手紙を書きつつ自己分析をすることによって乗り切ったが，その経験から生まれたのが，『夢判断』，『日常生活の精神病理』，『性に関する三つの論文』などの著作であり，彼が創始した精神分析の骨格となる着想の多くがここで生まれたのであるという。

　一方，ユングは，一時はフロイトの後継者と目された時期もあったが，フロイトの説に相容れないものを感じ，訣別することとなる。その訣別はユングにとって，深刻なこころの危機をもたらした。よりどころを失い，孤立感を深め，進むべき方向を喪失し，彼は，それまで勤めていたチューリッヒ大学の講師の職もやめてしまい，きわめて不安定な状態が続いた。彼の『ユング自伝』によれば，その頃彼は，ほとんど精神病様の状態に陥っている。たとえば，突然ヨーロッパが洪水に襲われ，血の海となるという幻覚様のイメージを経験したり，また，真夏だというのに，北極の寒波が下がってきて，すべてが凍結し，草木もすべて凍ってしまうといった奇怪な夢を見るなどしている。彼は夢や幻覚で現れたそのようなイメージを絵に描いたり，さらにはもっと積極的に能動的想像という彼独自のイメージ技法を用いて，内界のイメージと対話を試みるなどして，自己の内界と正面から対決している。そのような対決を通して，そこから彼の言う集合的無意識，元型をはじめその後のユング心理学の理論の多くを考える手がかりを得ている。しかも，無意識の持つ創造性に注目したのも他ならぬユング自身であり，それは彼自身のこのような体験からきているものと考えられる。

　フロイトにせよユングにせよ自分の精神的危機の中から，きわめて独創的なものを携えて戻ってきたのである。このような「創造の病」は，なにもフロイトやユングのような研究者に限ったことではない。エレンベルガーによれば，

シャーマン，宗教家，哲学者，作家などの間にも見られ，神経症，心身症また精神病などさまざまな形態をとるものであるとしている。

取り組み方，体験の仕方が重要

ここで注目しておきたいのは，第一にそのような病気すなわち内的な深いイメージの洪水でさえも，必ずしも否定的な意味をもつものではないということ，そして，第二に，そのような一種の病的な状態から創造的な成果を得るためには，その病的な状態に対する取り組み方，すなわち体験の仕方（体験様式）が大変重要であるということである（田嶌 1992）。

たとえば，フロイトは親友フリースに手紙を書き，自己分析を行うというかたちで自己の内面に直面したし，ユングは自身の夢や幻覚で現れたイメージを絵に描いたり，さらにはもっと積極的に能動的想像という彼独自のイメージ技法を試みるなどして，自己の内界と正面から対決している。つまり，彼らは共に内面から湧きあがってくるものに対して逃げ腰になることなく，しっかりと受け止めたのである（あるいは，辛うじて受け止めることができたと言うべきかもしれない）。すなわち，私流に言えば，受容的探索的な心的構えで取り組んだのだといえるのである。

このように，取り組み方，体験の仕方（体験様式）が大変重要であり，しかもそれ次第では，溺れてしまうこともありうる。

なお，フロイトにはフリースがいたし，ユングにはトニー・ウォルフという女性がいたという。このような重要人物が存在したことが，両者が創造の病を乗り切るのに大きな役割を果たしたものと考えられている。彼らが存在したことが，先述のような取り組み方を支えたという面があるのであろう。このように，誰か援助者がいた方が克服するのは容易であろう。

創造的瞬間

創造のためには，必ずしも病を経過するものばかりではない。ここで臨床ではなく，通常の発見・発明について見てみれば，多くの発見・発明がそれなしでなされていることがわかるし，しかも，その創造的瞬間にはしばしば共通した特徴的な体験があることが知られている。

たとえば，有名な化学者Ｆ・Ａ・ケクレの場合，化学の難問が解けずに苦悩

していたが，ある時彼が暖炉の前でまどろんでいると，ヘビが自分の尻尾をくわえ輪型になるイメージが浮かび，彼はそのイメージをもとに6個の炭素原子が連鎖して環を作っているベンゼン環を発見したのである。同様に，E・ハウは，夢で原住民が投げた槍の先に穴があいているのを見て，それをヒントにミシンを発明したという。

創造的瞬間をもたらす条件

このような発明・発見・創作のきっかけとなるエピソードは他にも多数知られているが，そこに共通しているのは，次の二点である。第一に，寝ても覚めてもそれについて考えているというようなものすごい集中，努力の期間があるということ。第二に，それに続いて起こる，通常とは異なる特殊な意識状態——睡眠下での夢，昼間のボーッとした状態，うたた寝，瞑想のような状態など——でそれが訪れているということである。夢やイメージが出現するという形をとることもあるが，必ずしもそれを伴わず，天啓のごとくひらめくということもある。ここでは，内界のイメージへの「受容的探索的な心的構え」（田嶌1989，2000）が必要とされるようである。

不断の努力なしに，それが得られれば楽なものであるが，残念ながらそうはいかないようである。

臨床の知恵・工夫の創造過程の特徴

臨床の知恵・工夫が生まれる時に話をもどそう。臨床の知恵・工夫は通常の発明・発見と基本的には共通したものであるが，しかしそれとは異なる側面もあるものと思われる。その特徴を要約すれば，次のようなことになろうか。第一に，寝ても覚めてもとまではいかずとも，オーソドックスな臨床にかなりうちこむ時期があるものと思われる。第二には，その末にある問題意識を持つに至る。それが適切な問題の立て方であることが重要である。しばしば言われるように，「問題の立て方がうまくいけば，半分以上は解けたも同然」ということがあるのだろう。

第三に，その問題意識を，性急な結論を出すことなく，じょうずに抱えている時期があるものと思われる。第四に，それは臨床家としての壁でもあるわけだが，その事態から逃げないということ。その結果，フロイトやユングのよう

に，すさまじい病的状態を経るということは少ないにしても，個人あるいは臨床家としての危機や苦悩を契機として生まれることが少なくないのではないだろうか。「創造の病」とまではいかずとも「創造の苦闘」とでも言うべきものがある。第五に創造のきっかけとなる出来事や対象や事例との出会いがある。他の人であれば，うっかり見過ごしてしまいかねないことがであることも稀ではない。出会いだけで生まれるのではなく，それをかねてから抱えていた問題意識と見事に結びつけることで知恵や工夫が生まれるのである。第六に，臨床の知恵・工夫を生み出すに至る背後には意識的であれ，無意識的であれ個人的な事情ないし動機がしばしばあるものと思われる。それはその人が臨床を志したことと深く関係しているであろう。

　新たな試みを次々とやりちらかしたり，新たな技法が出ると，次々にそれに飛びつく人などがいるが，ここで強調しておきたいことは，真に有用な臨床の知恵・工夫はその場限りの思いつきにすぎないものでも，いたずらに奇をてらったものでも決してなく，じっくり取り組む期間を経て，生まれてくるものであるということである。いわば，「腰のすわった」臨床から真に有用な知恵・工夫が生まれるものだといえよう。

　そして，第七に，生み出された知恵・工夫は創始者の個性と関係が深いということである。これが通常の発明・発見とは異なる側面であり，とりわけそれを理解しておくことがひときわ重要と思われるので，以下に論じておきたい。

II　セラピストの個性と臨床の知恵・工夫

個性と技法の関係

　生み出された臨床の知恵・工夫は，セラピストがそれを活用すれば，クライエントが援助的治療的な体験をするのを援助しやすいということになるが，事態はそれほど単純ではない。技法や理論も同様である。いかなる学派も万能ではないし，またその理論と技法を用いて実践するのは個々のセラピストであり，必然的にその人の個性が関係してくるからである。極論すれば，創始者にとっては有用でも，別のセラピストにとっては，同じように役立つとは限らないのである。同じ技法や言葉でも，異なるセラピストによって用いられる時，それはクライエントにとってまったく異なる体験となることもありえるのである。

そこまで極端なことは少ないにしても，かなりあるいはやや異なる体験になってしまうことは多いであろう。

したがって，創始者の個性とその技法・姿勢・知恵・工夫等との関係について理解しておく必要がある。さらには，セラピストは自分が選んだ学派の理論と技法とが，クライエントに治療的体験を持ってもらうという視点から見て，自分自身にとっていかなる意味・関係を持っているのかを考えておく必要がある。

自己補充的関係と自己促進的関係

セラピスト自身の個性と技法等との関係はおおむね次の二つに分けることができる（田嶌 1994）。

a　自己補充的関係

わが国で有名な先生方の本を読み，そして実物を観察しているうちに，それらの先生方が理論で強調されていることと，その先生自身の個性とが際立った対照をなしていることがしばしばあるということに気づいて，奇妙な感じを持ったものである。

たとえばセラピストの側の優しい，いわば母性的な態度を強調している理論・技法を提唱したり，信奉したりしている治療者が案外きびしそうに見えたり，あるいは不器用そうな人が多彩な技法を駆使する学派に属していたりする。これはいったいどうしたことだろうか。

これを看板に偽りありと見るのは誤りである。こういう場合，その技法・理論はセラピスト自身の個性では欠けているもの，欠けやすいものを補うという関係にあるのである。これを「自己補充的関係」と呼んでおく。

b　自己促進的関係

自己補充的関係とは反対に，たとえば，もともと受容的なタイプの人が受容を強調する学派に属している場合や，深く侵入的なタイプの人がイメージ技法など侵入的な非言語的技法を多用する学派を信奉しているような場合である。それは治療者自身の個性のある面をもっと増幅ないし促進するような関係にあるといえる。

学派と創始者の個性

このように，自己補充的関係および自己促進的関係という視点について述べてきたが，学派の創始者の個性と技法・理論との関係に思いを巡らせておくことはひときわ重要であろう。フロイトが自由連想法を採用した背景には，彼自身が患者と長時間対面することに耐えられなかったということがあったことをフロイト自身認めている。また，禁欲原則を提唱したフロイト自身が実際にはしばしばそれを破っていることもその後の研究でわかってきている。したがって，フロイトにとって自由連想法や禁欲原則といったものは「自己補充的関係」にあったといえよう。

しばしばフロイトと対比して言及されるユングはどうだろうか。ユング派と言えば，もっともよく使われるのは夢分析ではないかと思われるが，『ユング自伝』等から察するにユングはイメージに親和性が高い人であったらしいから，ユングと夢分析との関係はどちらかと言えば「自己促進的関係」だったのかもしれない。

このように創始者の個性とその学派の理論と技法との関連も同様な視点から見ていくことができる。

自己補充的関係と自己促進的関係の特徴

自己補充的関係と自己促進的関係のどちらがいいとかいうことではない。それぞれに特徴があるのでそれを認識しておくことが重要なのだといえよう。それぞれの特徴をいま少し考察してみよう。

自己補充的関係では，技法・理論はその治療者にとって，習得するのに多少の苦労が伴うもので，それゆえ異物であり，意識化・対象化されやすい。恵まれた条件下では名人芸にまで高めることがありえないわけではないが，通常はそこまでは至らない。不得意なタイプのクライエントでも得意なタイプに対するほどではないにせよ，そこそこの成果をあげることができるか，最初から引き受けないことが多い。

野球で言えば，ホームランの数は多くはないが，着実にヒットを打つタイプとなりやすい。そして，異物として取り入れられたものであるがゆえに，（弟子などに）伝達されやすいという特徴がある。

自己促進的関係では，人を魅了する名人芸となりやすいが，自己補充的関係

ほどは本人には自覚されにくいため伝達されにくい，教えにくい。ホームランをよく打つタイプだが，得意な対象とそうでない対象に対する時とでは落差が大きいこともありうる。

このような事情はカウンセリング・心理療法に限らず，あらゆる技術についていえることである。さまざまな分野での名人芸がなかなか継承されにくいのはこのためである。

たとえば，NLP（神経言語プログラミング）の創始者グリンダーとバンドラーは，天才的治療者といわれるミルトン・エリクソンの催眠誘導や治療場面をビデオで録画し，分析した結果，いくつかのコツを発見して"The Structure of Magic"という本を書いているが，その本にはエリクソンの「この本は私が自覚しないでやっていることについても教えてくれる」といった意味の言葉が添えられている。ちなみにコツのひとつはエリクソンが相手に呼吸を合わせているということだったという（Bandler & Grinder 1975）。

このように名人というのは，苦もなくやってのけている面については，自分の振る舞いを自覚するのは難しいのである。

要するに，(セラピストやスーパーバイザーなど) ある人がその技法や理論を強調するのは，その人がかつてそれで苦労したということなのである。感情的なものを強調している人はかつて「感情的なものに鈍かった」人であり，「母性的」なものを強調する人はかつてそれが欠けていた人である可能性が高い。もっとも，度を超した欠如ではそうはいかないのであって，それはほどほどに欠けていたということなのであろう。

比較的初心のセラピストの事例報告に対して，最近は少なくなったが，ベテランのコメンテイターがその難点を辛辣に指摘している（なかにはほとんど罵倒しているものもある）のを時に見かけるが，そういう場合も上記のように理解しておくとよいだろう。

また，セラピストの間では，あの人はセンスがあるとかないとか言う。しばしば無条件にセンスがないのが悪くてセンスがあるのがよいかのように思われているフシがあるが，このように見てみると一概にそうともいえない面があることがわかる。センスがありすぎる人は，自分がさして苦労せずにできていることについては，たとえば，伝達ができないということなどの「弱点」を抱えているともいえる。逆に，センスがないと言われる人は自覚的に対処できやす

くまた習得したことを伝達しやすい，などの「長所」を持っているといえる。

この関係は必ずしも固定したものではない。かつては自己補充的関係であったものが，習練の結果その人の人格の一部といえるまでになじんでしまうこともある。歳月の流れや種々の事情からその人が変化したり，あるいは習練の結果，自己補充的関係が自己促進的関係にあるいはその逆に変わることもある。

文化の個性と学派

さらに言えば，国や文化の違いによっても同様のことがいえる。つまり，クライエントや患者に治療的体験を持ってもらうという視点から考えて，その文化の「個性」の違いのため平均的日本人に欠けやすいものと平均的アメリカ人に欠けやすいものとは違っているのではないかと考えられる。たとえば，クライエント中心療法が持つ意義は米国と日本とでは相当に異なっている，日本ではなにかと説教好きな日本人の傾向に対してうまくブレーキをかけたということがあるのではないかと，河合隼雄先生がどこかで書いておられたと思うが，こうしたことはその一例であるといえよう。

そもそもカウンセリングはこころの癒しに関わるものであるから，（カウンセリングもまた文化であるともいえるが）その文化による傷を癒すという面を持っている。したがって，その国で生まれたカウンセリングの学派はそもそもその国の文化を補うものであるといえる。外国で生まれた学派の理論と技法をとり入れる際に心すべきことである。

だからといって，単純に外国で生まれたものはダメで国産のものがいいなどというわけでは決してない。外国で生まれたものは自国の文化が持つ限界を超える可能性を秘めているといえるからである。

学派への適性

ひとくちに個性といってもさまざまな特性があろうが，ここではそれらのうち治療実践という観点からみて特に重要と考えられるもののいくつかをあげておこう。

①優しい（母性的・保護的）－厳しい（父性的・訓練的）
②侵入的（深層的）－非侵入的（表層的）

③内界探究的－生活支援的
④非現実的－現実的
⑤知的論理的－体験的感性的
⑥一対一関係親和的－複数関係親和的

　どの学派にせよ人により向き不向きがある。セラピストについてもクライエントについても。たとえば，しばしば深読みするがそれがひどくピントがはずれているタイプ（いわゆる投影のはげしいタイプ）の人が精神分析家になろうとすると，悲惨なことになる。そういう人は，比較的手続きのはっきりした技法からはいるのが無難な道であるように思われる。いや教育分析がそうした人格的歪みを是正するのだと主張する方があるかもしれない。ある程度はそういうこともあるかもしれないが，人間なかなか変化しないものである。私は教育分析にそれほど劇的な効果を期待するのは無理があると思う。

　これまであたかもひとりのセラピストが自己補充的関係か自己促進的関係のいずれかに分かれるかのごとく述べてきた。実はこの両関係は，共にひとりのセラピストの中で展開するものである。どの学派を選択するにせよ，実際にはひとりの治療者の中にこの両方の関係が多かれ少なかれ見られるものなのである。
　そして，大きな学派では通常創始者のそうした癖を補充したり中和したりするような理論・技法がいずれ生まれてくるものである。精神分析ではウィニコットの「ホールディング」がもてはやされているし，行動療法では認知行動療法に見られるように認知的なものの重視という動向が見られるのもその好例であるといえよう。

III　壺イメージ法と多面的援助アプローチの体験から

個人的体験――言葉への不信とその帰結

　他の方々のことばかり述べたのでは釣り合いを欠くというものだろう。自分のことを書くのは恥ずかしいが，私自身の個人的体験についても述べてみることにしよう。

私の臨床の工夫は，おおまかに言えば，まずは私が考案した，イメージの中で壺に入ったり出たり，蓋をしたりするという手続きを中心とする「壺イメージ法」。さらには，ネットワーキングと居場所づくりを活用した多面的援助方式または多面的アプローチとでもいうべき実践であろう。かたや面接という枠にさらにイメージ中でも壺という枠を重ね，個人の心の奥深くを扱う技法，その一方で面接室外の現実の生活に働きかけることを重視するという見かけ上は対照的な実践を行ってきている。

　かなり前から自分自身で気づいていたことだが，このような私の臨床の基底には，いわば「言葉への拭い去り難い不信」のようなものがあるようである。それが私を通常の言語的面接のみではなく，体験を重視するイメージ面接や動作法へ，さらにはネットワークや生活という視点からの援助的介入へと誘った要因のひとつなのだろうと思う。イメージや動作等に対しては私が十分な信頼があるのかと言えばそんなことはないのだが，言葉一辺倒よりは心もとなさが薄らぐのである。むろんそれは論理的なものではないし，基底にある気分のようなものであり，それが私の臨床の方向を決めてきたようなところがある。また，欧米の「はじめに言葉ありき」の文化への反発もそれに拍車をかけたものと思われる。

　おそらくそういう事情から，しばらくの間は臨床における言葉の使用についても，真剣に考えるのを後回しにしていたというのか，ずいぶんとおざなりだったのではないかと思う。ところが，イメージ面接が壺イメージ法という形に結実した頃からだろうか，言葉への不信が逆に私にとっての「本物の言葉」を探すという方向をたどらせ始めた。

　わが国のこの領域のキーワードや理論は外国からの輸入が多いこともあって，よく言えばりっぱすぎるというか，なかなか固いものが多く，建前的とでもいうのか，私自身の現場の感覚からは違和感を覚えることが少なくない。むろんそれらは一方ではセラピストのロマンや理想主義に貢献するというプラスの面があるが，その反面あまりに実態とかけ離れすぎているため，セラピスト自身の精神健康によくないという側面や，あまりにもりっぱすぎる語にセラピストとクライエントの双方が振り回されるという実践上の弊害もあるように思われる。

　したがって，臨床現場の実感に照らし，キーワードを練り上げていくという

作業が必要である。それは同時に、面接の中でクライエント自身にも通じる言葉の模索でもあった。たとえば、「つきあい方」「健全なあきらめ」「節度ある押しつけがましさ」などはその成果であると、自分では考えている。キーワードだけではない。たとえば、不登校・ひきこもりなどについての私の論はそのことを心がけたつもりである。

かくして、はからずも、言葉への不信が逆説的に、言葉の重視という地点にたどりつかせたように思うのだが、どうだろうか。

最初から挫折

おおまかには以上のようなことだが、もう少し具体的に述べてみたい。

臨床家としての私のスタートは惨憺たるものだった。当時としては恵まれた学習環境にいながら、私はかなり不器用な方で、実習開始直後からさっそく大きな壁にぶちあたってしまった。ビギナーズ・ラックというものがこの分野でもしばしばあるものだが、私に限ってはそれもなく、事例検討会での発表では罵倒され、それこそ「針のむしろ」だった。最近は学会や研究会でもずいぶんとサポーティブな雰囲気であることが多いようだが、当時は全体に厳しい雰囲気だったように思う。先生からも先輩からも「センスがない」「ヘタだなあ」と何度も言われ続けた。周囲の先輩や同級生、後輩がうらやましく思えることだった。

私は九州大学教育学部でトレーニングを受けた。その頃、臨床の教官は成瀬悟策先生と前田重治先生のお二人がおられたが、私の指導教官は成瀬悟策先生で、催眠法、イメージ面接、動作法などの指導を受けた。最初の臨床体験は動作法による障害児への関わりだった。当時、心理学者が障害児に専門的に関わるといえば、発達検査等の心理テストを施行したりプレイセラピーを行うということが多かったのだが、動作法では脳性マヒ児という動作障害を抱えた子どもたちに動作学習を働きかけるわけである。最初はなぜ心理学者がこんなことするのだろうと思ったが、今にして思うと画期的なことだった。他の臨床もいろいろやりながらではあるが、結局20年くらい続けた。その後、動作法グループそのものからは落ちこぼれてしまったが、現在も動作法をまったくやらないわけではないし、動作法に受けた影響は大変大きい。今でも、クライエントの動作・姿勢を見るということもあるが、それだけでなく動作法的な見方とか考

え方がかなり私の基本になっているところがある。

　大学院では,動作法の実習に加えて非常勤で精神科へ10年くらい行った。また,私たちが修士課程の頃,心理教育相談室が認可され,そこでもケースを担当した。さらに,先生方のお人柄のためか,当時は研究室の壁はさして厚くはなく,わりあい自由に行き来できていて,こちらが望めば他研究室の者でも指導していただけていた。精神科医であり精神分析家でもある前田先生からは精神分析的面接や精神医学についてご指導いただいた。その後,村山正治先生が赴任され,体験過程療法についてお教えいただいた。

　教官のタイプも対照的だったが,はからずも伝統的な心理療法と革新的な技法の対照的な二つに接することになったわけである。その時はよくわかっていなかったのだが,今にして思うと,前田先生からは伝統的なものオーソドックスなものから学ぶことの重要性,近接領域から学ぶことの重要性を学んだように思う。そして,成瀬先生と村山先生からは,臨床心理学者が独自の視点と技術を持つことの重要性を学んだように思う。

　とはいえ,そのことをはっきりと自覚できていたわけではなく,実践の中で生かすことはなかなかできないでいた。

　私は欲張って主に2研究室,時に3研究室に出入りさせていただいていたが,ひとつの研究会で発表した事例を少し間をおいて必ず別の研究会で報告するということを行ってみた。われながらいいことを思いついたと考えていたが,結果は悲惨であった。あまりにも先生方の言われることが違っていたからである。かたや誉められながら,もう一方ではさんざん,またはその逆ということが続いた。

　特にこれからどう対応したらよいかということについて,大きく食い違ってしまうのである。どの先生の言われることが正しいのか,誰の言うことを信じたらいいものか,すっかり混乱してしまった。理解が浅かった私は,心理療法・カウンセリングとはなんといい加減なものだろうかと思った。

　次に,形式の整ったスーパービジョンではなかったが,仲間内で臨床的センス抜群と言われていたある先輩に教わることにした。ところがこれもうまくいかなかった。その先輩のマネをしても,ちっともうまくいかないのである。ますます私は混乱して,私はセンスがない,臨床には向いていないと考えざるを得なかった。実際自分でそう思うだけではなく,面と向かってはっきりそう言

われたことも何度もあった。

　必ずしも臨床心理をやらないといけないことはなかったので，もはや臨床以外の道でやっていこうとその方向も模索したものの，それもうまくいかなかった。いよいよ，進退きわまってしまった。

個性を補う技法を身につける
　「陰極まれば，陽に転ずる」ということだろうか，そのうち，ハッと思い当たった。私がセラピストとして未熟であるのはむろんだし，センスがないというのも当たっているが，どうもそればかりではないかもしれない。センス抜群と言われる先輩と私とではずいぶんタイプが違う，対照的と言ってよいくらいである。だから，同じ技法なり言葉なりでも，私が使うのとその先輩が用いるのとではずいぶんと違ったことになるのであろう，と。

　しかも，ひょっとしたら，そういう人はセンスがいい分，人に教えるのがうまくないのではないかとも思った。周囲を見渡せば，「センス」抜群と言われる人は稀で，むしろ不器用な人が多いのではないかとも思った。もし，そうならば，私のような者がなんとかそこそこの臨床家となることができたならば，その過程で得られたことは，センス抜群と言われる人よりもむしろ役立つことが多いのではないか。そのことに，十分な意義があるのではないかと思えてきた。

　そこで考えたのは自分の欠点を技法で補うということであった。私にとっては，それが「イメージ面接」または「イメージ療法」であった。かたくなにしつこくそれにこだわり続けているうちに，少しはなんとかなるようになってきた。

　その結果，イメージ技法の多くのものが，イメージの内容ではなくイメージの体験の仕方（体験様式）が重要であり，このイメージの体験様式の変化ということを共通の治癒要因としており，それは主体がイメージ界へ受容的探索的な心的構えを向けることで生み出されるものであるという論にたどりついた（田嶌 1987）。したがって，イメージの体験様式に注目し，それに働きかけることを主軸とする技法が考案されれば，イメージ療法がより有効な技法となるのではないかと考えた。

イメージ療法の危険性

　同時に私はイメージ療法についてもうひとつの問題意識をもっていた。それは，イメージ療法を，境界例をはじめとする，より重篤な人々にも有効なものにできないだろうか，ということであった。イメージ技法は時に大変有効である反面，イメージは時に甚だ危険なものとなることがあると言われている。すなわち，イメージは強力な治癒力を有していると同時に，不用意かつ強引な利用を行えば，それを受け止める本人の側にその準備が整わぬうちに危機的イメージ（体験）を急激にもたらしてしまうことがある。それをこれまでのイメージ療法家は，経験による熟練とカンとセンスで乗り切ってきたのである。神経症圏の人たちを対象にしていてもそういうことがあるのであるから，もっと重篤な人々ではなおさらである。そこで従来は，境界例や統合失調症（精神分裂病）などと診断されたいわゆる自我が弱いと言われる人たちにイメージ療法を適用することは，「自我の崩壊」を招く危険性があるとして，禁忌とされてきた。

　以上のような観点から，イメージの体験様式のコントロールを技法の主軸とし，かつ危機的体験が急激に進行しすぎないような「安全弁」を備えた技法が考案されるならば，従来より重篤なケースも含む広範囲のケースに対して，より安全でより効果的な治療を行うことができるのではないかと考えた。

　なお，このようなことは何もイメージ療法に特有な問題なのではなく，フォーカシング，夢分析等の「非言語的」療法でも同様であろう（さらに言えば，かなり重篤な人たちになると，通常の「言語的」面接でも事情はそれほど大きく異なるものではない）。したがって，この点についてうまい工夫ができれば，「非言語的」諸療法をより重篤な患者にも適用できるものにするために必要な修正のひとつのモデルを提供しうるものであろう。

患者さんから教わったこと

　まあ，ざっとそんなふうなことを漠然と考えてはいたが，そのためには具体的にはどのようにすればいいのか，なかなかいい知恵が浮かばないでいた。しかし，患者さんとはすごいもので，私がいくら頭をひねってもわからなかったことを，いとも簡単に教えてくれたのである。

　教えてくれたのは，精神科医によって心因反応と診断された若い男性の患者

さんであった。彼はあることがきっかけで，精神科に入院となっていたが，私とイメージ面接を開始した頃は不眠と軽い被害感を訴えていた。フリー・イメージによる面接を行ったところ，彼はイメージに非常に関心を示し，数回目の面接でのイメージ・セッションでは，「洞くつの中に，手前から奥へとたくさんの壺が並んでいる」というイメージが出現した。

　彼の説明によれば，入口近くの壺の中には整理されたものが入っており，奥の方の壺の中には未整理なものが入っているとのことだった。最初のうちは，〈壺の中から何か出てくるかもしれない〉と教示していたが，ある時ふと思いついて，〈手前の方から順に，壺の中に入ってみようか〉と提案したところ，それまでとはかなり異なる反応が得られた。壺の中では，視覚的イメージはそれまでにくらべかなり少なくなり，それに代わって「ゆったりした感じ」，「胸の嫌な感じ」，「腕のざわざわした感じ」などの身体感覚的な体験がよく感じられたのである。また，彼は最初は入口近くの壺に入れたものの，奥の方の壺の中には入ることができなかった。しかし，イメージ・セッションを重ねるにつれて，次第に奥の方の壺にも入れるようになり，その中で「眠れない時の感じ」を経験し，その後不眠は消失した。さらに，それから数回後のイメージ面接では，それまで感じたことのないようなひどい怒りを体験した。この頃から彼は日常生活では被害感をほとんど感じなくなったという。そして，その後の面接では壺の中で「非難される感じ」「襲われそうな気持ち」などを体験した後，その壺はもう開ける必要はないと述べ，しっかりと蓋をして，しまいこんだ。

　このイメージ面接では，次の三点が注目される。第一に，壺は患者さんが直接ある体験にさらされることを防ぐ安全弁または保護膜として機能していたということ。第二に，フリー・イメージにくらべ，患者さんは壺の中では身体経験や感情をより感じたということ。第三に，彼にとって苦痛の少ない順に並んでいたということである。

　つまり，この患者さんは私がかねてから考えていながら，うまくできないでいた治療をフリー・イメージの中ではからずも見せてくれたことになる。あとは，他の患者さんにもそういう治療ができやすいように技法の手続きがつくれるかどうかである。そこで，先述の発想をもとにして，壺のイメージまたは壺のような容器のイメージを安全弁として活用した技法を考案した（田嶌 1987，1989，1992 ほか）。

ある時，年配のさる高名な分析家の先生から「先生は壺になりたかった人なんでしょうね」と言われたことがある。この一言は私に豊かな連想を引き起こした。そして，私は多分そうではないと思った。私は壺になりたかったのではなく，壺に守られていたかったのであろうと思った。壺イメージ法は，私が守りの弱い家庭に育ったことと関係しているのであろうと思う。しばしば言われることだが，このように近いが少しはずれた解釈は連想を豊かにしてくれるものである。

私の壺イメージ法の経験から強調しておきたいことは，広く学ぶことも大切ではあるが，その一方である特定の技法に相当程度習熟することで初めてその先に見えてくるものがあるということである。それはいろいろなものを広く浅く学ぶということではなかなか得られないものである。そのひとつは心理臨床に共通した要因についての体験的理解であり，いまひとつはその技法に欠けているものは何かということの理解である。さらには，自分とその技法との関係という側面から自分自身への理解も深まってくる。

人が技法を駆使するのはその人が器用だからではなく，むしろ不器用だからだと気づくようになった。

その少し前にも，大きな転機があった。さる研究会で，事例を発表した時のことである。たまたま高名な３人の先生が私の発表を聞いておられたのだが，その際の議論は非常に衝撃だった。これまたいろいろな対照的な見解が述べられたのである。この経験はひときわ衝撃的だった。これはいけない，他人の見解に振り回されてはいけないと思った。このような経験は「疑い深い」という私の性格をますます疑い深くするということになったものの，その一方で自分の実感を大事にするしかないという結論に達した。失敗するにしても，その方があきらめもつくというものだと思った。

かくして，いろいろな先生方に学びつつも，それに振り回されることなく自分の実感を大事にして自分なりにやっていくしかないという覚悟のもとに，自分なりの歩みを模索することとなった。とりわけ，心理療法というのは，かなり自由であっていいということを納得できたことは，その後も大きな力となった。

その際，助かったのは，師の成瀬先生をはじめほんの幾人かだが私の歩みを暖かく見守ってくださる年配の先生方がおられたことである。学会や研究会等

でお会いした時にちょっと声をかけていただくなどで,ずいぶんと支えられたように思う。この頃から,自分ではかなり孤独な歩みを続けていたように感じていた。後に気がついてみれば決してそんなことはないのだが,主観的にはそうであった。それだけに,これらの先生方や仲間の存在は大変ありがたかった。

学生相談の経験

九州大学には学部時代も含めて,結局13年過ごした。その頃には,自信がないなりになんとかさまになっているように思われた。

その後,私は私立大学の学生相談室で専任カウンセラーとして約10年勤務した。漠然とそれまで経験してきた心理教育相談室や病院での仕事と似たようなものだろうと思いながら,勤務を開始した。ところが,どうも勝手が違った。まず,持ち込まれる相談が極めて多岐にわたることに驚いた。「単位の取り方がわからない」「進路の悩み」といったものから,精神病を発症した学生が抱える悩みまで実にさまざまだった。しかも,面接の約束も気軽に(しばしば何の連絡もなしに)休んでしまうし,逆に約束もしていないのにやってきては控室まで顔を出すので,その対応に苦慮してしまった。事務室はあるのだが,病院のような強固な防波堤にはなりにくい。

こうした事態にとまどいながら,3年くらいは「学生相談というのは治療構造がルーズだからやりにくい」などと考えていた。今にして思えば,それまでささやかながらつくりあげてきた自分のスタイルに固執し,私自身のその時点での有料の外来相談モデルにとらわれていたわけである。おそらく,私は密室で相手の心の深いところに関わる「本格心理療法(狭義の心理療法)」をめざしていたのだろう。しかし,それは私のニーズであり,相手のニーズではない。それでも,一部の学生の相談にはそれなりに貢献できたとは思うのだが,全体としてはなかなかうまくいかなかった。

場の特徴を生かした相談活動

いわゆる「本格心理療法」を志向し,それ以外のものは「程度のおちるもの」であまり進んでやる類のものではないと漠然と考えていたように思う。ところが,いろいろ苦労するうちに,逆に学生相談や心理臨床の専門性や独自性は「本格心理療法」以外のところにもあるとわかってきた。さらには,「本格心理療

法」の実践にもそうした視点が有益であることもわかってきた。現場での実践が楽になってきた。そうすると，それまで信奉していた理論や教科書が（あくまでも私から見ての話だが）ずいぶん間違っている，あるいは偏った主張になっていることに気づくようになった。

その結果一番変わったのは，面接室の外にも目を向けるようになったことである。さらには目だけでなく，足も向けるようになった。私は必要に応じて面接室を出て活動するようになったのである。たとえば，時には相手の住居への訪問等もやるようになった。カウンセラーが面接室にこもっておくことがむしろ無理があり，不自然でもある場合がしばしばある。しかも，面接室の外にも目や足を向けると，いろいろな援助のためのチャンネルが活用できるという点でメリットがある。さまざまなネットワークを活用するという臨床も有用であることがわかってきた。私が当初感じたやりにくさは，主に通常の外来相談室や病院と違って大学生と生活の場を共有しているという学生相談の特徴から来るものである。この特徴を最初はデメリットと感じていたが，学生たちに鍛えられているうちに，逆にそれは見方を変えればすごいメリットであり，その特徴を生かすような活動をするのがよいと考えるようになったのである。

相談者のニーズに応じた相談活動

それから少しずつ現場のニーズに応じた相談活動ができるようになってきたのではないかと思う。密室での相談を基本として，それを固く守って自分の仕事はその範囲内でいこうとあらかじめ決めていたのでは，それを超えた相談者のニーズを汲み取ることはできない。それは自分の仕事ではないと思ってしまうからである。自分がよって立つ心理療法の理論や枠組みでしか見ることができない，あるいは医師と安易に同一化してしまい，その枠組みで見てしまう。そうすると，しばしばその枠組みが通用しない事態やそこでのニーズを汲み取ることができないことになってしまう。

学生相談室には10年勤務し，そこではいろいろな経験をした。

自殺未遂の学生の部屋で，故郷の母親が到着するまで夜を徹して過ごしたこと，暴力事件を起こして逃げた学生の家を訪問したこと，何年もアパートに引きこもっている学生の部屋を訪問したこと，学内で発病した統合失調症の学生の入院の世話をしたこと等。「居場所づくり」とネットワーキングを通して，学

生同士がつながり助け合うのを援助したりもした。精神病圏の学生たちともずいぶんつきあった。お陰で，学生相談では外来の相談室や病院臨床とは異なる考え方や援助の仕方があることを知ることができた。

　さらには，こうした観点は学生相談だけに役立つものでは決してないということもわかってきた。

　そして，面接室内での個人面接だけでなく，その人をとりまく生活空間全体に注目し，その人の置かれる状況に合った幅広い多面的援助アプローチを行うようになった。こうした方式におけるセラピストの関わりは，個人面接場面で本人が自分の内面のイメージや問題・悩みとどうつきあうかだけでなく，それ以外の場でセラピストや（保護者や教師や友人，ボランティアなど）周囲の人たちが本人とどうつきあうかということも重視する。そこで，そのような関わりをどう表現したらよいかと考え，「つきあい方」という日常語を使うことにした（第1章キーワード，58頁参照）。もっとも，そうは言っても，当然ながらやみくもにつきあえばいいというものではなく，そこに専門的見立てと配慮が働くことが必要である。そうした意味をこめて，つきあい方という日常語に「　」をつけて，「つきあい方」と呼んでいる。それは，セラピストや周囲の人たちの本人との「つきあい方」が，本人が自分の問題や症状等とのじょうずな「つきあい方」をできるようになることを援助することにもつながるものである（田嶌 2001a, 2003b）。

　ここでのキーワードはネットワーキングと居場所，多面的援助アプローチ，「つきあい方」（田嶌 1991, 1995, 1998a, 1998b, 2001a, 2001b, 2003a）ということであった。そして，個人面接はこのネットワークの一部であると考えるようになった。

　ところが，学会や事例研究会などで，こうした発想から意見を言うと，私の言い方もうまくなかったためもあるのだろうが，以前はほとんど理解してもらえなかった。笑われたこともあった。「本格心理療法」をめざす人たちからは，「ああ，この人はちゃんとした勉強をしていない人なんだなあ」という目で見られているように感じたことも幾度かあった。結構傷ついたものである。

　これではいけないと思い直し，私は心理臨床学会で毎年のように事例発表を行うことにした。さすがに臨床家の集まりである。研究会で意見を言っても通じなかったのが，具体的に事例を通して語るとよく理解してもらえるようで，

手応えを感じたし，またそのことで励まされもした。

この時期になんとかやってこられたのは，こうした発想での臨床活動を共にするごく少数の仲間がいて，ずいぶんと励まされ支えられたことが大きいように思う。当たり前のことではあるが，ひとりでもよき理解者がいることは重要である。

最近では，ある程度は理解してもらえるように変わってきたように思う。もっとも，それは私の主張が認められるようになったということよりも，「スクールカウンセラー制度」が始まったことなどによる要因が大きいように思われる。

セラピストの「病理」

多くのセラピストは，クライエントの心に深く入り込み，二人関係を心ゆくまで堪能したいという欲求をもっている。こういう表現が許されるなら，いわば多くのセラピストはそういう「病理」を抱えているのだといえよう。むろん，それは時に個人心理療法で生きるわけであるが，その一方で，とりわけネットワーキングで支えるといった方式の必要性が自覚されにくいのではないだろうか。したがって，セラピストは自己のそうした「病理」を自覚しておくことが必要であるし，「ネットワーキングによる心理的援助」という視点はそれを補う機能を持つことにあろう。すなわち，ネットワーキングはセラピストの「病理」に対して補充的関係にあるといえよう。

むろん，このことは私にもあてはまる。壺イメージ法にしても，ネットワーキングにしても，主として私の人間関係での不器用さと「病理」を補うものとして生まれ，機能したものである。

それは果たして，現在の私の中に根づいたものとなっているだろうか。

文　献

Bandler, R. & Grinder, J. (1975) The Structure of Magic 1. Science and Behavior Books. (尾川丈一訳 (1993) 人間コミュニケーションの意味論Ｉ. ナカニシヤ出版.)
Ellenberger, H.F. (1970) The Discovery of Unconscious. Basic Books. (木村敏・中井久夫監訳 (1980) 無意識の発見. 弘文堂.)
井沢元彦 (1993) 井沢元彦の世界宗教講座. 徳間書店.
田嶌誠一編, 成瀬悟策監修 (1987) 壺イメージ療法―その生いたちと事例研究. 創元社.

田嶌誠一：壺イメージ法．In：河合隼雄・水島恵一・村瀬孝雄編：臨床心理学大系9 心理療法（3）．金子書房，1989, pp.223-241．
田嶌誠一（1991）青年期境界例との「つきあい方」．心理臨床学研究，9 (1)；32-44．
田嶌誠一（1992）イメージ体験の心理学．講談社．
田嶌誠一（1994）カウンセリングにおける個性と学派．教育と医学，42 (6)；26-32．
田嶌誠一（1995）強迫的構えとの「つきあい方」の一例．心理臨床学研究，13 (1)；26-38．
田嶌誠一（1998a）強迫症状との「つきあい方」．心理臨床学研究，15(6)；573-584．
田嶌誠一（1998b）暴力を伴う重篤例との「つきあい方」。心理臨床学研究，16 (5)；417-428．
田嶌誠一（2000）壺イメージ法の健常者への適用．心理臨床学研究，18 (1)；1-12．
田嶌誠一（2001a）事例研究の視点―ネットワークとコミュニティ．臨床心理学，1 (1)；67-75．
田嶌誠一（2001b）不登校・引きこもり生徒への家庭訪問の実際と留意点．臨床心理学，1 (2)；202-214．
田嶌誠一（2003a）心理援助と心理アセスメントの基本的視点．臨床心理学，3 (4)；506-517．
田嶌誠一（2003b）臨床心理行為の現状と課題―まとめに代えて．In：氏原寛・田嶌誠一編：臨床心理行為―心理臨床家でないとできないこと．創元社，pp.242-269．

第3章

密室カウンセリングよどこへゆく
――学校心理臨床とカウンセリング――

I 学校カウンセラーの導入

　いじめによるいたましい自殺事件を契機として、文部省（現・文部科学省）は平成7年度から学校カウンセラーを導入することを決定した。その一方で学校現場の問題への対処としてカウンセラーという第三者を入れるにあたって、その是非も議論されている。ここではその議論には立ち入らないが、いずれにしても今後学校現場で学校カウンセラーの活動の機会が増えてくるであろう。また、私たち心理臨床に携わる者たちは、たとえ学校カウンセラーでなくとも学校現場と関係した問題の相談にのる機会が増えてくるものと考えられる。

　そういう状況の到来に際して、カウンセラーはどうしたらよいのだろうか。果たして学校現場で役立つような貢献がどれだけできるのだろうか、かえって学校現場を混乱させるだけに終わりはしないかと私は不安に思う。むろん、背景には社会の側からのカウンセラーやカウンセリングに対する非現実的で過大な期待があることも明らかである。そういう面については社会の側に「健全なあきらめ」をもってもらうしかないが、果たしてそれだけでよいのだろうか。学校現場の実態に即して少しでも貢献できるように、カウンセラーやカウンセリングの側が変わっていく必要もあるのではないだろうか。そこで、カウンセラーが学校心理臨床の実践にあたって考慮すべき点について考えてみたい。

II ある教師のつぶやき

　「教師になって十数年たち、生徒指導に限界を感じて、教師のための教育相談研修会に参加してみました。初年度は初級コースで、時間と場所をキチンと設定することが大切だとい

うことを教えられ，面接室という密室でどのようにカウンセリングが進められるかを教わりました。こんなんで学校現場で使い物になるのかなあと疑問には思いましたが，自分の理解が浅いからではないか，もっと上級コースを受講すれば役立つことが教えてもらえるんじゃないかと3年がかりで中級，上級コースも受講しました。いやあ，参りましたよ，～療法とか～法とかいう特殊な技法へと進むばかりで，現場で役にたちそうなことは結局あまり教えてもらえませんでした」

　これは教育相談・生徒指導に熱心なある現場教師の声である。どうしてこのようなことが起こるのだろうか。教師がカウンセリング研修会や教育相談講座などに参加する時，一番知りたいのは「教師として」あるいは「担任として」どのように対応したらよいかということであって，カウンセラーとしてどう接するかということではない。しかるに研修会で教わるのは密室で進めるカウンセリングとそこから得られた知見が中心である。ここに基本的なズレがある。

Ⅲ　生徒たちの本音

　かたや生徒たちはどうであろうか。

　　「俺よう，あいつら（教師）にわかったふりされると，もうムカムカするで」
　　「おう，A（生徒指導・教育相談担当教師）なんか，なんかっちゅうと『気持ちはわかる，わかる』や」
　　「あいつらにわかるわけねえんよ」
　　「B（若い教師）なんか，『ボクも若いんだから，君たちとそう変わらないんだから』だと」
　　「オー！　気色わる！」

　これは，ツッパリ生徒たちの発言である。いささか極端な形の表現であるかもしれないが，生徒一般の心性をなかなかうまく表しているように私には思われる。
　どうやら，学校カウンセリングの前途は多難なようである。このような多難さの背景にはさまざまな要因が考えられる。まず第一に指摘しておきたいのは，いわゆる「密室カウンセリング（密室心理療法）」という考え方の弊害である。第二に学校現場の実情への無知である。第三に生徒たちの心性への無理解がある。

IV　密室カウンセリングから解放されよう

　ここでカウンセリング（心理療法）を契約に基づき，カウンセラーが匿名性と中立性を保ちつつあくまでも密室で行うものという認識に立つ立場を仮に密室カウンセリングと呼ぶことにしたい。結論から言えば，学校現場の多様な問題に対処するためには従来の密室カウンセリングではあまりにも不十分であることは明らかである。したがって，いわゆる「密室カウンセリング」主体の発想から解放され，学校心理臨床（学校カウンセリングと言わずこう呼んでいることに注意されたい）では学校という場の特性を生かした相談体制を創りあげていくことが必要なのだといえよう。

　私自身密室カウンセリングも行ってきたし，その重要性も認識しているつもりである。しかしその上でなお，学校心理臨床では密室カウンセリングにとらわれすぎると，よくないということを強調しておきたい。

　そもそも中学生や高校生は大人と距離をとりたがる年齢である。先のつっぱり生徒たちの発言はそれをやや極端な形で示しているものである。また，いじめ事件の後，しばしば教師や保護者が「まったく知らなかった」と吐露することがあるのもこのことと無関係ではないだろう。そういう時期に教師やカウンセラーに個人的に密室で相談にのってもらおうと自らやってくる生徒というものがどれだけいるものであろうか。むろん，なかにはそういう生徒もいるだろうが，それを基本にして学校心理臨床を考えていたのでは，ひどくピントのはずれたものとなろう。

V　居場所と正面きらない相談

　彼らはいわゆる大人に「正面きって相談にのってもらう」というのは苦手である。したがって，比較的無難なのは「相手は心理的援助（治療）を受けているとは思っていないし，こちらもそういう意識は希薄であり，しかしいつのまにか相談にのっているということもある」といった関わりであろう。教師が時々遅れた勉強を教えているうちに家庭の事情を打ち明けられたり，部やクラブ関係の生徒から個人的な悩みの相談を受けたりすることがある。そうなりやすい

のは，その際教師が「さあ，何か悩みはない？　相談にのるよ」という姿勢を（少なくとも表面上は）とってはいないからである。

　同様のことは保健室の養護教諭についてもいえる。学校現場では養護教諭が実際には大変重要な相談機能を果たしている。そして，それを可能ならしめているのは保健室と養護教諭が「悩みの相談にのる」という役割を公に表だって掲げてはいないからなのだと思われる。

　いまひとつ重要なのは大人が直接相談にのるだけでなく，生徒同士の交流を促進する場を提供することである。たとえ養護教諭が相談にのるという役割を果たさなくても，保健室という場がなんとなく出入りする場，すなわち居場所となって，なんとなく満たされない生徒たちを支えているという面がある。こういうはっきりしない居場所があるというのは，精神健康に大変重要なことであり，それに気づいて保健室以外にも家庭科室などを開放している学校もある。

Ⅵ　精神科医やカウンセラーが知らないこと

　私たちカウンセラーや精神科医の中には学校現場での実情を知らなさすぎる人が多いように思われるし，逆に教師の側ではカウンセラーや精神科医のそういう実態を知らなさすぎるように思われる。

　たとえば，不登校を例にとってみよう。

　以前ある現場の教師の方から不登校生徒の家庭訪問をしてもよいのだろうかと尋ねられ，ちょっと驚いたことがある。むろん，無理に訪問しない方がよい場合もあるだろうが，不登校であれなんであれ，生徒が数日間学校を休んでいれば教師が心配して家庭訪問するのは自然なことであろう。しかし，こういう質問がでてくる背景もわかるような気がする。それはひところ教師向けの研修会等で「登校刺激は与えない方がよい」ということがカウンセラーや精神科医によって強調されすぎたように思われるからである。

　どうもカウンセラーや精神科医は，不登校などの学校現場に関係の深い問題については，教師よりもよく知っていると思い込んでいる人が多いのではないだろうか。しかも教師たちの多くもそう信じているのではないだろうか。もしそうだとすれば，それは大変な誤りであると私は思う。

　カウンセラーや精神科医が知っているのは，比較的長期化した事例でしかも

長期にカウンセリング等の関わりを持てた例が中心である。ちょっと考えてみればわかることだが，精神科や外来の相談室などへ持ち込まれるのは（一部の例外を除けば）もう最低でも何十日，長ければ何年も学校へ行っていないで，それまでさまざまなことが起こったあげくであることが多い。

これに対して，学校現場には精神科医や臨床心理士（カウンセラー）を訪れるまでには至らない不登校生徒も多い。彼らについてカウンセラーや精神科医は，漠然とわかったような気にはなっているかもしれないが，その実あまりよくわかっていないのではないだろうか。

Ⅶ　学校現場では早期の関わりができる

カウンセラーや精神科医が長期化した後やっと彼らに出会うのに対して，学校では数日も行かなければすぐに「発見」される。そして，教師や両親の尽力，本人の自助努力，いくつかの幸運な条件に恵まれたりなどして，短期間で登校するようになった事例をはじめ，カウンセラーや精神科医が接する機会がないたくさんの不登校生徒がいる。

長期化する可能性のある事例にせよ，教師が関わりはじめるのはまだ「フレッシュな時点」でのことである。したがって対応も異なっていてしかるべきである。にもかかわらず，「登校刺激を与えない方がよい」などというカウンセラーや精神科医たちの言葉を鵜呑みまたは誤解して，登校刺激だけでなくあらゆる働きかけを停止して「ほったらかし」にしていることがなんと多いことか。これは私たちカウンセラーや精神科医が大いに反省すべき点である。

Ⅷ　カウンセリングよりも教師としての技術を磨く

実際には不登校の早期の段階で教師が家庭訪問や迎えにいく，学級の集団づくりを工夫するなどの対応をとったことで登校するようになった事例は決して少なくない。

そして，ここが大事なことだが，そういう対応のみではどうにもならない場合精神科や外来相談室へたどりつくということになる。そのため，精神科医やカウンセラーはそれ以前の教師たちや保護者の対応を「効果がない」とか「逆

効果だ」とか判断しがちになってしまうのである。そして，そうした幅の狭い知識で今度は教師対象の研修会で講演されるのだから，素直な教師は「そうか，登校刺激は与えない方がいいのか」とそれまでそれなりに効果をあげることもあった対応さえ控えることになってしまう。

　カウンセラーや精神科医がよく知っているような事例での成果を学校現場でも適用して理解しようとする傾向があるので，このようなチグハグなことになってしまうのである。カウンセラーや精神科医の中には（教師対象の講演会の講師になる人が多いせいか）教師に教えてやろうという感じでいる人が少なくないような印象がある。このことは十分に反省されるべきことである。ここはひとつお互いの経験から学び合う姿勢が望まれる。

　だからといってやみくもに登校刺激を与えた方がよいと，私は主張しているわけでは決してない。第一に，早い時期の対応ともうすっかり不登校が定着した段階とでは，おのずから対応が異なってしかるべきであるということ。第二に教師は安易に「カウンセラーもどき」になってしまわないで，その前に教師としての立場を生かしてできることをするのがよいということが言いたいのである。

Ⅸ　問題克服の道筋の多様さ

　重要なことは，人が問題にぶつかり，それを克服したり回復したりする道筋は多様であるということである。人は悩みや問題にぶつかった際，密室でカウンセリングを受けることによってのみ回復するわけではない。むしろそれは例外的なことであって，多くは日常のさまざまな経験の中で癒されたり，励まされたりしている。生徒たちは実に多様な形で克服していくものである。密室カウンセリングにこだわりすぎると，このごく自然なことがしばしば忘れられがちになる。

　先にも述べたように，不登校であれ，いじめであれ，学校現場での問題で，カウンセリングなど特には行わず，たとえば教師が学級の集団づくり，仲間づくり，さらには保護者相談などを通じてうまく乗り越えることができた例は少なくない。

　つまり通常の学級運営（さらに言えば学校運営）をさらにきめこまやかに深

めることで対処できる道があるし，それこそが学校現場の対応としては基本となるべきであって，密室カウンセリングはその補助的なものと考えるのが適当であろう。そうした対応をカウンセラーや精神科医は過小評価しがちであるが，それは誤りである。

　教師はカウンセリングの勉強よりも教師としての技術，生徒の心をつかむ技術，生徒の心をひきつける授業の技術等を磨くのが，いわゆる「問題行動」対処への早道である。「問題行動」が起こり，それに取り組む際，教師が問われるのはふだんどのような教師であったかということだからである。カウンセリングを学習することも教師としての技術を磨くのに役立つではあろうが，しかしそれはそのための一方策にすぎない。

　そして，カウンセラーはそういう教師の対応から学ぶことが多いだろうし，また今後は教師に対してもそういう観点からも相談にのれるようになることが望ましい。そのためには，カウンセラーや精神科医は現場の教師が対応した事例についてもっと知っておく必要がある。

　わざわざ私がこういうことを強調しておきたくなるのは，故なきことではない。試みに「カウンセラーのための〇〇冊」とか「心理臨床家のための〇〇冊」などというタッチの本を見ていただきたい。それらには精神医学等の近接領域の本も多数推薦されているが，その種（すなわち学校教師の実践）の文献がまったくあげられていないことがわかるだろう。どういうわけか医師が書いた本は多数推薦されているが教師や看護師のものは皆無である。だからこそ，このことを強調しておきたいのである。

X　一時的な手助けで生徒は成長する

　また，こういうふうなことを書くと，「きちんとした勉強をした」カウンセラーの中には「そういうことでは，自分自身で問題を自覚し，自分の力で乗り越えたことにはならない」という反論をされる方がいらっしゃるかもしれない。

　しかし，一時的にちょっとした直接的手助けや幸運な経験の機会を得ることで困難を乗り越えていくというのが私たちの人生ではありふれたことであり，内面を探求してしかる後に困難を克服するというのはむしろ特異で例外的な乗り越え方である（田嶌 1995）。とりわけめざましい成長期にある学齢期の生徒

たちは，他者からのちょっとした手助けで乗り越え，後は特にそういう援助はなくともうまくやっていけるということがしばしばあるものである。

私は密室カウンセリングが不要と主張しているわけでは決してない。密室でのカウンセリングを希望する生徒に対しては，それに応じられる体制は必要であろう。しかし，そうした方式をもっぱら中心と考えることは実情にそぐわないと言いたいのである。

XI　ネットワークの活用による多面的援助システムを

さらに言えば，クリニックや外来の相談室などと違って，学校心理臨床では日常生活を共に過ごしているという点が大きな特徴であり，そのため密室カウンセリング以外に働きかける多様なチャンスと豊かなチャンネルがたくさんある。それを活用しない手はない。したがって，学校心理臨床では個人の密室カウンセリングに限定されず，もっと幅広い多面的援助システムを考慮する必要がある。

先に私は，ほとんどの心理療法に共通して重要な要因として，「つながり」と「体験様式」の二つをあげたことがある（田嶌 1992）。ここでいう「つながり」とはカウンセラー（治療者）－クライエント（患者）関係だけではなくさまざまな関係が含まれる。学校心理臨床では，さまざまな「つながり」すなわち「ネットワークの活用」ということをまず考慮してみるのが適当であると思われる。

そこで必要なのは個人の病理の診断のみではなく，むしろ学級や家族，地域等の集団の場における個人の生活，個人と個人の相互作用のありようの問題としてみる視点が重要となる。つまり，その生徒個人の心理診断だけではなく，その人がいかなるネットワークの中で生活しているのかといういわば「ネットワークの見立て・診断」という視点で見ることが基本的に重要なことであり，援助に際してはそれに基づいて，「ネットワークの活用」，「場を創る，場を支える」という観点から介入のアイデアを練ることが重要であろう。

XII　三つのネットワーク活用方式

このネットワーク活用の方式と視点にはいろいろありえようが，ここでは以

下の三つをあげておきたい。

一つはある特定の生徒に関わる全員が一丸となって「これこれこういうことを心がけて接しましょう」といった了解のもとに関わる方式である。これは「全員一丸方式」とでもいえようか。

第二は「機能分担方式」である。これはたとえば，A先生は厳しく接し，B先生は優しく接するといった具合に役割を分担して臨む方式である。難しい事例に特に有効である。

第三は関わる個々の人がそれぞれ相互に連絡をあまりとりあうことなく，それぞれの個性と考えで独自に働きかけるもので，「並行働きかけ方式」とでもいえようか。

なお，こうした方式をとるために，しばしば必要なのはカウンセラーが面接室にじっとしているのではなく，面接室から飛び出して「動きながら考える」（あるいは「動く→考える→動く」）という姿勢である。

こうしたことは従来は「環境調整」などといった名称でその実践的価値が不当におとしめられてきたような印象が私にはある。もっと正当に評価されるべきであり，また，その技法も今後さらに洗練されることが望まれる。

XIII 密室カウンセリングはどこへゆく

では，以上のような観点から見れば，学校心理臨床では従来の密室カウンセリングは無用のものとなってしまうのであろうか。ここで強調しておきたいのは，決してそんなことはないということである。

ひとつには密室での継続的カウンセリングが必要な生徒は少ないとはいえ，まったくゼロにはならないということもある。したがって，密室カウンセリングは多面的援助システムで活用されるネットワークの重要なひとつでありつづけるだろう。しかし，それだけではない。そのうえ，もっと重要なことは，非密室的関わりの中に私たちカウンセラーが勉強してきた密室カウンセリングの技術と精神は形を変えて生き残るであろうし，またそうでなければならないと思うのである。そうした過程で，カウンセリングは私たちの中で正当な位置を得るのではないかとさえ私は考えている。

おわりに

　冒頭でも述べたように，臨床心理士が学校カウンセラーという形で文部省（現・文部科学省）の方針に応じて協力することが今後増加するであろう。そして，当面非常事態での応急処置的役割を果たすこともやむをえないであろう。しかし，それだけに終わることなく，その経験をもとに将来の学校現場の改革への提言をできるようにしていくことが望まれる。しかも，その提言の内容は大方の現場の教師にも納得のいくものでなければならないだろう。

　　文　献
田嶌誠一（1991）青年期境界例との「つきあい方」．心理臨床学研究，9 (1)；32-44．
田嶌誠一（1992）イメージ体験の心理学．講談社．
田嶌誠一（1995）強迫的構えとの「つきあい方」の一例．心理臨床学研究，13 (1)；26-38．

第4章

心理援助と心理アセスメントの基本的視点

I 心理アセスメント＝心理テストではない

　一般には「心理アセスメント＝心理テスト」というイメージがまかり通っているのではないだろうか。心理テストが心理臨床家の大きなセールス・ポイントであり，したがって大変重要なものであることは認めたうえで，しかしそれでも最初に強調しておきたいのは，「心理アセスメント＝心理テストではない」し，「心理アセスメント＝心理テストであってはならない」ということである。
　とはいうものの，現状は「心理アセスメント＝心理テスト」という風潮は強いものがあるように筆者には感じられるし，そのことに危惧を抱いている。
　心理テストは心理アセスメントの一部であり，しかも心理アセスメントに際していつも用いられるとは限らないが，用いるにしてもいかなる情報を求めて心理テストを行うのかが問われなければならない。したがって，そこで重要なのは心理アセスメントの基本的視点である。

II 心理的援助という視点

　まずはっきりしていることは，相談者への心理的援助に役立てるために行われるべきであるということである。このことはしばしば言われることではあるが，これを今さらながらに述べておく必要があるのは，それが総論的あるいは建前的なものに，すなわちお題目だけになってしまいがちであるように思われるからである。心理的援助のためにということが，もっとより具体的な視点として捉えられる必要がある。
　そのためには，心理援助の対象を個人の内面だけに限定せず，社会や環境との関係も含む幅広いものとして捉える視点が重要である。すなわち，心理臨床

の一般的な援助目標は「主体と（内的外的）環境とのより適合的な関係」（田嶌 2002）であり，そこでは，「変わるものを変えようとする勇気，変わらないものを受け入れる寛容さ，この二つを取り違えない叡智」という視点が重要である。

このような視点にたてば，心理アセスメントは単に「発達の遅れ」や「病理」をえぐり出すだけのものであってはならず，あくまでも心理的援助ということを念頭においたものでなければならない。したがって，「現状のアセスメント」であるだけでなく「可能性のアセスメント」ということになろう。それは個々の心理臨床家の立場によって，さまざまなものがありえよう。

さて，ここまでは威勢よく書き出したものの，実はあまりたいしたものが書けそうにない。私の力量不足もむろんのことではあるが，おそらくここで私が言う意味での心理アセスメントというのは，まだ心理臨床家が総力をあげてこれから創っていかなければならない段階にあるからなのではないだろうか。ここでは，私が実践している多面的援助アプローチにおける「心理的援助のための心理アセスメント」の基本的視点について述べることにしたい。叩き台またはサンプルとして見ていただければと思う。

なお，こうした内容の性質上，心理アセスメントだけでなく，心理的援助についての筆者の考えもある程度述べざるをえないことをお断りしておきたい。

Ⅲ　現場で役立つ基本的モデル

ここで述べるものは，比較的シンプルなものである。あるいは，こんなものかと思われるかもしれない。しかし，ここで私が提示したいのは研究論文を書くためのものではなく，現場で役立つモデルである。現場で私たちが働く場合，「心理的援助の大筋」を見失わないための準拠枠として役立つものであり，あまり複雑なものはかえって現場になじまないものだと私は考えている。

希望を引き出し，応援する

心理援助の基本は，なんといっても「希望を引き出し，応援する」ということである。しかし，いきなりそこにいけることは少ない。それでも，このことを念頭に置いておくことが重要である。希望を引き出すには，他ならぬ援助者

の側が希望を持つことである。「なんとかなるもの」という姿勢がなにより重要である。

まず支える──エンパワーメント

「心理アセスメント」と「心理的援助のための働きかけ」とは，ほとんど同時進行となることが多い。すなわち，その時点で把握できている情報の中から援助に役立つ可能性が高くしかも害の少なそうな介入──筆者の場合たいていは「まず支える」という介入になることが多い──をとりあえず行い，それに対する相手の反応を見て，それをさらなるアセスメントの素材とするという方式である。

したがって，まず支えるというのが基本である。私は最近はサポートという語よりもエンパワーメントという語が気にいっている。換言すれば，エンパワー（元気を引き出す，力をつける）に役立つサポートとでもいうことになろうか。エンパワーメント概念にはさらなる吟味が必要である（田嶌 2003）が，見立てと介入は，クライエントをいくらかでもエンパワーするのに役立っているか否かという基準で，セラピストの関わりを吟味する習慣を持つのが有用である。

ただし，「エンパワーメント」という語では汲みつくせない面があることにも留意しておきたい。エンパワーメントという語は，積極的になにかを成し遂げる力をひきだすことをさすものと思われるが，たとえば，自己理解や自己の内面をこれまでとは違った体験の仕方で味わうことや現実を受け止める力や「健全なあきらめ」（田嶌，1991，2002b）に達する力や自助のために周囲に適切な援助を求める能力などを引き出すことなどを含む多様なものが心理臨床の目標となる。「変わるものを変えようとする勇気，変わらないものを受け入れる寛容さ，この二つを取り違えない叡智」ということが関係してくるものと思われる。

支えるには二つある。第一に，面接内でセラピスト−クライエント関係において支えること。それはセラピストがクライエントに対して「共に在る」姿勢で受容的に接すること，クライエントの自助努力を認めることでなされる。第二はセラピスト−クライエント関係以外のネットワークで支えるということ。これには，直接的物理的援助も含まれる。

「目標アセスメント」——目標の設定と共有のためのアセスメント

　それと並行して，本人または関係者のニーズを引き出し，できれば目標を共有する。ただし，本人に相談意欲がない場合，目標は共有できず，本人の潜在的ニーズを汲み取り目標を設定することに留まらざるをえない。その場合，関係者の間で目標を共有することになるかもしれない。目標は大きな目標と当面の目標の両方を念頭におくのがよい。ここで必要なのは，いかなる目標が適切で共有されやすいかということに関するアセスメント，すなわち「目標アセスメント」である。目標は問題の内容によって異なるし，いったん設定後は固定したものではなく，介入への反応や局面や次元に応じて変化するものでもある。しかし，いかなる場合も結局は本人が「元気になること」，あるいは「今より元気をなくさないこと」「気持ちが楽になること」が大目標である。この大目標は個々の目標に優先する。

　したがって，社会や周囲の都合を本人に押しつけるだけになってしまっていないかを吟味し，この大目標と個々の目標とが矛盾しないように気をつける必要がある。

　特に注意すべきは，本人の切実なニーズから検討していくということである。たとえば，児童虐待や深刻ないじめなどでも，心の問題を扱う前に現実のいじめや虐待が繰り返されないように目配りをすることが必要であり，その前にPTSDまたはPTSD的反応の「治療」などではないはずである。

　したがって，これからの心理臨床では，少なくともその人の現実の生活の切実なニーズに関心を払うことが必要であり，時にはその現実になんらかの形で介入することが必要である。すなわち，「現実に介入しつつ心に関わる」「現実を見据えつつ心に関わる」といった姿勢が必要である。そんなことは，臨床心理士がすべきことではないという意見もあろう。しかし，そういう主張をする人たちに欠けているのは，「現実を扱うことは心を扱うことである」とでもいうべき認識である。クライエントのもっとも切実なニーズに関心を払わない（ように見える）人物とはクライエントにとってなにものであろうかということを考えてみる必要がある。

　このように見てみると，心理臨床が現場の多様なニーズに応えるためには，個人レベル，ネットワークレベル，システムレベルといった種々のレベルへの多面的アプローチが必要であると考えられる。

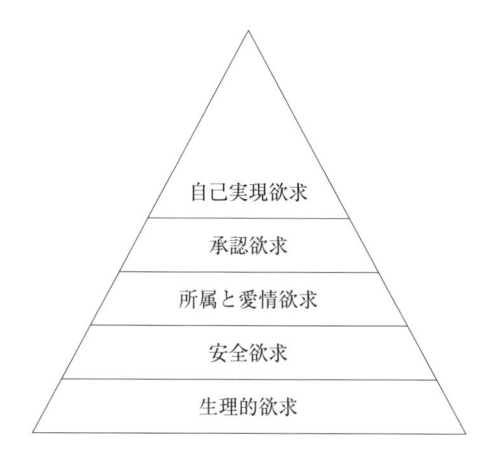

102 第Ⅰ部 多面的援助アプローチの基本的視点

図1 マズローの欲求階層

(ピラミッド図：下から「生理的欲求」「安全欲求」「所属と愛情欲求」「承認欲求」「自己実現欲求」)

ニーズを引き出し，目標を設定・共有するための見立て

　精神医学の世界を席捲しているかに見える診断マニュアルに，DSM－Ⅳがある。あまりにも有名なこの診断マニュアルは，精神科医のみならず関係者の共通言語として広がっている。しかし，注意すべきは，これは行動特徴に基づく分類にすぎず，現在のところ治療や援助の指針を与えてくれるものではないということである。したがって，一方でDSM－Ⅳを活用しつつも，他方で治療や援助の指針となる見立てを行う必要がある。

　そのような見立てにあたって，こんなことを書くと笑われそうで恥ずかしい気もするが，目標の設定にも見立てにも役立つものとして私が参考にしているのは，「生理，安全，所属，承認，自己実現」（後にはさらに「超越」が加わる）というマズローの欲求階層説（Maslow 1954）である（図1）。

　あまりにも有名なのでそれ自体については説明の必要もないだろうが，私にとって実際にはこれがもっとも重要な見立ての基本である。これは初心者や適切な勉強をしそこなった臨床家や変な勉強をしすぎた臨床家がしばしば陥る誤りを回避するのに役立つ。

　たとえば，児童虐待やいじめ，DVなど近年注目されている問題は，とりわけこのマズローの図式を活用するべきである。こんなことをわざわざ言いたくなるのは，生理的欲求や安全欲求さえ脅かされている事例に関わることが増え

てきているにもかかわらず，適切な対応がとられていない事例が少なくないように思われるからである。

「一次的ニーズ」と「二次的ニーズ」

　ここで重要なのは，「一次的ニーズ」，「二次的ニーズ」という視点である。「一次的ニーズ」とは本人自身のもっとも切実なニーズをいい，「二次的ニーズ」とはそこまでは至らないニーズをいう。

　深刻ないじめや児童虐待に苦しみ，未だその危険性が十分に回避できていないにもかかわらず，そのことに関心を払うことなく，「プレイセラピー」や「心理面接」に没頭している事例を耳にすることがある。おそらく，それはケースワーカーなどの他職種の仕事と考えてのことであろう。しかし，その人のもっとも切実なニーズは「いじめられなくなること」や「殴られなくなること」，あるいは「またやられそうになった時に，どうしたらいいのか」ということである。こうした場合，そのことに関心を示さないセラピストに心を開くことが果たしてできようか。

　また，発達障害児についていえば，いわゆる一次障害，二次障害という語があるが，彼らの切実なニーズは必ずしも一次障害に関するものであるとは限らない。本人の「一次的ニーズ」，「二次的ニーズ」ということが心理臨床の目標は本人自身の最も切実なニーズからというのが望ましいと私は思う。もちろん，それに応えることができそうにないことも少なくないだろう。また臨床心理士が直接それに応えないといけないわけでもない。そうであっても，せめて本人自身のもっとも切実なニーズに敏感でありたい。援助者が本人の切実なニーズに関心を払っていることが伝わることが何よりも重要であると思う。

　なお，本人のニーズを把握するのに効力を発揮するのは，後に述べるように，共感的理解である。

遊びのアセスメント

　ただし，この図式はおおざっぱなものであるため，いくつかの重要なものが欠けている。たとえば，安全欲求の次に所属と愛情欲求となっているが，その前にくつろぐ・憩う，楽しむという欲求を補足しておく必要がある。それぞれに"自分ひとりで"と"他者とともに"という視点を加え，「自分ひとりでく

表1 「遊びの形態」尺度

1. 遊べない
2. 室内でひとりだと遊べる（例．テレビゲーム）
3. 室内で誰かと一緒に遊べる（2人→複数）
4. 屋外で誰かと一緒に遊べる（2人→複数）
5. 屋外でひとりで遊べる（散歩，町をブラブラ）
6. 屋外で誰かと一緒に身体遊びができる
7. ひとりでも遊べる

表2 「遊び方」尺度

1. 遊びができている
2. 楽しめている
3. 気が抜けている
4. 軽口を叩ける

つろぐ・憩う」「他者と一緒にくつろぐ・憩う」，楽しむも「自分ひとりで楽しむ」「他者と一緒に楽しむ」という欲求を挿入しておく。

　生理的欲求の充足や安全の確保などが優先されるような緊急の事例を除けば，多くの事例でまず，その人がひとりで，あるいは他者と，「くつろぐ・憩う，楽しむ」場を持っているかどうかということを見立てる必要がある。持っていなければ，そういう場を創ったりつないだりするのに，どういうふうにしたらよいかを見立てるのである。

　このことと関連して，筆者が重視しているのは，遊びに関するアセスメントであり，後述の発達アセスメントとも重なるもので，児童・青年についての例をあげておくと，おおよそ表1，2のような基準で見ることにしている。なお，これは不登校・ひきこもりの場合，とりわけ有用である。

自己実現，自分の持ち味を生かして生きる

　このように，マズローの図式だけでなく，心理アセスメントのための基本的なモデルを，臨床現場や対象に応じてよりきめの濃やかなものにしていくことが必要であろう。「自己実現」ではちょっと立派過ぎて，場合によっては「無理の少ない生き方」とか「持ち味を生かして生きる」の方がふさわしいのかもしれない。

第4章　心理援助と心理アセスメントの基本的視点　105

```
              目標アセスメント
           ↙      ↕      ↘
   ネットワーク   個人アセスメント    関係
   アセスメント   （適応アセスメント，  アセスメント
              発達アセスメント）
```

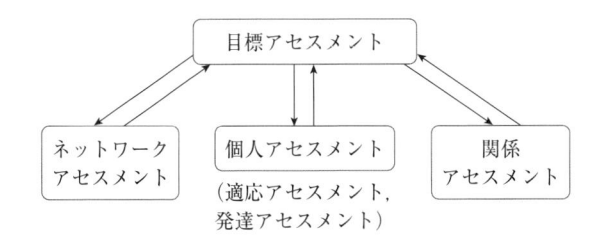

図2　心理アセスメントの基本的枠組み

　また，人は階層を越えた欲求として，「理解されたい」という欲求があるものと思う。
　この図式では，上にいくほど，順番が必ずしも固定したものではなくなることがある。たとえば，自己実現をめざすうちに，結果として所属や承認の欲求が充足されるといったことも生じうるものである。

Ⅳ　介入のアイデアを練るためのアセスメント
　　——4レベル，3要因——

　さて，目標の設定ができたらいよいよ援助的介入のためのアセスメントを具体的に考える局面となる。そのためには，基本的にはネットワーク論とシステム論と生態学的視点に基づくアセスメントが役立つ。さらには，後述のような適応水準（病理水準）のアセスメントや発達アセスメント等の個人心理のアセスメント（「個人アセスメント」），援助者との関係のアセスメント（「関係アセスメント」）を元にどのような介入を行うのが適切かを検討する。したがって，多面的アプローチにおける心理アセスメントの基本的枠組みは図2のようになる。
　もっとも，システム論と言えば，家族療法やブリーフセラピーのイメージが強く，意表をつく課題や逆説的指示や大胆な介入をイメージされる方が少なくないのではないだろうか。しかし，ここで言う「システム論」とはいわば，「常識的システム論」的理解（または「素朴なシステム論」的理解）に基づき，主

として「常識的介入」をめざすものである。逆説的課題や指示は，たとえあっても隠し味的なものである。実際，最近の家族療法やブリーフセラピーもずいぶんとマイルドで常識的な介入が多くなってきているように思われる。

基本的には原因論ではなく，援助論または変化論の視点に立つ。原因に立ち入るにしても，あくまでも援助的介入のためのアイデアを引き出すために立ち入ることとする。

4レベル，3要因

まずは，主な介入のレベルとして次の四つがある。

> ①本人自身のレベル（個人のレベル）
> ②家族のレベル
> ③外部集団（会社や学校，地域等）のレベル
> ④外部集団や地域のレベル

という四つのレベルからアセスメントを行う。なお，④の中にはセラピスト自身，および他の専門機関や他の専門家（教師やケースワーカー等の他職種を含む）も含まれる。

次に，そのそれぞれについて，目標の実現または問題の解決や軽減に向けて，

a．促進要因
b．抑制要因
c．維持要因

の3要因に分けてみる。そのうえで，さまざまな要因のうち，「誰が」「どこに」「どう」働きかけるのが変化をもたらしやすいかについてアセスメントを行う。むろん，それはひとつとは限らないが，かといって，思いつく介入をすべて行うわけでもない。もっとも事態の着実な改善につながりそうな介入はどれかをアセスメントし，介入することとする。

たとえば，いじめ被害で相談にみえたある事例の場合，個人レベルでのいじめ解決ないし解消・軽減の促進要因としては，自己主張できるようになることや，得意教科をつくること，じょうずな救助を求める技術の習得などがあげら

れた。同様に，家族レベルの促進要因としては，父親の積極的バックアップなどが重要であると思われたし，所属集団レベルの促進要因としては，クラスで味方をつくるための担任主導のクラス討議が有効ではないかと考えられた。同じように，抑制要因と維持要因についても検討してみる。結局，この例では，父親による加害者たちへの抗議によって，いじめは沈静化した。

　このように，目標の実現にむけて，個人レベル・家族レベル・所属集団レベル・地域レベルの四つのレベルにおける促進要因・抑制要因・維持要因のアセスメントを行い，さらに後述のように「適応アセスメント」と「発達アセスメント」等の個人アセスメントを行い，それらの視点から介入のアイデアを練るというのがここでのアプローチの基本である（226頁図1参照）。

コンサルテーションとネットワーキングを優先

　それに際しては，私は以下のような援助モデルを念頭に置いている。

　さしあたって，ここで強調しておきたいのは，「最初に心理療法・カウンセリングありき」ではないということである。まずはコンサルテーションとネットワークの活用（ネットワーキング）を先に考慮する。コンサルテーションとは，キャプラン（Caplan 1961）によれば，コンサルタントとコンサルティの2名の専門家の間で，コンサルティのかかえているクライエントの特定の問題のより効果的な解決を援助することであるという。しかし，ここではもっと広くとり，専門家相手だけでなく保護者をはじめ非専門家への助言を中心とした面接も含めてコンサルテーションということにしておきたい。たとえば，ひきこもりの児童・青年について保護者に家庭での接し方を助言する場合や，不登校生徒などのメンタル・フレンドに対して助言する場合などをイメージしていただくといいだろう。

コンサルテーション→状態の安定・問題の解決

　簡単な助言ですむ場合もあれば，どこかに紹介するなど，「つなぐ」必要がある場合もある。これがもっともシンプルなモデルである。

V 「ネットワークアセスメント」と「個人アセスメント」と「関係アセスメント」

「つなぐ」必要がある場合は，まず，居場所も含めてネットワークの活用（ネットワーキング）による援助を行う。そして，それによって状態がやや安定するなど事態が少し改善される。そこで終わる場合もあるが，その後目標を共有し，さらにそれに沿って，自助努力とか自助活動を引き出していくわけである。

したがって，基本的には「ネットワーキング（NW）による援助→（状態の安定）→目標の共有→自助努力・工夫を引き出す」（図3）というモデルに沿って種々の介入を行うことになる。すなわち，本人を取り巻く周囲のネットワーキングで支え，さらにできれば，自助努力や工夫を引き出すことを試みるというものである。また，初期介入や見立て・診断も含めて図示したのが図4である。なお，多少順序が変わることもあるし，「NW による援助→（ある程度の）状態の安定」に留まることもある（田嶌 1998）。

そこで必要なのは個人の心理・病理のアセスメント（「個人アセスメント」）のみではなく，学級や職場や家族，地域等の集団の場における個人の生活，個人と個人の相互作用のありようの問題として見る視点が重要となる。つまり，その個人の心理アセスメントだけではなく，その人がいかなるネットワークの中で生活しているのかという，いわば「ネットワークのアセスメント（ネットワーク・アセスメント）」という視点で見ることが基本的に重要なことであり，援助に際してはそれに基づいて，「ネットワークの活用（ネットワーキング）」「場を創る，場とつなぐ，場を支える」という観点から介入のためのアセスメントが必要であろう（田嶌 1995, 2001）。

個人アセスメント（個人の心理・病理のアセスメント）には，先述の「目標の設定と共有のためのアセスメント」に加え，「適応アセスメント」と「発達アセスメント」が重要である。これについては後に述べる。

さらには，本人と援助者（セラピストや教師など）との関係のアセスメント（「関係アセスメント」）が必要である。この関係アセスメントのうち，とりわけ重要なのは，セラピストや教師などの援助者がクライエントにとってどのような対象として見られているかということである。

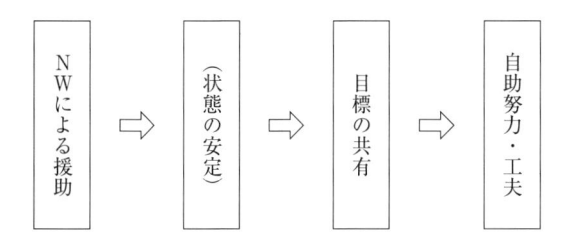

図3　NW活用「つきあい方」モデルⅠ（田嶌，1998）

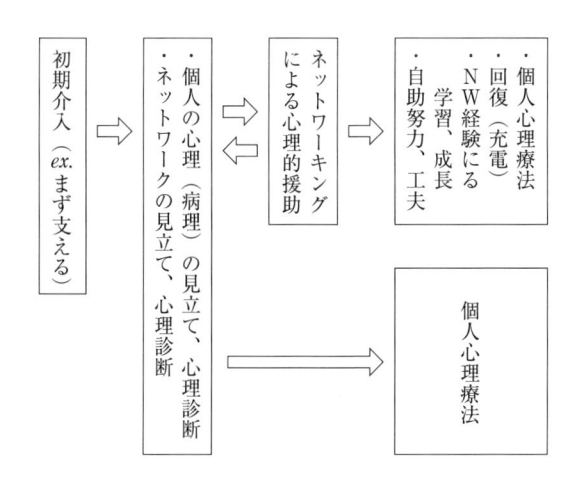

図4　NW活用「つきあい方」モデルⅡ（田嶌［1998］を一部修正）

　なお，「ネットワークのアセスメント」にあたっては，ネットワークを視覚的に図示した「ネットワーク図」（中山 2002）をつくっていくと便利である。ここでとるのは，エコロジカルな視点であり，今後そうした視点からのアセスメントがもっと工夫されるべきだろう。たとえば，外口ら（1988）が精神障害者の地域ケアで用いたものなどが参考になる。これは，個人の力量を生活という視点から見ることに加え，さらに「本人を支える地域ネットワークの広がり・種類・深まり」も同時にアセスメントを行っているものである。

VI 新しい「見立て・心理アセスメント」と介入方式

こうした方式の実践にあたっては，従来カウンセラーがなじんできた心理アセスメントの方式だけでは不十分である。従来の方式は主に面接室でじっくり本人や家族や関係者から情報を聴き，様子を観察することから見立てを行ってきた。それに対して，ここで述べてきた非密室的アプローチでしばしば必要なのは，カウンセラーが面接室にじっとしているのではなく，面接室から出て行き，

動きながら見立てる

あるいは「動く→（反応を見る）→見立てる→動く→」という姿勢である。このことは，とりわけスクールカウンセリングなどではひときわ有用な姿勢である（田嶌 1995, 2001）。とはいえ，筆者は学外のカウンセラーとして関わる場合でも学校を訪問することが少なくない。

いまひとつ重要なのは，カウンセリングだけでなく，コンサルテーションやコンサルテーション的面接である。自分が動くのではなく，協力者に「動いて」もらうことである。たとえば，学校現場であれば，教師や保護者に動いてもらうことが多い。そこで，必要なのは，

動いてもらいながら見立てる

あるいは「動いてもらう→（反応を見る）→見立てる→動いてもらう→」という姿勢である。

「介入しながら見立てる」

このような方式は，面接室外だけでなく，面接内でも同様である。傾聴や共感に対する反応を見たり，また，相手に何らかの提案や課題をすすめ，それに対する反応やその実行の具合を見て，見立てるという方式をとることもある。

すなわち，

介入しながら見立てる

ということになる。そして，介入は次第に，何らかの本人の主体的自助努力が

引き出される方向の介入になることが望ましい（田嶌 1998a）。

　この「介入しながら見立てる」ということがことさら重要なのは，しばしば当初のアセスメントを超えて，思いがけない可能性が開けるからである。その兆しをキャッチしさらなる適切な介入を行うことで，当初は予期できなかった成果が生まれることとなる。面接室だけでなく，面接室の内外で「介入しながら見立てる」ことで，しばしばそれなくしては生まれないような思いがけない可能性が開けるのであり，それは「予期せぬ可能性に開かれた発達」（當眞 2003）や変化の援助ということにもつながるものであろう。

介入の主要なレパートリーとしての居場所の活用——「場を創る，つなぐ，支える」

　私がしばしば行っている特徴的な活動のひとつが「居場所づくり」である。学生相談室や外来相談室，中学校や養護施設などさまざまな場でこの活動を行ってきた。要するに，たむろできる部屋を提供し，クライエントがそれぞれのニーズに応じて活用できるようにするわけである。そういう居場所に「つなぐ」ことが，しばしば大きな効果を生むものである。これもまた，特別な形のネットワークのひとつであると考えていいだろう。

　また，このようなセラピストが創りあげた居場所ではなく，もっと別の場や場につながる活動につなぐ方がよいこともある。たとえば，ゲーム，テレビゲーム，スポーツ，塾，予備校，大検予備校・塾，家庭教師，習い事，○○教室，メンタル・フレンド，部活，同級生と遊ぶこと，保健室，フリースクールなどがある。変わったところでは，競馬というのもある。

　このような場にうまくつなぐためには，本人がどんな活動に対してチャンネルが開けているかを見立てることが必要となる。

　自宅・自室以外に自分が安心していられる場所，避難できる場所，憩える場所を持つことはそれ自体精神健康にはかりしれない効果を持つ。そのうえ，そこで仲間ができればなおさらである。そのこと自体が児童期・思春期のクライエントには発達援助的機能を持ち，経験を通して成長するための基盤を提供しうるものである。居場所感を持てるように，そしてそれを基盤として他者と交流する機会を持てるように配慮するだけで，濃やかな発達アセスメントなしに，大きな発達援助的効果を持ちうるというところに，この活動の妙味がある。居

場所は，先述の「予期せぬ可能性に開かれた発達」（當眞 2003）を入れる器としての機能を果たすのだといえるのかもしれない。

介入の主要なレパートリーとしての「傾聴」，「共感」

なお，ここで強調しておきたいのは，このような立場では，「傾聴」や「共感」といった従来の臨床心理専門家の最も主要な手段を否定しているわけではないということである。ここでいう介入の主要なレパートリーのひとつとして，「傾聴」や「共感」があるということになるのである。

以上述べてきたように，4レベル，3要因とネットワーキング・モデルをふまえ，発達アセスメントや病理のアセスメント等の個人アセスメントと，実際の援助的介入の検討に入ることになる。心理テストはなんらかの点で，このようなアセスメントと心理的援助に役立つものとなるべきである。

システム論的介入における共感的理解の重要性

4レベル，3要因とネットワーキング・モデルをふまえたアセスメントと援助的介入の検討に際して，心得ておくと有用なことが二つある。第一は共感的理解ということ，第二は「陰極まれば陽に転じる，陽極まれば陰に転じる」ということである。

システム論的観点からの理解と援助的介入のアセスメントを行うにあたっては，共感ないし共感的理解が重要であると筆者は考えている。共感と言えばシステム論とは無縁のものと思われがちだが，筆者は無縁どころか，もっとも重要なものであると考えているので，このことは強調しておきたい。ここで注意しておくべきことは，システム論的観点では，しばしば外的見方に偏りがちであるということである。そこで，この共感的理解ということに留意するかどうかでそのアセスメントに大きな違いが出てくる。

さて，この共感的理解を通して，いったい何を見立てようとするのだろうか。

共感的理解を通して何を見立てるか

それは，その人がどんな人なのかということであるといえよう。とはいえ，援助のための介入という視点からいえば，中でも次の二つがとりわけ重要である。第一に，「目標の設定と共有のためのアセスメント」に関係したもので，本

人がどのようなニーズをもっているか，ニーズを汲み取ることである。第二に，それは先に触れた「関係アセスメント」に関するもので，相手にどのような人物として見られているのであろうかということである。

　第一の点について言えば，ニーズにはさまざまなレベルがあり，まずはその人の現在のその瞬間のニーズ，それもできれば切実なニーズを理解することである。また，多様なレベルのニーズを理解することが重要である。長期的展望にたったニーズから短期的展望のニーズ，さらには当面気を紛らわしながらしのいでいくためのニーズまである。加えて，本人に未だ自覚されていないニーズだってあるかもしれない。

　第二の点は，本人に関わろうとする，または関わっている人が，どのような対象として本人に映っているか，何者であるかということである。まず，なによりも「脅かす」対象でなくなること，「安全」な対象であるかどうかが重要である。次いで「好意的」「役立つ」，または「有益」「ニーズに応える」「ニーズを一緒に探る」，さらには「見守っていてくれる」といった対象となっているかどうかなどを見立てることになる。

　とりわけ重要なのは，関わる側からの提案や申し出を拒否でき，しかも関係がこわれないようになることである。つまり，それが可能であるような対象または関係として認知されるように留意することが必要である。「一緒に試行錯誤できる対象ないし関係」とでもいえようか。

　このようなことを，その時々で「見立てながら関わる」「関わりながら見立てる」，あるいは，「誰かに関わってもらいながら見立てる」「見立てながら誰かに関わってもらう」ということが必要である。

　例をあげよう。

　担任教師からの相談である。小学生の子ども2人を抱えた母親がどうやら状態が悪いらしく，家事もせず，また電気もガスも止められ，ろうそくの火で暮らしているらしい。子どもたちは風呂にも入っていないらしく，いつしか登校しなくなったという。

　母親や子どもたちの身になって考えてみよう。現在の母親と子どもたちのニーズはなんだろうか。どんな介入が必要だろうか。

　そのお母さんか子どもの身になってみよう。一番喜びそうなものはなんだろうか。おそらく一番困っているのは食べ物のことだろう。だから，私ならこう

いう場合，自分か担任かが食べ物をもって訪問することにする。会えれば，直接渡すし，会えなければ，簡単なメモをそえて，ドアにつるして帰る。そして，二，三日後に様子を見に行く。私自身，こういう介入を行ったことがある。

また，食べ物とは対照的ではあるが，数本の花もしばしば関係づくりのエレガントな突破口となることがある。生活が困窮している時，自分のお金でわざわざ買うことはないが，にもかかわらず人の心をなごませるものだからである。

筆者の印象では，明言されてはいない（と思う）が，家族療法やブリーフセラピーなどでも，優れた治療者はこの共感的理解に基づいて有効な介入を生み出しているように思われる。

わざわざこのことを強調しておきたいのは，事態を変えるのに役立つのは，外側からの理解ではなく内側からの理解，すなわち共感的理解だからである（田嶌 1998b）。

「陰極まれば陽に転じる，陽極まれば陰に転じる」

易や東洋医学で有名なこの言を念頭に置いておくことが，システム論的理解には大変重要である。個々の反応としてではなく過程として見ることが重要である。物事には抗い難いプロセスというものがあり，そのプロセスに沿った介入こそが効果的である。個人レベルであれ，集団・組織・社会レベルであれ，いったんプロセスが発動したらある程度それがおさまるのを待つしかなく，その最中にそのプロセスそのものに逆らう介入は効果がないか，あるいは逆効果となることもある。

たとえば，中井久夫が見出した統合失調症（精神分裂病）の発病と回復の過程（中井 1974）はそのことを如実に示してくれる。また，アルコール依存症など，なんらかの「底打ち体験」をした時が有効な介入のタイミングである。ひきこもりなども同様であるし，相談意欲のない事例では特にそのタイミングを読むことが重要である。たとえば，長期にわたる不登校は，退屈しはじめる時期が介入のチャンスである。また，中学生の不登校生徒では，3年生になるとたいていは進学その他将来の心配が大きくなるものであり，したがって中3の4月は介入のビッグチャンスである。進学や将来のことを「導きの糸」として関係が開ける可能性がある。同様に，「ひきこもり」もある程度経過すると，ひきこもり当初よりも次第に苦しくなり，このままではいけないのではないかと

いう危機感が芽生える頃，あるいは逆にある種の余裕が生まれ，少し退屈してくる頃が介入のチャンスである。

　個々の事例だけではない。たとえば，ひどく荒れた学校で大きな事件が起こった場合，それをきっかけに学校全体に改革の雰囲気が盛り上ってくることもある。

　このように，しばしば表面に現れている優位な傾向とは反対の傾向が水面下で目立たない形で蓄積されているものである。そして，その蓄積は，ある傾向が行き過ぎた時，その反動で揺り返しという形で訪れることがある。また，それが臨界点を超えた時，それまでとは反対の傾向が優位となっていくものである。したがって，表面の動きだけにまどわされないように留意する必要がある。

　いわば，流れを読み，「流れに掉さす」構えが役立つのである。

　実のところ，私は決してこれがうまくできているわけではない。しかし，このようなことを頭の隅に置いておくだけでも，ずいぶんと違ってくるように思う。

　困難な事態に関わる場合，特に留意すべきは，逆流の中でエネルギーを使いきってしまわないということである。やっと流れが変わった時には，もはや使えるエネルギーが残っていなかったり，周囲との関係が連携不能なものとなってしまっていないように気をつける必要がある。

　さもないと，逆流の中でエネルギーを使いきってしまい，流れが変わった時には，もうエネルギーが残っていなかったり，周囲との関係が連携に困難なものとなってしまっているというようなことになりかねないと思われる。

VI 「適応アセスメント」と「発達アセスメント」

　「個人アセスメント」（個人の心理・病理のアセスメント）のうち，「適応アセスメント」と「発達アセスメント」については，簡単に述べるにとどめておきたい。精神医学では病理アセスメントということになろうが，臨床心理学では病理だけでなく，援助という視点から適応アセスメントを行う。

　適応アセスメントのうちもっとも重要なのは，いわゆる病理水準の見立てと対処方略の見立てである。ここでも「病理水準」という語ではなく「適応水準」と呼びたいが，言うまでもなく，健常水準，神経症水準，心身症水準，境界例水準，精神病水準という適応水準のおおまかな健康度の見立てであり，医療機

関との連携や介入のやり方を検討する際にとりわけ重要な見立てである。また、対処方略の見立てとは、本人が自分の悩みや問題に対してどのように対処しているかということである。その際、重要なのは、一見その人の病理と見えることも、その人の適応努力、解決努力のあらわれとして見る姿勢である。問題や悩みに対して、どのような体験の仕方（体験様式）をしているか、対処方略の具体的内容、さらにはそれがどれだけ現実的実際的なものか、事態に対応したものであるかということを見立てる。

発達アセスメントには三通りあり、第一はDSM－ⅣやICD－10等による発達障害の診断であり、第二はどの心理機能がどの程度の水準にあるかについての臨床心理学的発達アセスメントであり、第三はその将来の可能性についてのアセスメントである。

ここで強調しておきたいのは、いかなる適応水準（病理水準）や発達水準にあろうが、マズローの図式等による目標の見立ては同じであるということである。たとえば、統合失調症者であろうがなかろうが、発達障害児であろうがなかろうが、生理、安全、所属、承認、自己実現といった見立てと目標そのものにはまったく変わりがないのである。マズローの図式の優れた点はまさにここにある。ただし、それを具体的にどのように実現していくのかということになると異なってくる面も出てくる。たとえば、統合失調症者では、同じく「安全」といっても、目標そのものは同じでも、その実現にあたっては留意点が若干異なってくる。

しかも、ここで注意しなければならないのは、精神医学的診断や発達アセスメントそのものが必ずしも臨床心理学的治療ないし援助の対象や目標となるわけではないということである。発達障害の診断や発達アセスメントは、先に述べた個人レベル、家庭レベル、外部集団や場のレベルのうち、個人レベルであるから、介入に際しては必ずしもそこを目標とするとは限らない、またそこだけを目標とするとも限らないのである。

また仮に、発達障害と診断されたとしても、その「障害」の改善そのものを主な援助の対象とするのが適切であるとは限らない。その障害があるため、もっと切実な援助の必要性が生じていることも少なくないからである。たとえば学習障害の診断がなされたとしても、特定の教科と関連した能力が明らかに劣っているがために、教室でいじめられるなどの対人関係の悩みや問題をもって

いることが多いし，本人自身の切実なニーズはしばしばこちらの方であるからである。

　ひどいいじめにあっている場合は，「安全」が脅かされているのかもしれないし，そこまでのことはないのならば，「所属」「承認」などが共有すべき目標となるかもしれない。また，教室だけでなく，学業について家庭で大きなプレッシャーを受けている場合もある。このへんの事情は，いわゆる「アスペルガー症候群」や「ADHD」などでも同様である。

　つまり，目標の実現にむけて，個人的要因への介入などを考慮する場合に，発達アセスメントや発達障害の診断が参考となるわけである。したがって，先述のマズローの図式等による目標の見立ては病理水準や発達水準のアセスメントよりも基本的なものであり，優先するということになる。これまで述べてきた相談者と共有した目標や「元気になること」が優先されるのであり，発達アセスメントや発達障害の診断は，あくまでもその実現にあたって参考とするのにすぎないということである。

発達アセスメントにおける生物学的視点の重要性

　発達アセスメントは今後，きめ濃やかなものに発展していくに違いない。とりわけ乳幼児など早期または超早期の発達アセスメントでは今後ますます重要なものとなろう。そこでは生物学的視点からの発達研究が重要であり，その成果から将来はかなり早期のアセスメントが可能になることが期待される。したがって，臨床家はそれに寄与する発達心理学の基礎研究から大いに学ぶべきである。

発達アセスメントと心地いい体験，他者と共に楽しく過ごす体験

　しかし，その一方で，人の発達にとって，他者と交流し共に過ごす楽しい時間や自分が尊重される時間，大事にされる体験こそがなによりも必要であり，それこそが結果として発達促進・発達援助となると，私は考えている。発達障害児にとっても同様であり，まずは適切な母子交流がもっとも重要であり，次いで居場所づくりとそこでの仲間集団との交流こそが，発達促進や発達援助の基本である。したがって，発達アセスメントとそれに基づく介入は，それを損なわないように注意する必要がある。具体的に言えば，居場所では，なんらか

の技能獲得のための治療教育やトレーニングといったことは原則としてはしないか，してもわずかに留める方がよいと私は考えている。自然な流れを損なわないことが大事である。

したがって，そういうものが一方であり，そのうえで，必要があれば別の場でなんらかの技能獲得のための治療教育やトレーニングといったことを考えるのがよいだろう。逆に言えば，心地よい体験や他者と交流し共に過ごす楽しい時間や自分が尊重される時間，大事にされる体験を持つのに役立つような発達アセスメントが，まずなによりも必要なのである。先述の「遊びのアセスメント」はそれに関係したものであるといえよう。

発達アセスメントにおける社会的文化的視点の重要性

また，発達アセスメントについては，しばしばある程度文脈と切り離された形で行われているが，そこには大きな問題が潜んでいる。

長年自閉症児の療育に携わった村田豊久は，いわゆる「心の理論」に関連して，次のような問題に対する興味深い回答について紹介している（村田 1998）。「花子はウサギが好きです。今度の誕生日には，花子は父さん母さんにウサギが欲しいとおねだりしていました。とうとう誕生日がやってきました。両親から大きな重い箱のプレゼントを貰いました。しかし開けてみると，期待していたウサギではなく，古い百科事典でした。しかし花子は，お父さん，お母さんありがとう。これこそ私が欲しいと思ってたものなのよ，とお礼を言いました」。そこで質問，「花子は本当にそう思ったのですか？」「どうして父さん母さんにそう言ったのですか？」

これはハッペ（Happé, 1994）が考案したテストを，日本人向けに名前の呼び方を変えたものである。村田がこれを自閉症者12名に問うたところ，問題の意味を理解できたのは2名であったが，その2名ともが「本心でお礼を言った。なぜなら，百科事典にはウサギのことがいっぱい書いてあるから」と答えたそうである。それに対して，普通の子どもたちは，「本心じゃない，本当はありがたいとは思っていない，しかし次回のことがあるから一応お礼を言った」あるいは「それはいやみで言った，皮肉で言った」と答えたそうである。

このことから，村田は「自閉症の治療教育は『ウサギのことが書いてあるからありがとう』と言う子どもを『いやみを言ってやった，皮肉を言った』と言

えるようにすることなのでしょうか」と疑問を呈している。

　もうひとつ紹介しておこう。それは障害者が障害を抱えているがゆえに，創り出すことができる芸術というものがあるということである。たとえば，随意運動障害を主たる障害とする脳性マヒの行動障害に，「アテトーゼ」といって，ちょっと驚いたり，緊張したりすると，瞬時に手足などが不随意にすばやく動いてしまうというものがある。これはまさに「障害」ではあるが，なかにはそれを活用して，書に取り組み，健常者にはとても書けないような書を書いている人たちがいる。障害者の芸術は「エイブルアート」（たんぽぽの家 1996）と呼ばれているが，絵や書や彫刻，詩，演劇，語り，織物など実に多岐にわたっている。それは，「障害者にしてはよくできている」といったものではなく，まさに障害を抱えているからこそ生み出せたというべきものである。

　以上の二つのことは，発達とは何か，障害とは何かということを私たちにつきつけているように思われる。ある程度文脈と切り離された形での発達アセスメントというものの有用性を否定するわけではないが，一方ではその危うさを私たちは認識しておくことが必要であるということ，すなわち，発達アセスメントと発達援助には社会的文化的視点や生態学的視点が重要であるということを示しているといえよう。

Ⅶ　心理臨床の将来に重要な視点
——心理・社会・生物的視点の統合——

　最後に心理アセスメントも含む心理臨床の実践の将来を考えるにあたって，これまで述べてきたことと関連した重要な視点について触れておきたい。臨床心理学では，将来は，いわゆる「こころの病」や「障害」などを，その人の生まれもった資質と環境との関係で，より深く理解し援助するための実践と研究に寄与することが必要である。そして，それだけでなく，もっと広く適応や生涯発達上の問題なども含む病者に限定されない多様な問題についても，発達の視点が重要なものとなるし，さらには（臨床）心理援助についても，発達と生活とコミュニティという視点からのアセスメントとそれに基づく多面的援助がなされることが望ましい（ここで思い起こされることは，米国精神医学会によって作成され，臨床心理士にもよく利用されている診断と統計マニュアル DSM

体系は「発達」の軸が弱い(中井・山口 2001)ということである)。

したがって,心理アセスメントと心理臨床の将来を語るにあたって重要な視点は,発達と生活とコミュニティであると私は考えている。いわば,コミュニティ心理学的アプローチと個人心理療法と発達アセスメントとをどう統合していくかが今後の大きな課題であろう。

それはひとことで言えば,「心理-社会-生物的視点の統合からみた生涯発達と(臨床)心理援助」ということになろう。

文　献

Caplan, G. (1961) An Approach to Community Mental Health. Grune & Stratton. (山本和郎訳(1968)地域精神衛生の理論と実際. 医学書院.)

Happé, F.G.E. (1994) An advanced test of theory of mind: Understanding of story characters' thoughts and feelings by able autistic, mentally handicapped, and normal children and adults. Journal of Autism and Developmental Disorders, 24 ; 129-154. (神尾陽子訳(1996)心の理論の高次テスト―能力の高い自閉症,精神遅滞そして正常な児童と成人を対象とした登場人物の考えや感情の理解についての研究. In:高木隆郎,ラター,ショプラー編:自閉症と発達障害研究の進歩 Vol.1. 日本文化科学社, pp.105-124.)

Maslow, A.H. (1954) Motivation and Personality. Harper and Row. (小口忠彦監訳(1971)人間性の心理学. 産業能率短期大学.)

村田豊久(1998)自閉症児の生涯発達. 九州大学教育学部紀要(教育心理学部門), 43; 11-24.

中井久夫(1974)精神分裂病状態からの寛解過程―描画を併用せる精神療法をとおしてみた縦断的観察. In:宮本忠雄編:分裂病の精神病理2. 東京大学出版会, pp.157-161.

中井久夫・山口直彦(2001)看護のための精神医学. 医学書院.

中山公彦(2002)院生スクールカウンセラーについて語る―活動の展開とサポートシステム. 日本心理臨床学会第21回大会自主シンポジウム.

田嶌誠一(1995)密室カウンセリングよどこへゆく. 教育と医学, 43(5) ; 26-33.

田嶌誠一(1998a)暴力を伴う重篤例との「つきあい方」心理臨床学研究, 16 (5) ; 417-428.

田嶌誠一(1998b)勉強すればするほどダメになる? 朝倉記念病院年報, 98; 5-7.

田嶌誠一(2001)事例研究の視点―ネットワークとコミュニティ. 臨床心理学, 1(1); 67-75.

田嶌誠一(2002)現場のニーズを汲み取る,引き出す,応える. 臨床心理学, 2(1) ; 24-28.

田嶌誠一（2003）臨床心理行為の現状と課題―まとめに代えて．In：氏原寛・田嶌誠一編：臨床心理行為―心理臨床家でないとできないこと．創元社, pp.246-273.

たんぽぽの家編（1996）ABLE ART［魂の芸術家たちの現在］．たんぽぽの家.

當眞千賀子（2003）「発達の最近接領域」の概念的位置づけとその対話的展開―日常実践をくぐって．日本発達心理学会第14回大会会員企画シンポジウム：ヴィゴツキー「最近接発達領域論」にとって相互行為とは何か―相互行為論の再構築に向けて.

外口玉子ほか（1988）地域ケアの展開と支援システム．精神医学, 30(6)；679-692.

第5章

事例研究の視点
―― ネットワークとコミュニティ ――

　ネットワークとコミュニティという語は社会全体や世界をも包括しうる概念であり，そのカバーする範囲はあまりにも広大である。しかし，ここでは筆者自身の現場感覚と離れすぎない範囲で論じてみたい。

I　個人面接事例をみる視点としてのネットワーク

　個人面接の事例報告を読んでいて，時々不満に思う時がある。あまりにも個人面接の中の出来事だけが述べられていて，本当はその面接を抱える場やセラピストとの関係以外のクライエントをとりまく関係が重要な役割や機能を果していた可能性があるにもかかわらず，それについてまったく触れられていない場合があるように思われるからである。
　まずは，事例をあげて考えてみることから始めよう。
　ある大学の学生相談室のたまり場に出入りしていた学生で，非常に社会性のないルーズさが目立つ学生がいた。お茶を飲んでも，本当はカップを洗って帰らなくてはいけないのだが，洗わない。あいさつもろくにしない。授業の遅刻や欠席も多く，アルバイト先でも先輩によく注意される。だからといって周囲にひどく迷惑をかけているわけでもないし，本人自身が特に何かで悩んでいるというわけでもない。しかし，カウンセラーとしては気になる存在であった。
　ある時，その学生がひどく落ち込んで学生相談室に相談に訪れた。かねて顔見知りの大学職員からひどく怒鳴られたというのである。事情は次のようなことであった。
　以前その職員の人から家庭教師のアルバイトの口を紹介してもらった。お互いの条件が折り合いアルバイトを開始して，2カ月程経過した頃，たまたま大学でその人に出くわしたところ大声で怒鳴られたのである。その人は，紹介は

したけれどもその後どうなったんだろう，条件が折り合って決まったんだろうか，それともだめになったんだろうかと思っていたらしい。しかし大学で時々見かけることはあったが，わざわざ彼の方から声をかけることはしなかった。ところが，その家庭教師の口に採用が決まったばかりか，もうすでに何度も教えに行っているということを先方から耳にしたのである。その間自分とは学内で何度もすれ違っているにもかかわらず，自分には何にも言わなかった。それはけしからんということで，怒鳴りつけたというわけである。

怒られた学生の方は大変なショックを受け，ひどく落ち込んで学生相談室へ駆け込んできたというわけである。彼がひどく落ち込んだので，カウンセラーをはじめ相談室のスタッフは，彼の話に耳を傾け慰めた。まもなく彼は落ち込みから回復したが，驚いたことにその学生はカップを洗うようになったり，あいさつも自分からするようになるなど，いろいろな点で以前にくらべ社会性がつきしかも積極性も出てきた。そして，周囲からもとてもしっかりした印象をもたれるようになった。

さて，このような変化をどのように理解したらよいだろうか。

怒った人は，そこだけしか知らないと「そりゃ，やっぱり学生はちゃんと怒らんといかん」と思ってしまうであろう。慰めた方の人たちは，そこだけしか見ないと「私たちが本人の話を傾聴して，気持ちを受け止めてやったからよかった。やっぱり受容と共感よね」というふうに理解してしまうことになりかねない。

しかし，実際には「厳しく」「教え諭す」というのと「気持ちを汲む」「やさしく」という，この両方があって何とかなっているというのがより実状に近い見方であろう。

II 面接室内の要因と面接室外の要因

そんなこと当たり前じゃないかと思われるかもしれない。しかし，実際には個人面接中心の臨床経験を積むうちに，しばしばこうした視点をとりにくくなってしまう臨床家が少なくないように，筆者には思われる。試みにあまたある事例報告を見てみると，もっぱら面接室内で語られる個人の内面もしくはセラピスト－クライエント関係に関心が向かっているため，こうした点を見落とし

ているのではないかと思われる事例が結構見受けられる。

たとえばスクールカウンセラーは、「私が、受容・共感したから、この生徒はしっかりしてきた」と単純に理解するだけでなく、実際は怖い先生や教え諭す先生とかがいて、その先生の"ひとにらみ"も重要な役割を果たしていたのかもしれないということを考えてみる必要がある。しかし、面接室の中のことだけしか見ていないとそうした実際には、重要な要因が見落とされてしまうことになる。同様のことは学校現場に限らず病院でも、そしてあらゆる臨床現場で起こりうることである。

もっと極端な場合、夢や箱庭や描画やイメージの中でセラピストが感激する見事なイメージの劇的変遷が生じているが、実際には「隠れた治療者」がいて、実はそれはもっぱら面接室外の要因による心の変化を単に追認しているだけのことであるかもしれない。

また、長い相談または治療歴をもっている人で、幾人かのカウンセラーや治療者をへてきた人が、自分との面接で問題解決や治癒に至った場合、これを自分がそれまでの治療者たちにくらべ特に優れていたと見ることもできようが、その一方でそれまでの治療者たちの関わりがあったから、自分の関わりが生きたと見ることもできよう。

そもそも面接室という限定された空間と時間での関わりで、変化のすべてを関連づけて理解しようとするのは、無理があるのである。むろん面接室外のあらゆる出来事や要因を把握することは不可能であるが、それでもこうした視点をもつことで無理なこじつけ的理解をかなり回避し、より妥当な理解に至ることができるものと思われる。

まずはこのような点について気づくあるいは敏感になることが、個人偏重ないし内面偏重からネットワークとコミュニティの視点への大きな第一歩となる。

Ⅲ　ネットワークとコミュニティという視点

通常の個人心理療法が問題や悩み・症状・病いというものを、もっぱら個人の内界や面接室内の要因との関連で理解し、個人の内面や行動の変化を通して解決・解消ないし軽減をはかろうとするのに対して、ここでいうネットワーク

とコミュニティという視点は、個人の問題とそれをとりまく環境との関係で理解し、援助していこうとするものである。いわば人間−環境学的視点とでもいうものが背景にあるといえよう。

このような視点が事例研究へ寄与するのは、次の三点であろう。第一に、個人もネットワークとコミュニティの中の一部として研究していくという視点、第二に、個人だけではなく特定の組織やシステムを一事例と考えて研究していくことの重要性、第三に時に個人や特定の組織の変化だけでなく、もっと広く社会のシステムの変化をもめざすという視点であろう。

以下、それぞれについて述べてみたい。

生活という視点

第一の個人もネットワークとコミュニティの中の一部として研究していくという点で言えば、個人の心理や行動（の変化）を、個人の内面や面接室の要因だけに限定せずにそれも含めて広く環境との相互作用として見るということである。先に述べたように、個人に変化をもたらす要因として面接室外の周囲の要因を見ていこうとするものである。より具体的にはすでに例をあげて述べたのでここではくり返さないが、このような理解は従来の個人心理中心の事例理解に時に大きな変化をもたらすことになろう。そして、ネットワークやコミュニティという視点は、必然的に私たちが社会の中で日々生活しているということへ注目すること、すなわち「生活という視点」につながる。

変わるべきは「(生活の中での) 個人と環境との関係」

さらに特に注目すべきことは、こうした視点の必然的帰結として、ある個人が抱える問題を必ずしもその個人が変化すべきであると考える必要はなくなるということである。この点は、障害児（者）の抱える悩みや問題の多くは周囲や社会の側が変化することで解消するものが少なくないことが、その好例であろう。また深刻ないじめや虐待など、周囲の現実が変わる必要がある場合に特に必須な視点であると同時に、その他の問題に対しても有用な視点である。面接室の中で心の内面にふれる作業――それ自体が意義深い大変な作業であるのはむろんだが――を中心とすることですむのは種々の条件に恵まれた事例であり、心理臨床家が児童虐待やいじめやひきこもり等をはじめそれだけではすま

ない事例に関わることがますます多くなるものと思われる。そこではしばしば，臨床心理学的視点から現実へ介入することや「現実に介入しつつ，心の内面を扱う」(田嶌 2000) ことが必要である。

　要するに，変わるべきは「個人と環境との関係」なのである。そのために個人の変化が必要なこともあれば，周囲や社会の変化が必要なこともあれば，またその両方が必要なこともあろう。従来の心理臨床は，「変わるべきは個人」ということを前提にしすぎてきたのではないだろうか。そして，「個人面接で心の内面を扱うことによる変化」ということを前提にしすぎてきたのではないだろうか。さらに言えば，その結果「面接場面の非日常性の過度の重視」と「生活場面の不当な軽視」が生じたのではないだろうか。

組織全体を一つの事例として見る

　第二の個人だけではなく特定の組織やシステムを一事例と考えて研究していくという点で言えば，たとえばスクールカウンセラーであれば，学校全体をその一事例と考えて，学校や学級のアセスメント（見立て）と介入について研究していくことが必要である。企業や街あるいは特定の組織についても同様である。

　それにあたって必要なのは，特定の組織のシステムや組織と個人の関係を研究していくためのアセスメントに関する研究である。たとえば，スクールカウンセリングであれば，学校や学級の特徴をどう評定していくかが問題となる。現在これに関しては，たとえば「学級風土」測定尺度の研究がすすめられている（伊藤・松井 1998 ほか）が，それに寄与する研究の好例であるといえよう。このような点については，個人心理中心の心理療法やカウンセリングが弱い部分であり，社会心理学をはじめ周辺領域から学ぶ必要があろう。もっとも，単に周辺領域のものをそのまま持ち込むだけでは不十分であり，そこに実際の個人や組織を対象とした臨床体験から得られた臨床心理学的知見を生かすことが必要であろう。

社会のシステムの変化

　第三の個人や特定の組織の変化だけでなく，もっと広く社会のシステムの変化をもめざすという点で言えば，社会のシステムが将来どのような方向に変わ

ることが必要かあるいは望ましいかを臨床家が分析できることが必要である。そのためには心理臨床家が自分たちの仕事に関係の深い問題や事象・事件等について適切な分析を行えること，さらにはそれに基づき変化の方向や方法を提示できることも必要となろう。

しかし，ここには大きな落とし穴があることに注意しなければならない。かなり有名な研究者・臨床家がメディアに出しているコメントにも首をかしげたくなるようなものが少なくない（これはわれわれの領域に限らないが）。心理臨床の社会的認知がすすめば，今後社会的関心の高い問題に対して心理臨床家の発言の機会が増えてくるものと考えられる。そこで，そうした問題の分析と理解をどのように行うかということが重要な問題となる。

この点については，精神科医の滝川一廣の論（1994, 1995, 1998）が秀逸で大いに参考になる。彼は学校における長期欠席者の率（この中には不登校が大多数を占めるものと思われる）の増減と高校進学率の変化との関係を調べ，高校進学率が90％以下であった昭和52年までは長欠率はかなりの減少傾向にあったこと，高校進学率が90％を越えた昭和52年から増加に転じていることを見いだし，それに基づき「学校の聖性」（すなわち学校が特別な場所であると感じさせるもの［筆者注］）の減退により生徒を学校にひきつける力が弱まってきたことが主たる要因であると論じた。これは，この種の問題をみずからの好みの教育観や学校観ひいては社会観をもとに好き勝手に論じてきた（ように筆者には思える）風潮に大きな一石を投じる優れた論考である。

彼の論は不登校論として優れているに留まらず，その基本的な手法は他のさまざまな問題の社会的背景の分析にも役立つものと考えられる。したがって，基本的な方法論を提示しているという点でもわれわれが大いに参考にすべき優れた研究であると筆者は考えている。

また，システムの変化をめざすという点で言えば，たとえば佐賀のバスジャック事件をはじめとする青少年による昨今の種々の事件では，緊急度の高い問題にかかわらず，専門機関を「たらい回し」にされている実態がある。こういう問題に対しては「こころの問題の緊急対応システム」の確立が必要である。それについても必要なのはネットワークとコミュニティの視点である。

Ⅳ 心理臨床の対象は何か？

コミュニティやネットワークという視点から見ていくと，先述のように心理臨床の対象は「個人と環境の関係」であり，個人だけではなく組織や社会のシステムの変化も含むというところに行き着く。そしてここで言うシステムの変化というのは，基本的にネットワークで支え続ける場合を含むものであり，ここに「生活支援のための心理臨床」という領域が生じることになる。

ここまでくると，必然的にその対象は「病める人」や「問題を抱えた人」だけでなく，一般の子どもたちの発達援助や非病者や一般人も対象とした予防的教育的援助や心理健康的援助を含むものということになる。実際，スクールカウンセリングの領域では，一般生徒を対象としたストレス・マネージメント教育やアサーション・トレーニングなどの心理教育が盛んになりつつある。

このため，臨床コミュニティ心理学的介入は伝統的な個人心理中心の面接にくらべ，多様な介入のレベルがあることになる。たとえば，マレル（Murrell SA 1977）は，レベル1：個人の再配置，レベル2：個人への介入，レベル3：ポピュレーション介入，レベル4：システム介入，レベル5：システム間介入，レベル6：ネットワーク介入という六つの介入レベルをあげている。臨床コミュニティ心理学では「軽快なフットワーク，緊密なネットワーク，少々のヘッドワーク」[注]という優れたキャッチフレーズがあるが，その実践を支える見立てと介入の視点についてさらに述べてみたい。

見立てと介入の視点——「ネットワークの見立て・心理診断」と「ネットワーキング」

これまで述べたような介入のためには，まずはアセスメント（見立て）が必要である。このアセスメントは，やはり生活という視点から行われる。ここではネットワークとコミュニティの視点からのアセスメントの好例として，外口らの精神障害者の地域ケアで用いられたものをまずあげておきたい（図1〔外

注）鹿児島大学の平川忠敏氏によるものらしい。『臨床・コミュニティ心理学』（ミネルヴァ書房）のp.106にそれに近い記述がある。なお，以上のことは東京都精神医学総合研究所の箕口雅博氏（現・立教大学教授）にご教示いただいた。記して感謝致します。

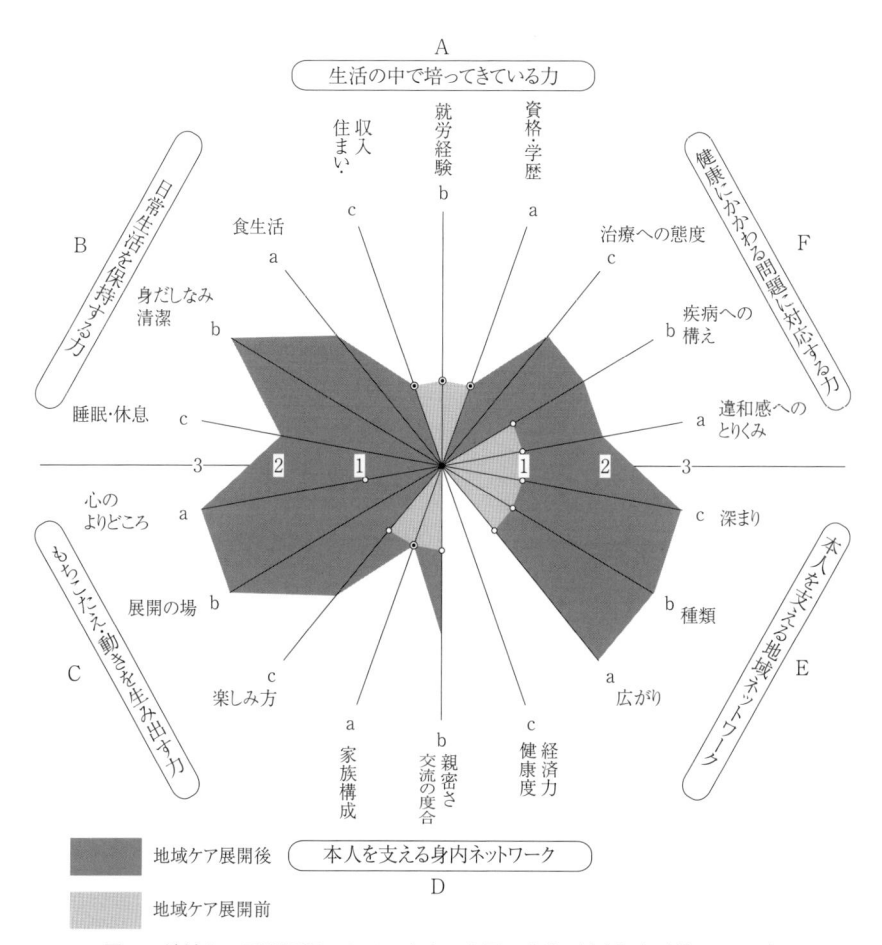

図1 地域ケア展開過程における本人の力量の変化（事例D）（外口 1988）

口 1988]）。個人の力量を主に生活という視点から見ることに加え，さらに「本人を支える地域ネットワークの広がり・種類・深まり」も同時に評定しているのが特徴である。このように，病理や個人の内面に力点をおいたアセスメントとはかなり異なっていることがおわかりいただけよう。

　また，その他にもアトニーブ（Atteneave 1976）とハルトマン（Hartman 1979）によるエコ・マップ（Sherman R & Fredman N 1986）やソーシャルネットワーク・マップ（Tracy et al 1990［林 1997］）などがある。エコマップは

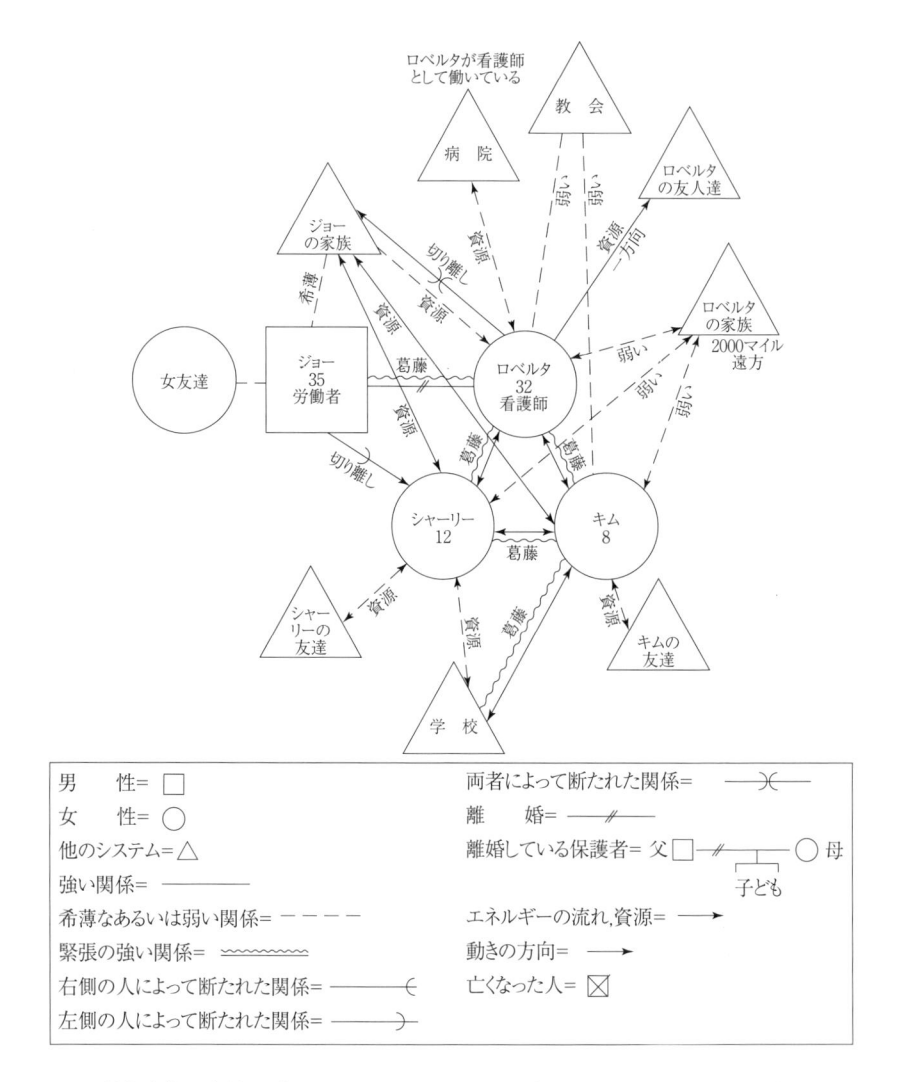

130　第Ⅰ部　多面的援助アプローチの基本的視点

図2　片親家族の生態図（Sherman & Fredman 1986）　記号がわかっている場合は，言葉で記入する必要はない。この例では，読者がこの図を利用しやすいように記号の説明を加えてある

クライエントや家族がその社会環境との関係性を簡潔に円や線で視覚的に表記した図を作成するのを，セラピストが援助するものである（図2）。

　ネットワークとコミュニティの視点からのアセスメントで必要とされるのは個人の心理（病理）の心理診断ではなく，学級や家族，地域等の集団の場における個人の生活，個人と個人の相互作用のありようの問題として見ることである。つまり，その個人の心理診断だけではなく，その人がいかなるネットワークの中で生活しているのかといういわば「ネットワークの見立て・心理アセスメント（心理診断）」が基本的に重要なことであり，援助に際してはそれに基づいて，「ネットワーキング（ネットワークづくりとその活用）」，「場を創る，場を支える」という観点から介入のアイデアを練ることが必要であると筆者は考えている。なお，ここでいうネットワークとは公的・私的・民間のいずれも含むものであり，また顕在的なものだけでなく潜在的なものも含めてみることが必要である。

動きながら考える

　こうした方式の実践にあたっては，従来カウンセラーがなじんできた見立て・心理診断の方式だけでは不十分である。従来の方式は主に面接室でじっくり本人や家族や関係者から情報を聴き，様子を観察することから見立て・心理診断を行ってきた。それに対して，ネットワークやコミュニティ重視のアプローチでしばしば必要なのは，カウンセラーが面接室にじっとしているのではなく，面接室から出て行き「動きながら考える（見立てる）」（あるいは「動く→考える→動く」）という姿勢である（田嶌1995）。

　そして，「ネットワークの見立て・心理アセスメント（心理診断）」と「ネットワーキングによる援助のための働きかけ」とはしばしばほとんど同時進行となることが多い。すなわち，その時点で把握できている情報の中から援助に役立つ可能性が高くしかも害の少なそうな介入――筆者の場合たいていは「まず支える」という介入になることが多い――をとりあえず行い，それに対する相手の反応を見て，それをさらなる見立て・診断の素材とするという方式である。つまり，「（"まず支える"という）介入→反応（を見る）→見立て→（それに基づく）介入→……」という方式である。また，相手に何らかの課題をすすめ，その実行の具合を見て，見立てるという方式をとることもある。

実はこうした方式は心理臨床家とは異なる立場の専門家であるケースワーカーや教師がしばしばとる方式である。しかし心理臨床家がこうした方式をとる時，彼らとは異なる立場・視点からの心理的援助もできうるものと考えられる。そこでは，蓄積してきた従来の個室面接における見立てや診断基準を活用することができるため，より適切な理解ができ，またより妥当な介入法が選択されやすくなるものと考えられるし，また必要に応じて個人面接へと移行することもできるからである。

個人心理をふまえたネットワーキング

したがって，心理臨床家・心理療法家が関わるネットワークの見立てやネットワーキングには個人の心理（病理）や家族関係についての見立てをそこに生かすという視点が重要であり（田嶌 1998），どのように生かすか，両者の視点をいかに統合するかが今後の重要な問題である。

また後に述べるように，介入はできれば何らかの本人の主体的自助努力が引き出される方向をめざすことが望ましい（田嶌 1998）。したがって，基本的には「ネットワーキング（NW）による援助→（状態の安定）→目標の共有→自助努力・工夫を引き出す」（図3，第4章107頁）というモデルに沿って種々の介入を行うことになる。すなわち，本人をとりまく周囲のネットワーキングで支え，さらにできれば，自助努力や工夫を引き出すことを試みるというものである。また，初期介入や見立て・診断も含めて図示したのが図4（第4章109頁）である。なお，多少順序が変わることもあるし，「NWによる援助→（ある程度の）状態の安定」に留まることもある（田嶌 1998）。このモデルは，種々の臨床現場における相談意欲のないさまざまな事例にとりわけ有効なモデルでもある。

V　いわゆる治療（面接）構造論とコミュニティの視点

もっぱら伝統的個人心理中心モデルの臨床になじんできたセラピストにとって，「面接室の外へ出る」とか「現実に介入する」というのは大変なことであるらしい。「治療（面接）構造がルーズだ」とか「構造がない」，「分析の隠れ身はどうなるんだ」あるいは「契約がきちんとしていない」といった批判ともとま

どいともとれる声をしばしば耳にする。実際，面接室から出ることをタブー視する臨床家が少なくない。なかには，施設や病院の臨床心理士や精神科医のなかには面接以外の場でクライエントや患者に関わることを極力回避したり，会っても挨拶もしないという人さえいる。

筆者は，治療構造（面接構造）ないし「枠」が面接の内容に影響を与えるというのは重要な指摘であると思う。たとえば面接を病院で行うか外来相談室で行うか，はたまた学校内で行うか等によって，面接は影響される。この点に異論はない。しかし，だからといって面接室から出ないで面接構造を一定にしておかなければならないとは考えていない。

あらゆる事態に構造がないということはありえないのであり，構造や枠はどんな場面でも，家庭訪問等の面接室以外の場面でも人と人が出会う時，必然的に在るものである。そして構造や枠はカウンセラーや治療者が一方的に設定してそれでこと足れりとするものではなく，援助者と被援助者の両者が共同で創りあげていく性質のものであろう。また，面接室内にとどまるだけでは，多様な援助の資源の活用ができにくくなるし，また相談意欲のない人への援助的関わりは，しばしば面接室を出ないと困難である。要はなにをめざしているのか，そのためにはなにが役立つかということであり，そのためには伝統的面接構造を守るのが役立つかそうでない方が有効かということである。したがって，筆者は面接構造の特徴がどう現れやすいかという点に注意を払いつつ，むしろその場の特徴を生かした援助的関わりを行うのが適当であると考えている。

Ⅵ 「契約」と「縁」

さらに言えば，そもそも「治療（面接）契約」というのは欧米の文化からきたものであり，その有用性はもちろんだが，ネットワークやコミュニティという視点がとりわけ必須な福祉心理臨床や相談意欲のない人に関わる心理臨床などについて考えてみればわかるように，それだけでは不十分である。いや，もっと言えば日本の臨床にはそれだけでは不十分であると筆者は考えている。そして，それを補うのは日本文化の「縁」という概念であり，「（自分がここでこの人に関わることになったのは）これもなにかの縁」「（この人と）縁があった」「袖ふりあうも多生の縁」といった捉え方であると考えている。

文　献

Atteneave, C. (1976) Social networks as the unit of intervention. In : Ed by Guerin PJ : Family Therapy : Theory and Practice. Gardner Press.

Hartman, A. (1979) Finding Families : An Ecological Approach to Family Assessment in Adoption. Beverly Hills, CA, Sage Pubulications.

林素子（1997）ソーシャルワークからみたソーシャルサポート．In：福西勇夫編：ソーシャルサポート（現代のエスプリ，363）．至文堂，30-39．

伊藤亜矢子・松井仁（1998）学級風土研究の意義．コミュニティ心理学研究，2-1; 56-66.

Murrell, S.A. (1973) Community Psychology and Social System : A Conceptualframework and Intervention Guide. Human Science Press.（安藤延男監訳（1977）コミュニティ心理学．新曜社．）

Sherman, R., Fredman, N. (1986) Handbook of Stractured Techniques in Marriage and Family Therapy. Bruner / Mazel.（岡堂哲雄・国谷誠朗・平木典子訳（1990）家族療法技法ハンドブック．星和書店．）

田嶌誠一（1995）密室カウンセリングよ どこへゆく．教育と医学，43-5; 26-33．

田嶌誠一（1998）暴力を伴う重篤例との「つきあい方」．心理臨床学研究，16(5); 417-428．

田嶌誠一（2000）いじめ問題との「つきあい方」―現実に介入しつつ心を扱うことをめぐって．日本心理臨床学会第19回大会研究発表集，p.154．

Tracy, E., Whittaker, J. (1990) "The Social network map : Assessing social support in clinical practice", Family in Society. The Journal of Contemporary Human Service, Family Service America.

滝川一廣（1994）家庭の中の子ども　学校の中の子ども．岩波書店．

滝川一廣（1995）思春期心性と現代の家族．精神神経学雑誌，97-2; 586-598．

滝川一廣（1998）「なぜ？」を考える．In：門眞一郎・高岡建・滝川一廣：不登校を解く．ミネルヴァ書房，pp.1-52．

外口玉子（1988）地域ケアの展開と支援システム．精神医学，30-6; 679-692．

□コラム①

勉強すればするほどダメになる？

勉強すればするほどダメになる

「勉強すればするほどダメになる」——臨床の領域ではこういうことがしばしばあります。学界の動向や専門用語には詳しくなっているものの，フレッシュでまだあまり勉強していなかった時代の方がいい臨床家であった，あるいはまだマシだったというようなことが結構あります。学会に参加しますと，それとおぼしき人がたくさん目につくので困ったものです。本人はいっぱいエネルギーを使って勉強しているだけに気の毒です。それでも本人はまだしも，それにつき合わされる患者さんこそいい迷惑です。

そうならないためにはいったいどうしたらいいでしょうか。もっとも簡単な方法は勉強しないことです。私などはこれを実行したので，その分進歩もしなくなってしまいました。ですから，それは皆さんにお勧めできる方法ではありません。そこで，ここでは，勉強しつつもダメにならない道を考えてみたいと思います。

まずは，「勉強すればするほどダメになる」と思われる例をあげてみましょう。

ある学会でのことです。アルコール依存症についての研究発表で，かなりのベテランの発表者が，アルコール依存症者の配偶者について発表していました。配偶者はほとんどがパーソナリティ障害である，しかも時にはアルコール依存症者本人よりももっと深刻な病理をもっているという論を熱心に語っていました。そしてその根拠として，その人があげたのは，アルコール依存症者本人の状態がよくなってくると配偶者（たいていは奥さん）がしばしば身体の不調を訴えるということでした。したがって，配偶者は症者本人の病気が治ってもらっては困るのであり，相手が病気であることで何らかの満足を得ているのだと

いうのです。そして，もともとパーソナリティ障害を抱えた人がアルコール依存症者と結婚してしまうのだという説明でした。
　このような理解，皆さんはどう思われますか？

外側からの理解と内側からの理解
　アルコール依存症者本人の状態がよくなってくると，その配偶者が身体の不調を訴えるようになるという現象があること自体は私も否定しませんが，もっと他の理解の可能性もあってしかるべきだと思うし，第一そういう理解は事態を変えるのに役立ちにくいのではないかと思われます。
　もっと別の理解を考えてみましょう。
　たとえば，症者本人の状態が悪いうちは配偶者は自分の身体の不調どころではなかったが，やっと余裕がでてきて病気になれるようになったという見方もできます。人が不調になるのはもっともストレスが大きくて気がはりつめている時だけではなく，それがちょっとゆるんだ時に，気がゆるみ身体症状も起こりやすいものです。
　皆さんもご承知のように，アルコール依存症者は飲酒時にさまざまな問題を引き起こします。暴れたり，からんだり，路上でねたり，しばしば警察の厄介にもなります。深夜叩き起こされ，クダをまかれたり，殴られたりと家族はさんざんな目にあってきています。
　場合によっては，包丁を持って追いかけてくる酒乱の夫から，幼い娘を背負って深夜雪の中を裸足で必死に逃げたという人もいます。暴れる夫から逃れて，原っぱの土管の中で一夜をすごしたということもあります。飲酒の勢いで給料を使いはたし，借金取りに追われることもあります。
　そんなことはしない，いわゆる「静かなアル中」の場合でも，失禁したり，路上でねていてパトカーで朝方送られてきたりと，かなりのストレスが家族にかかります。
　このように，アルコール依存症者の家族は長年にわたって，日常的に大変なストレスにさらされることになります。なかでも一番大変なのがその配偶者です。そういうなかで，症者本人が少しでも状態がよくなると，気が緩んで病気になってしまうことがあるものと思われます。
　また，仮にパーソナリティ障害だとしても，そうした長年にわたる症者との

生活の結果として引き起こされた反応パターンだという可能性もあります。アルコール依存症者は飲酒していない時はとても「いい人」であることが多く，「仏さんのような人だ」と評されることも少なくありません。そういう時と飲酒している時の鬼のような時とが交互に訪れるわけです。こういう正反対のコミュニュケーションに何度もさらされると人は混乱します。人を精神的に追い込むにはもっとも効果的な事態です。こういうパターンに長年さらされるともともとパーソナリティ障害などなくとも，たいていの人は混乱した人格になってしまうことでしょう。

生活を生き生きとイメージできること

わざわざこんなことを述べているのは，たったひとつの見方に縛られることなく，なるべく多様な可能性を思い浮かべられることが臨床では大切だということもありますが，それだけではありません。

ここで強調したいことは，配偶者はもともとパーソナリティ障害であるという見方と私が述べた見方とはいったい何が違うのかという点です。簡単に言えば，後者は相手の身になってみることで生まれる理解であるという点が特徴です。当事者の生活をありありとイメージできること，そしてさらにそれを当事者であるその人自身の身になってイメージできることから生まれる理解であるわけです。前者は外側からの理解であり，後者は内側からの理解であるとも言えるかもしれません。そして，しばしば事態を変えるのに役立つのはその人の身になることで生まれる理解です。共感的理解と言われるものがこれです。ここではアルコール依存症者の場合を例にあげましたが，他の場合も同様だと思います。前者の理解はたとえ正しくとも事態を変えるのにはしばしば役立たないものです。それをいちがいに否定するわけではありませんが，後者のような見方もできることが実際の臨床では大事だと思います。

ナイチンゲールと看護

もうずいぶん前に，ナイチンゲールの『看護覚え書』という本を読んだことがあります。内容はあらかた忘れてしまいましたが，看護に際して心遣いのポイントをとても濃やかに記してあるのに驚いたのを覚えています。すばらしいなあと思いました。

こういうと，彼女が看護に従事したのはクリミア戦争前後のわずか二，三年程度の短い期間だったということをご存じの方は，その程度の看護経験でそんなすばらしい本が書けるはずがないと首をかしげられるかもしれませんね。それも承知のうえで，私はあの本はすばらしいと思っています。たったそのくらいの経験で彼女が濃やかな配慮に満ちたすばらしい本を書けたのはなぜでしょうか。クリミア戦争の看護体験がとても密度の濃いものだったということもあるでしょう。また，おそらく，彼女はこれまで述べてきた，相手の生活を生き生きとイメージできるセンス，相手の身になって感じる感性がすぐれていたのではないかと思います。さらに，私はそれらに加えて，イメージの世界で感じるだけでなく，彼女がその後の人生の大部分を現実に看護される側になったということが大きいのではないかと思います。実際この『看護覚え書』は晩年に至るまで幾度も改訂されたといいます。

　ナイチンゲールの場合，看護する側だけでなく看護される側になった経験が生きたのではないかと思われますが，実際に看護される側になるということは誰にでもできることではありません。しかし，当事者の生活を本人の身になって生き生きとイメージすることは誰にでも試みることができるはずです。

生活を生き生きとイメージできるために

　では患者さんの生活を生き生きとイメージできる共感的理解はどうしたら身につくのでしょうか。もともとの感性が大きいように思いますが，それでも習練で相当身につくもののようです。それさえあれば，いくら勉強してもダメになるということはないはずです。しかし，患者さんの生活を生き生きとイメージしてみるように努めたものの，それがひどく的はずれなものになったのでは意味がありません。それを少しでも防ぐにはどうしたらいいでしょうか。それはその人の職種や置かれた立場・状況によって異なっていて，それに応じた工夫や配慮・習練が必要なのでしょう。

　私たち臨床心理士（カウンセラー）の場合はどうでしょうか？　私たち臨床心理士や精神科医は面接室や診察室という密室での面接を主にすることが多いのですが，専門家になるための修行をはなからこういう形でスタートすると，もともとよほどセンスのある人でないと患者さんの生活を生き生きとイメージする感性が鈍らされるように思います。

専門家としての自分と素人として自分の遊離

それから，そのこととも深く関係していると思われるのは，しばしば専門家としての自分と素人としての自分とが遊離してしまうことです。その人が持つ本来のよさが，専門家としての自分という鎧に隠されてしまい，十分にそのよさが発揮できなくなってしまうのです。これも「勉強するほどダメになる」パターンのひとつです。ですから，現在のカウンセリングや精神療法の訓練方式は臨床家としての成長をめざすにはもっともまずいスタートの仕方なのではないかと私は思っています。私たち臨床心理士や精神科医はもっと看護師さんやケースワーカーの人たちから（さらに言えば，学校教師や養護教諭等から）もっともっと学ぶべきだろうと思います。看護師さんやケースワーカーの人たちは面接室以外のさまざまな場面での患者さんの姿を知っているからです。なるべくいろんな場面での患者さんの姿に触れておくことが，生き生きとイメージしてみたものがそう的はずれなものになるのを防ぐのに役立つようです。

私が研究室の臨床心理士志望の学生諸君にすすめているのは，密室での出会いに先立ってあるいは並行して，何らかの人の世話をするボランティア活動の経験を持っておくことです。老人でも，障害者でも，不登校の子たちとのキャンプでも何でもかまいません。そういう経験を持っておくことが，専門家としての自分と素人としての自分とがひどく遊離してしまうのを防ぐのに大変役立つものと思われます。そして，患者さんの生活をその人の身になって生き生きとイメージでき，しかも面接室でのことを現実の生活との連続線上で見ることがよりできるようになるのにも大変役立つようです。そのために，私の研究室では将来専門家を目ざす人も含む「ボランティアの会」を作って，ボランティアの人に不登校（登校拒否）をはじめいろいろな悩みを抱えた子どもや青年に，本人のニーズに応じて，一緒にテレビゲームをしたり，遊んだり，勉強を教えたりしてもらっています。

なお，うちの研究室のスローガンは以下の通りです。

　こころはアマチュア　腕はプロ
　おぎなおう　腕の不足は体力で

専門家としての自分と素人としての自分とがひどく遊離してしまうのを防

ぎ，また当事者の生活を本人の身になって生き生きとイメージしてみたことが，そう的はずれなものにならないために役立つことは，他にももっといろいろあるはずです。今後もいろいろ工夫を考えてみるつもりですが，いい知恵があったら教えていただきたいと思います。

□コラム②

そこにいられるようになるだけで

　私がしばしば行っているそのような活動のひとつが「居場所づくり」や「居場所活動」である。私は学生相談室や外来相談室，中学校や養護施設などさまざまな場でこの活動を行ってきた。要するに，たむろできる部屋を提供し，クライエントがそれぞれのニーズに応じて活用できるようにするわけである。
　そういう居場所に「つなぐ」ことが，しばしば大きな効果を生むものである。
　そこに出入りする者は，居場所，逃げ場，休息の場，憩いの場，暇つぶしの場，出会いの場，交流の場，勉強の場等，それぞれのニーズに応じた活用をする。自宅・自室以外に自分が安心していられる場所，避難できる場所，憩える場所を持つことはそれ自体精神健康にはかりしれない効果を持つ。そのうえ，そこで仲間ができればなおさらである。そのこと自体が児童期・思春期のクライエントには発達援助的機能を持ち，経験を通して成長するための基盤を提供しうるものである。そこにいられるようになるだけで，そしてそれを基盤として他者と交流する機会を持てるように配慮するだけで，濃やかな発達アセスメントなしに，大きな発達援助的効果を持ちうるというところに，この活動の妙味がある。
　私がここでいう居場所とは「その人なりのニーズに応じて居心地よく時間を過ごせる場所」であり，「居場所づくり」「居場所の提供」「居場所につなぐ」「居場所活動」などという具体的な臨床実践活動とつながる概念であるということである。このことを強調しておきたいのは，必ずしもそうした臨床実践活動につながらないいわば心的居場所論とでもいうべきものとは区別しておきたいからである。物理的居場所が提供され，それが居心地よく過ごせる場所となる時，それがいかに人の心理援助に役立つかということを読者に知ってほしいと強く願っている。

第Ⅱ部
ネットワーク活用型アプローチ

第6章

学生相談と精神療法

I　私がカウンセラーになったわけ

　私は学生相談室のカウンセラーをやって、授業も少しやっています。時々、鋭い学生が居りまして、「先生は、なぜカウンセラーになったんですか？」とか「臨床心理学の道へなぜ進まれたんですか？」というふうに聞かれることがあります。
　そういうふうに問われると非常に辛いものがあります。
　私は九州大学教育学部の心理学専攻の出身なんですが、大学3年生の頃に、大学院のマスター1年生とドクター3年生の人とたまたま仲良くなりまして、3人で毎日遊び回っていました。皆、とても暇な時期だったので、本当に毎日遊んでいたんです。なかでも、ドクター3年の人に至ってはほとんど学校では顔を見ない。そして、毎日遊び回っているから不思議に思って、ある時、「学校へは行かんでいいの？」と聞いてみました。すると、「学校へは週1回ぐらい、ちょっと行きゃいいんだ」というんですね。大学院というのは勉強するところだとばかり思いこんでいた私は、びっくりしました。実際、マスター1年の人も、毎晩毎晩遊んでいる。大学院というのはなんていいところなんだろうと思ったんです。
　それなら私も行きたいなあと思いました。それで、聴いてみました。私は貧乏だったから、お金のことが心配だったので、「大学院ていうのはやっぱりお金がかかるだろう。生活はどうしているの？」と聞いたら、「奨学金ちゅうものがある」と。大学院の奨学金というのは、学部のものと違って結構たくさん貰えるんです。しかも、それだけじゃなくて臨床心理専攻の大学院生というのは、精神科の病院などに非常勤で行って、かなりの額を貰ったりできる。そんなわけで、「生活は楽なもんだ。経済的には豊かだ」と言うんですね。そりゃ

あ，ますますいいなあと思いました。

　次に考えたのは，いったい私が入れるだろうか，ということです。「大学院に入るのは難しいだろう」と聞いたら，「誰だって入れる。受ければ誰でも通る」ということでした。当時の私は非常に純真だったので本当に信じてたんですね。で，受けたら落ちちゃった（笑）。これは本当の話です。

　落ちた後に，その先輩に，「話が違うじゃない。受けたら誰でも通ると言ってたじゃない」と言ったら，首をひねって，「よく考えたら，俺が学部の時は，おまえよりは勉強してたような気がする」，そう言われたんです。「ああ，あんなもん受ければ通るよ」なんて，難関を突破した人はそんなふうに言うものだということが私にはわかっていなかったんです。

　それで，しょうがないから，慌てて勉強始めまして，次の年に何とか入ったんです。ところが，入ったら忙しいんですよ（笑）。授業は出ないといけない。論文書けとか，何とか言われ，締めつけがとても厳しいんですね。毎日遊び回るつもりでいたのに，全然予定と違うわけです。これもまた，先輩に「話が違うじゃないか」と文句言ったら，「いや，おまえが入った頃から厳しくなったんだ」（笑）

II　順調にいく人とつまずく人

　そういうことってあるんですよね。たとえば，信号機がいっぱい並んでいるところがあって，1回青だと，後も全然ひっかからないで，全部すーっと行っちゃう。ところが，それとは対照的に，ひとつ赤に当たると，次も，また次もっていうように，ひとつひとつぜーんぶひっかかってしまう。ひとの人生もそれと同じことで，節目節目でひっかかりやすい人というのがいる。たとえば，自分が卒業したら途端に体育館の良いのができちゃったりとか，割合そういう目にあいやすい人とそうでない人がいる。私がその典型で，大学入試にも落ちたし，大学院にも落ちました。節目節目で大体つまずいてきてますので，自分の人生はどうもそういうふうになってるらしいと覚悟ができてきまして，大学院を卒業した後の就職でもつまずくんじゃないかと思っていたら，やっぱりそうでした。大学院を卒業後の就職待ちの期間をオーバードクターといいますが，まあ，それでも1年ぐらい待てば，いくらなんでも就職があるだろうと思って

いたら，なんと3年間も就職がなかった。でも，そんなにすんなりとはいかないだろうと，大体覚悟していましたからあまりこたえませんでした。

そんな調子で大学院に行ったものだから，冒頭のような質問をされると非常に辛い。消極的で，流されてきて，はっと気がついたらこういう仕事になっていたというのが正直なところなんです。

しかし，じゃあ，何も必然性がなかったかと言うと，そうでもない。よく考えてみると何かある種の必然性というものがやっぱりあったなと，今では思っています。ユング派の分析家として有名な京都大学の河合隼雄先生が，「自分はなにもはじめからユング派になろうと思ったわけじゃなく，いろいろと偶然が重なってユング心理学と出会って，ユング派になった。しかし，これだけ偶然が重なったら，これほど必然的なことはない」というようなことをおっしゃっていますが，なるほどと思います。

Ⅲ　精神療法と学生相談

結局，九州大学には13年いたことになります。その間，精神科の病院に週2日の非常勤を9年間やりました。また，教育学部付属の心理教育相談室でも臨床経験を持ちました。この8年ほどはもっぱら学生相談に従事しています。むろんそれほど長い経験とは言えないけど，それでもこの間の経験は私にとって十分すぎるほど大きなカルチャーショックでした。それまで従事していた病院や外来相談室での臨床活動とはずいぶん勝手が違っていて，やりにくいなあというのが当初の正直な感想でした。

学生相談というと，病院の外来やクリニックなどにくらべて，軽い人たちをもっぱら相手にしていて，楽なもんだと思っている人が，精神療法の専門家でもかなりおられますが，それはとんでもない誤りです。

外来の相談室であれば，重篤な人は精神科等へ紹介するだけで十分でしょうが，学生相談室の場合，それでこと足れりというわけにはいきません。精神科等での治療をメインとすべきであっても，彼らはそこにいるのだから，たとえささやかであっても何らかの援助を考えざるをえないし，また考えたくもなります。

また，病院などと違って無料だし，しかも同じ敷地内にいるわけですから，

いつでも利用できるという気安さからか，面接の約束を気軽に，しばしば何の連絡もなしに，キャンセルしてくれるし，逆に予定日以外に突然面接を求めてくることもしばしばです。しかも，奥の部屋にちょっと首をつっこみさえすれば私がいるのがすぐにわかってしまうものだから，たとえ他のことで忙しくても「捕まって」しまう。受付は一応あるけど，病院等のように強固な「防波堤」とはなりません。「治療契約」「治療構造が……」などと考えると疲れ果ててしまう。自宅の電話番号なども，別に隠しもしていないし，また教職員の住所録を見ればすぐわかっちゃうので，電話もよくかかってきます。キャンパス内で顔を合わせる機会も多いです。カウンセリング・精神療法というのは，1回1時間くらい，1週間に1，2回定期的に会うというのが基本ですが，ただそれを守っていればよいというわけには，なかなかいかないのです。精神分析でいう「分析の隠れ身」などあったものではありません。

　それまでの臨床経験からつくりあげてきたスタイルにいつの間にか縛られていたんですね，私は。当初は，こうした状況が大きなデメリットだと感じてました。「治療構造がルーズであり，だからやりにくい」などと考えてたんです。ところが，まもなくそういう捉え方は間違いで，学生相談という場のもつ特徴は，こちらの心構えや工夫次第で逆に大きなメリットとなることに気づくようになったわけです。

　どういうことかというと，大学はほとんどの学生にとって，昼間の主たる生活の場なんですね。つまり，日常の生活の場を学生と共有しているという点が，外来の相談室や病院での臨床とくらべて学生相談の際立った特徴なんです。そもそも，1週間に1回1時間の面接でなんとか援助ないし治療しようなどということにかなりの無理があるんですよ。むろん，いくつかの条件に恵まれれば，この方式も大変有効ではありますけどね。だから，生活の場を共有しているというのは，ものすごいメリットなわけです。そこでの経験は，私にいろいろなことを教えてくれました。

　たとえば，だんだんわかってきたのは，学生相談では「治療」とか「援助」とかいうふうに大上段にふりかぶるよりも，学生とダベったり，一緒に遊んだりする方が，ヘタにカウンセリングをやるよりもずっとよい場合が結構あるということでした。もちろん，カウンセリングでなければならないことも多いのですが。

それから，印象的だったのは，学生相談室に相談にくる前に，友人とかゼミの先生とか職員とかに支えられ，なにも専門家のカウンセリングなど受けずとも「治って」いく学生がたくさんいるということでした。治癒・回復あるいは成長とは必ずしも専門家との間にのみ生起する現象ではないんです。

　結局，「相手は援助（治療）を受けているとは思っていないし，こちらも援助しているという意識は希薄であり，しかし，つきあっているうちにいつの間にか以前よりは具合よくいっている」というのが学生相談のかなりいいあり方のひとつではないかと思うわけです。

　他にもいろいろありますが，精神療法をこれから勉強しようという人たちのために特に強調しておきたいことは，精神療法というものは，「人が日々生活している」ということを基盤におき，その連続線上で見ていくことが大切だということです。週1回くらいの精神療法という限られた関与の方を基盤におくと変なことになります。そんなことは当たり前のことだと思った人もいるかもしれないけど，「勉強すればするほどダメになる」ということがしばしばあるんです。多くの専門家が，そういう悪循環に陥っています。本人は一生懸命なだけにとても気の毒です。そんなことにならないためにも「『人が日々生活している』ということを基盤におき，その連続線上で精神療法を見ていく」という視点を忘れないでいただきたいと思います。

　これまで述べてきたことは，なにも学生相談だけにあてはまることではなく，他の臨床現場でも等しく重要な観点だろうと考えています。思うに，人が人を援助（治療）するには狭い古典的伝統的治療モデルだけでは無理があるのであり，おおげさに言えば，学生相談の経験は精神療法をそれから解放するのに役立つのではないかと考えています。

IV　「悩めない人」，「自分が悩む人」，「人を悩ませる人」

　現代の学生は以前にくらべ，与えられた状況を器用にこなし，適応がよいと言われています。先に言いましたように，私は学生相談はまだ8年の経験しかありませんので，そう言い切ってよいものかわかりませんが。ただ，一方で適応が良くてめでたしめでたしという人と，もうひとつは，「この人はひょっとして悩むということを知らないんじゃないか」という感じの人が時々います。悩

むセンスそのものが欠落しているといいますか，悩む能力がないというか，そういう感じがすることがあります。それから，適応は一見するといいんだけど，皮を一枚めくるとひどく苦しんでいる。そういうタイプの人もいますね。

それから悩んでいるんだけれど悩み方を知らない，悩み方が下手という人もいる。これはどういうことかと言いますと，悩みとの関係で言えば，たとえば人間は，2種類のタイプがある。ひとつは「自分が悩む人」で，もうひとつは「人を悩ませる人」ですね。皆さんは自分がどっちだと思われます？　人は皆，両方の側面をもっています。そのなかで，どっちに比重がかかっているかという問題ですけどね。

V 「悩み方」がヘタ

「自分が悩む人」の場合には，まず悩み方が非常に下手だということですね。下手な人がいる。カウンセリングというのは悩みの解決のために，というか解決を援助すると言いますが，そういうことと本当はちょっと違うんじゃないかと思うんですね。どういうことかと言うと，いわば人間みんな病気なわけですね。病気の部分をみんな持っている。カウンセリングはいわば安心してこの病気になって貰えるところだというようなところがあるんじゃないかと思う。つまり充分に悩むのを援助すること，ちゃんと悩む，それに立ち会っているという気が私たちにはあるわけですね。

つまり，その人が悩む，きちんと悩むのをお手伝いしているということ。一人でやっていますと，しばしば泥沼に入るわけです。

それから，「自分が悩む人」っていうのは，たまには人を悩ませたらいいんじゃないかと思うわけです。悩ませる相手で一番良いのはカウンセラーだと思うんです。

そういう意味では，カウンセラーに時々相談に行くというのもいいんじゃないかと思います。「人を悩ませる人」っていますね。もちろん自分も悩んでいるんだけれど，同時に人も悩ませている。そういう人は誰を一番悩ませるかと言うと，カウンセラーなどの専門家を一番悩ませるんですね。カウンセラー泣かせの人です。「人を悩ます人」は，たまには自分でしっかり悩んでみるのも良いんじゃないかと思います。つまり，しっかり病気になってみるといいんじゃな

いかと思います。私みたいなカウンセラーにかかると学生は非常に災難だという気もしますが，それでも悪いことばかりじゃないんですよ。そういう学生の場合には，私と会っているうちに，「こいつに任せておいて大丈夫かな」とか「こいつに任せといたのでは，ちょっとやばいんじゃないかな」と思うらしい。「どうも人は良さそうだけれど，頼りない。わたしがしっかりせんと駄目なんじゃないか」というふうに思ってくれる学生が一部おります。つまり，「自分がきちんと悩む」ようになってくれるわけです。

　カウンセラーの基本的態度として，「受容」とか「共感」とかが一般には強調されてますし，そして，それはそのとおりなんだけれど，そのウラのプロセスとしては，どうも，案外そんなことが，進行しているのではないかという気がしますね。

　自分も悩んでいるんだけど，「人も悩ます」人の代表は境界例です。境界性パーソナリティ障害とも言います。また，それと似ているけど，もう少し軽症の自己愛性パーソナリティ障害というのもある。これらの人たちはごくおおざっぱに言うと，こころの止め金がはずれやすくて，激しい感情が突出して，他人をそれに巻きこんでしまうんです。境界例とか自己愛性パーソナリティ障害の人たちの治療とか援助というのは，非常に難しい。治療者側も患者側もともに混乱状態に陥りやすいからです。つまり，共倒れになってしまうんです。神戸大学の中井久夫先生は，「精神科医をやめた人のやめる契機は，境界例の治療であることが多い。(治療者と患者の)双方ともに死屍累々というのがおおげさでないほどではなかろうか」と論文に書いておられるくらいです。

　境界例の研究ではアメリカのカーンバーグ (Kernberg, O.) という人がとても有名です。境界例研究では世界のトップと認められている人だと言っていいでしょう。先日，アルバート・アインシュタイン医学校のソウル・タットマン (Saul Tattmm) 教授の講演を聞く機会があったのですが，その時タットマン教授が，「私は境界例についてのカーンバーグの理論はすばらしいと思うが，彼の実際の治療はあまり成功しているようには見えない」というようなことをおっしゃっていたのが印象的でした。カーンバーグは境界例の病理と治療について，複雑できっちりした理論を提出したことで高く評価されている人ですが，教授の発言の正否はともかくとして，きっちりした理論は実践に役立つとは限らない，などと考えたりしました。

私は境界性パーソナリティ障害とか自己愛性パーソナリティ障害だけでなく，境界性人格・自己愛性人格というのも考えた方がいいんじゃないかと思っています。そういう人格でしかも適応のいい人というのは，人を動かすのがうまく，しかも社会に認められるようなある特定の能力にも優れていて，多少は周囲に迷惑をかけながらも，リーダーになって活躍もしているんですよ。皆さんの周囲にそういう人，いませんか。また，ちょっと変わってて，時々は他人とトラブルを起こすけど，いい職種・職場や献身的な配偶者に恵まれて，なんとか社会生活を送っているというような人もいます。こういう人たちの存在は，境界性パーソナリティ障害の人たちの適応像・治癒像をイメージするのに役立ちます。境界例については優れた研究がたくさんあって，私などの出る幕はないんですが，ちょっと考えるところがあって，以前，「青年期境界例との『つきあい方』」という論文を書きました（『心理臨床学研究』誌 第9巻第1号，1991年）。関心のあるかたは，お読みいただければ幸いです。

Ⅵ　きっちりしすぎている

　悩み方が下手だということとの関連でもう少し言うと，時代の影響がある。現代は非常に合理的な時代，もしくは合理的ということが行き詰まってきている時代といえるんじゃないかな。つまり，理屈に合う，合わないということが非常に大きな基準になっているような感じがします。
　たとえば，私たちが小さい頃なんていうのは時間を守るとか，約束を守るということについては，かなりルーズだったですね。実に，いいかげんなものでしたね。よく言えばおおらか。私の父親なんて，めちゃめちゃでしたね。時間の約束なんてのは，ちっとも守ってくれないんですね。明日，どっか連れて行ってやるなんて言ってたのに，朝出て行ったきり，全然帰ってこないとかね，父親が。ところが，だんだん社会がきっちりした社会になってきちゃった。欧米の影響や，おそらく受験とかいうことも関係あるんでしょうね。
　日本でも，沖縄などでは時間の約束については，よその人から見るとかなりルーズに見えるらしいですね。しかし，そういう評価はまったくわれわれの側からの一方的な見方であって，実際には，われわれとはかなり違ったルールと価値観で暮らしているということなんです。京都大学の河合隼雄先生が，フィ

リピンへ行って一番感動したのは、みんなが時間の約束を守らないということだった、とおっしゃってました。日本人やアメリカ人は、けしからんと怒るそうですが、そして、一見すると無茶苦茶なようだけど、よく見てみると、それも彼らなりのルールがある。

たとえば、誰かと何時かに会う約束をしていたとします。その前に、別の誰か親しい人、そうたとえば恋人だとかに会ったとすると、その約束をすっぽかしてしまう。すっぽかされた方は、自分が待てるだけは待つ。会いたければ、2時間でも3時間でも待つ。それで、相手がやってくれば、「よくきたな」ということになる。で、来なかったら、「あいつ、なにかもっといいことあったんだろう」ということで、別に怒りもしないで、自分は自分で何か別のやりたいことを見つけていく、というようなことらしいんです。つまり、それが、彼らなりの生き方なんですね。実に面白いですね。私はそれをまねしようとは思わないけども、われわれは西洋流の基準だけでものを見すぎるんじゃないか、という気はしますね。

きっちりしてるということ自体は必ずしも悪いことではないんだけど、それがいきすぎちゃって、きっちりしすぎてる学生が多い。しかも、肝心のところでそうなのじゃなくて、たくさんの些細なことに対してそうなんですよね。で、それで疲れ果てて肝心なところはうまくやれない。私自身、自分で言うのもなんですが、昔はある面ではきっちりしていたんですよ。ですから、気持ちは良く解るんですけどね。

Ⅶ 強迫パーソナリティ

たとえば、全部Aじゃなきゃいけないとか。CよりもAをとりたいという気持ちはわかるけど、それにものすごいエネルギーを使っている。レポートも絶対遅れないように、確実に間に合うように早め早めに仕立てていく。つまり、気が抜けないんですね。そして、それが達成できないとなると、無気力になったり、まったく勉強しなくなったりする。オール・オア・ナッシングなんです。そんな学生が多い。

そういうタイプの性格を強迫パーソナリティと言います。サルズマン（Salzman）というアメリカの精神分析家は、「今や、強迫パーソナリティこそ

もっともよく見られる性格タイプである」と述べています。それが強くなりすぎると，そのしわよせでいろいろな症状が出ることが多いです。対人恐怖であることもあるし，思春期やせ症のこともある。いろんなタイプの症状が出たり，むろん出ない人もいますけど，その背景にあるのは気が抜けないということ，気を抜いたら大変なことになってしかも取り返しがつかない，一回でも失敗したら自分の人生はもうそこで終わりになるという感じ。で，くたびれ果てている。くたびれ果ててるんだけど，まだやらなくてはおさまらない。気を抜いたらものすごいことになると思っている。ホントは，そんなことないのにね。

　私はよく言うんだけど，「一つのAより三つのC」と。こういうキャッチフレーズで，なるべくエネルギーをかけないで単位を取るということもあっていいんだということをわかって欲しいと思っているんです。ですから，学生相談室というのは，「悪いこと」ばっかり教えているとこなんですよ。良いことはあんまり教えない。

　つまり，どういうことかと言うと，悩む方向が間違っているんですよ，その人たちは。悩み方がどうもうまくない。本当はその人は頑張りすぎて，きっちりやりすぎてるから，緩めなきゃいけない。なのに，相談に来るときは「こういうふうに頑張りたいんですけれど，頑張れない。もっと頑張れるようになるにはどうすればいいんですか？」と言って来るんですね。それで，私は，〈もうそんなに頑張るのは止めたら〉と言うわけです。

　これは本当にすごいんです。バイトなんかもそうですね。バイトなんか，ちょっとやばいことがあれば辞めればよい，そういうつもりで気軽に構えてやったらいい，と私は思うんですが。ある学生に聞いてみました。〈遅刻して行ったことがある？　バイト先に〉「ない。とんでもない」〈一度，ほんの5分だけ，遅刻してごらん〉と言ったら，「とんでもない。そんなことできない」，「5分休んだら，まず，信用を失う。で，信用を失ってそこでは働けなくなる，首になったら，もうその辺りには近寄れない。バイト先の人にばったり会いでもしたら，大変だから……。会社に就職しても，信用をなくし，窓際族になって……社会の落伍者になってしまう」。こんなふうに，どんどん発展していくわけですね。バイトぐらいのことでね。授業なんかもそうです。レポートが書けなかったら，大変なことになる。レポートなんか，ぎりぎりになってやる，できれば人のを写すとか，なんかそういう技術も身につけてくれればいいんだけれど，

そんな生き方はとても許せないんですね。

Ⅷ　いろいろな価値観と生き方がある

　受験時代に植えつけられた価値観に，がんじがらめになっているという面もある。超一流大学へ合格し，超一流企業に就職し，それだけが人類に共通の唯一のりっぱな生き方で，それ以外の生き方はもう社会の落伍者だと思いこんでいる。だから，ウチよりも難しい大学に落ちて，ウチに入学してくると，もうそれだけで，自分の人生はお先真っ暗というわけで，落ちこんでしまう学生がいます。ウチに合格して本当によかったという学生もいるというのにね。「2浪（または3浪）して，ここか」というので落ちこむ人もいます。私としては，非常に複雑な気持ちですね，自分とこの大学をぼろくそに言われてるみたいでね。人はそれぞれ自分なりの価値観を持って，それに基づく多様な生き方があっていいんだ，というのがなかなか理解できない。本当に気の毒です。

　人が現代社会で生きていくためには，きっちりした面というか強迫的なところがある程度は必要です。でも，それがいきすぎると，自分を縛ってしまいます。この強迫パーソナリティも強固なものになると，ゆるめるのはなかなか難しい。でも，これをうまくゆるめられるようになると，おおらかで，ゆとりのある，しかも肝心なことはきっちりやるという人生が送れるようになります。つまり，その人がもっている強迫的な面をじょうずに生かせるようになるんですよ。私は，強迫症状や強迫パーソナリティに対しては，その由来を分析していくという，いわゆる「原因追求的アプローチ」は，あまり役に立たないのではないかと考えています。私のやり方がまずいせいかもしれませんが。で，私は別のやり方をしてるのですが，それはそのうちまとめてみたいと思っています。

Ⅸ　断わる能力

　それから，これも「合理の時代」のひずみだと思いますが，ちゃんと理屈がとおっていて，しかも他人にそれを説明できないといけないと思っている。ウチの大学では，クラブ関係のトラブルが時々あるんですよ。辞めたいのに辞め

られない，とかね。特に運動系の一部のクラブだと，なかなか大変な場合がある。「おまえ，今これで辞めてしまうと二度と学校に来れないようにしてやるぞ！」なんて，スゴまれたりする。新入生の勧誘なども，相当に強引にやることがある。でも，まあ，最近はだいぶ良くなってきましたけどね。

　なんとなく，理屈がないと断れないと思っているんですね。理由がないと断れない，説得されちゃう。「全部理由を言え」と言われて，全部言うと全部潰されていく。それなら，こうすればいい，と言われる。それで，今度は別の理由を言うと，じゃあ，ああすれば辞めなくてもいいじゃないかと言われる。そうこうするうちに，とうとう理由がなくなってしまうんです。そして，理由がなくなると断わっちゃいけない，と思っている。

　でも，実はそうじゃないんですよね。最終的には，「嫌だから嫌なんです」でもいいんですよね。うまく断わる方法を，皆さんに特別に教えてあげましょう。うまく断わるには，次の三つの言葉を覚えておくだけでいいんです。「でも，嫌です」，「やっぱり，嫌です」，「すみません，嫌です」（笑）。相手からどんなことを言われても，この三つをひたすらくり返せばいいんです。「すいません」がはいってるのが，なかなかいいでしょ（笑）。これだと角が立たない。

　これはいろいろな場合に応用が利きます。たとえば，宗教関係の，セールス……じゃない……宗教関係の勧誘ですね。勧誘にこられて，ついでに本なんか出して，「これ，100円で買ってください」なんて言われて，なかなか断れなくて，それ買ったら帰ってくれるんじゃないかと思って，しょうがないから買ったなんてことないですか。こういう時にも使えます。それから，男子学生には繁華街での呼び込みがありますね。腕引っ張られて，「ちょっと，いい子いますよ」とかなんとか（笑），ああいうのもちゃんと逃げないと，後がややこしくなることがありますから。ですから，「断わる能力」「拒否能力」というのは，とても大事ですね。

　精神科医の神田橋條治先生は，統合失調症者は拒否能力が弱いということを指摘しておられますが，この拒否能力というのは人が他人と折り合いをつけて生きていくのにどうしても必要なとても大事なものです。

おわりに

　最後に，私の好きな言葉を言って終わりにしたいと思います。広島修道大学商学部の財満義輝先生（現・人間環境学部）に教わった言葉です。《変わるものを変えようとする勇気，変わらないものを受け入れる寛容さ，その二つを取り違えない英知》[注]。繰り返します。《変わるものを変えようとする勇気，変わらないものを受け入れる寛容さ，その二つを取り違えない英知》。どうも，御静聴ありがとうございました。

付記　本論文は，1990年11月13日に京都大学で開催された京都大学学生懇話室主催の公開シンポジウム「現代の学生と悩み」で話したものを本学（広島修道大学）の学生むけに加筆・修正したものである。

注）この言葉のもともとの出典は定かではないが，，アルコール依存症者の自助グループAA（アルコホリックス・アノニマス：Alcoholics Anonymous）の「平安の祈り」をもとにしているようである。斎藤学氏（『私は親のようにならない』［誠信書房，1989年］の用語解説）によれば，次のようなものである。
　　　　　　　神様，私にお与えください
　　　　　　　変えられないものを受け入れる平安を
　　　　　　　そして，この二つを見分ける賢さを
　また，同氏によれば，この「平安の祈り」の出典は明らかではないが，紀元500年頃のイタリアの哲学者で，中世スコラ哲学に足跡を残したボエティウス（Boethius）の「哲学の慰め」にさかのぼるであろうと言われているとのことである。

第7章

強迫パーソナリティとの「つきあい方」の一例

I 「つきあい方」の二つの水準

　今や強迫パーソナリティがもっともよく見られる性格タイプであることは，精神分析家サルズマンの言である（Salzman 1968）。
　笠原（1976）はこの種の性格傾向の特徴として，①人生における不確実性，予測不能性，曖昧性を極小におさえるための単純にして明快な生活信条ないし生活様式の設定，②それによって整然たる世界を構成しうると考える空想的万能感，③予測不能性をあらかじめ排除するための何らかの呪術の使用，④不確実性の高い生活領域への不参加とそれによる生活形の狭隘化，の四点をあげている。
　さらに，笠原（1985）はそれが強迫症者のみならず，わが国の神経症的登校拒否，やせ症，ヤングアダルトのアパシー的退却症，実直な中年者の軽症うつ病，そしてときにはアルコール症の人のなかにも高頻度に見られることを指摘している。実際，筆者の学生相談の経験でも強迫症に限らずさまざまな悩みを抱えた学生たちに，さらには特に症状を呈してはいない一般学生にもしばしばこのような性格が見うけられる。
　しかも，興味深いことに，精神分析とは対立してきた行動主義心理学を背景とした流れのなかでもそれに類似ないし相当すると考えられるタイプAという行動パターンが注目され，心臓疾患にかかりやすいということが見いだされている（Friedman & Rosenman 1974）。
　このように強迫パーソナリティは強迫症に限らず，種々の適応障害にかなり広く認められるものである。したがって，それをゆるめたり和らげたりできる方法を工夫しておくことは，種々の悩みに対して幅広く役立ちうるものと考えられる。そこで，筆者が学生相談の場で関わった強迫パーソナリティの一事例

を報告し、このタイプへの心理療法的関わりについて考えてみたい。

　もっとも、冒頭では精神分析家サルズマンを引用したものの、ここでとったアプローチは精神分析的なものではない。最近では、症状や悩みの内容に立ち入ったり、無意識を探求するのではなく、「体験の仕方（体験様式）」（Gendlin 1964；河野 1978, 1989；田嶌 1987；成瀬 1988）や「悩み方」（田嶌 1990；松木 1991）といったものに働きかけるアプローチが報告されるようになってきたが、本報告も基本的にはそのような観点からのものである。

　つまり、症状や状態の無意識的な意味や原因等を探求するというよりも、むしろ症状・状態やその背後にあるものとじょうずにつきあっていこうとするものである。

　なお、ここでいう「つきあい方」には二つの水準がある。ひとつはカウンセラー等がそうしたクライエントとどうつきあっていくかという水準である。いまひとつは、クライエント自身が自分のそうした性格傾向とどうつきあっていくかという水準である。むろん、両者は密接に関係している。

　なお、以下に事例を報告するが、あらかじめ生活史や家族歴、現病歴等を聴取して、しかる後に開始した面接ではないので、通常なされるようにそれらをあらかじめ示すという形はあえてとらないことにしたい。

II　面接経過

　某私立大学学生相談室へ来談した大学1年生（19歳・男性）の事例である。自発来談し、インテイカーによる短い面接の3日後に第1回面接を行った。見るからに暗い表情で来室。カウンセラーが自己紹介後主訴を問うと「記憶力がなくなり、無気力になり、授業にも出られない」とのこと。硬い表情で視線をそらしながらもキッチリした雰囲気としゃべり方である。「死ぬのも怖くない」などとちょっとドキッとさせるようなことも言う。

　中3頃から、息をつめ頭に血をのぼらせた状態にもっていき、注意を集中していっきに記憶していくというやり方を身につけ、それで高3までのりきってきた。国立大理系志望で、1浪したが、浪人中の8月頃から勉強が頭に入らなくなり、成績がひどく下がり、しかたなく私大文系に変更して本学に入学してきたという。大学入学後も気力がわかず、記憶力がますますなくなり、勉強が

まったく頭に入らない。他人に相談するなんて弱い人間のすることだと思って，自分ひとりの力でなんとかしようと心理学や宗教（的行）の本を読むなど努力してきたがいっこうに改善せず，とうとう相談に来たのだという。

　また，「こういうふうなことで相談あります？」「必ず治るというわけじゃないんですか？」などという質問をしたり，「僕は完全な利己主義者です」「星占いとか見ても，どれも僕は人の上に立つ人間になると書いてあるので，他人に指示するのが好きで，指示されるのは嫌い」など，いずれも強迫パーソナリティを匂わせることが語られた。

　一見した印象と以上のような話から，エリートコースをめざして強迫パーソナリティで頑張ってきたが，それではやりきれなくなって，消耗して無気力になってしまったものと考えられた。硬直した性格・価値観・人生観でがんじがらめになり，身動きがとれなくなっているという感じであった。

　「相談に行くのは人生の落伍者のすること」であり，屈辱的であると感じており，〈大変だったね〉とか〈残念だったね〉などといったカウンセラーの共感しようとする働きかけには，とりつくシマもないといった感じ。外界・他者への不信感・孤立感の強さがうかがわれた。

比喩による説明──長距離型と短距離型

　何度も相談室に通ってくる気などさらさらなく，「僕の今の状態を説明して，解決策を教えてほしい」とせまる。へたな対応をすれば，即座に切れてしまいそうな感じであった。とりあえずカウンセラーは，言葉でははっきりとした保証はしないものの〈なんとかなるものよ〉といった態度で，わかりやすい手ごたえのある対応を心がける。まず，「長距離型と短距離型」という比喩による説明を行った。〈今の状態は生き方に無理がきているというサイン。マラソンで言えば，もともとは長距離型の人が短距離型の生き方をすると無理がきて，その反動でいろいろ不都合なことが起こる。だから，長距離型も身につける必要がある。ここに通ってきて，いろんな話をしながら，長距離型の身につけ方を一緒に考えていこう〉と提案した。

　この提案がすんなり受け入れられたわけではない。まず，相談が１回ですまず，継続的に通ってこなければならないことに彼は非常にショックを受け，「エー！　ここにですか」と露骨に嫌な顔をした。また，短距離型を強化するとい

う方向しか考えていなかった彼はこうした説明に困惑し,「短距離型で長距離を走れるようにはなりませんか」(もっともな発言ではある)「催眠療法や求聞持聡明法(くもんじそうめいほう)(空海が修したと伝えられる密教の記憶力強化法)でならそれが可能ではないか」などとねばるなど難色を示した。これに対してカウンセラーは種々の説明と説得をしつつも基本的なこと(定期的面接と短距離型の強化ではなく長距離型を身につけるという方向)については譲らなかった。

　カウンセラーが〈あー,ダメダメ,そんなのは〉〈どっちも短距離型を強化する方法だから。そういうのがよかったら,やってるところがあるから,なんなら紹介しようか?　いままでの無理がかさんでこうなっている人にさらに無理を重ねさせるようなお手伝いは,少なくとも私にはできない〉と答えると,なおも「短距離型で長距離を走れる人もいるじゃないですか」と食い下がってくる。そこで,カウンセラーは〈確かに,少数ながらそういう人はいる。しかし,たいていの人はそれでずーっとやっていけるタイプじゃない。君もそうだと思う。だから,記憶力がなくなり,無気力になったわけよ〉〈それに,短距離型を捨てるわけじゃない。長距離型が身につけば,今度は必要に応じて使い分けられるようになる〉と説明。ざっとこのような具合に,ああ言えばこう言う,それに対してカウンセラーが説明・説得するという感じのやりとりの末,クライエントはしぶしぶながらもなんとか通ってくることに同意した。

　こうしたやりとりによって,来談時には彼自身にさほど自覚されていなかった従来の短距離型の生き方が問題として自覚されるようになってきたし,また短距離型を強化するということから長距離型を身につけるということへ努力の方向と質を変えるということが彼に課題としてしぶしぶながらも受け入れられはじめた。

なまけものの部分とじょうずにつきあう

　以上のように大筋の合意と方向づけがある程度できたところで,次に日常生活の過ごし方について次のように助言・指示。まず,〈授業はなるべく休むこと,勉強は1日1時間以上はしないこと〉と指示すると,「エーッ!?　そんな!?」とびっくりし,「それだとボーッとするだけじゃないですか」〈それが大事なのよ〉「それだと,中3以前と同じになる」〈ボーッとなることとボーッとすることとは違う(「溺れる」と「潜る」のとは違うという例をあげて説明)〉。

さらに，〈ジタバタしてもしょうがないから，今の状態と真っ向から争うのをやめ，なんとかじょうずにつきあうこと〉〈気をぬけるようになること，ゆったりできるようになること〉〈いい加減になること，ルーズになること〉〈頑張るのがヘタなんじゃなくて，休むのがヘタなんだよ〉などと指示・説明すると，「僕は本当はすごくなまけものなんです（注　強迫パーソナリティ者にしばしばみられる認知である）。そんなことしてたらどうなるか不安です」というので，すかさず〈本当はそういう部分があるのに，それを切り捨ててきたんじゃないかな。そのしわよせでこうなったんだと思う。だから，自分のなまけものの部分とじょうずにつきあっていくことをこれからは少しずつ覚えようよ〉と方向を提示した。

　すると，「どうせなら毎日来て，早くすませたい」という。そこで，〈そういうふうに焦るのも短距離型。身につけ方も長距離型でいこう〉〈まだいろいろ疑問もあるだろうが，それを放っておけるのも大事〉と伝え，第1回面接を終了した。この回の面接所要時間は1時間40分くらいであった。なお，最初のうちはつめて会ったほうがいいと考え，次回は3日後に約束。

カウンセラーの態度と強迫的構えのゆるみ

　カウンセラーが心がけたのは，強迫的な心構えを和らげるようなつきあい方をすることである。そのために，この頃の面接では，日常生活の過ごし方については相談にのりつつ，まず何よりもカウンセラー自身が強迫的にならないように気をつけ，また気をゆるめて接し，あとは彼の焦点化されすぎている話に対して，ある程度は共感しつつも「非焦点化された対話」（話が自然にあちこちに飛ぶ）をすることを心がけた。こういうことはすぐに効果が出るというものではないが，幸い第7回頃から「あれ!?　こんな話してたんじゃなかったのに。先生がいろいろ言うから」などと首をかしげ，話があちこちに飛べるようになってきた。彼の強迫的な構えがゆるんできているサインであろう。

　やや大げさに驚いてみせたり，笑いながらひやかしたりを交えながら，彼のそれまでの価値観・人生観をゆさぶるために，それとは異なる対照的な価値観・人生観をカウンセラーの人格ごとぶつける。同時にクライエントに対してユニークで面白い男だと思っている，好感をもっているというメッセージも交える。不信感を考慮して，"言葉はあっさり，行動は暖かく"を心がける。こうした対

応で，彼は「こんなことでいいんだろうか」と言いながらもしだいにジタバタはしなくなってきた。

やや長くなるが，上記の雰囲気の一端を示すために第2回面接のやりとりの一部を以下に述べる。前回来室直後のとりつくシマもない感じは少なくなり，やや打ち解けた様子であった。

「たった1時間しか勉強しないというのは難しい。これだと，勉強がますます遅れ，授業中指されても答えられない」〈それでいいんだよ〉「え？　だって，恥をかきますよ」〈だったら，サボればいい〉「えー!?　今まで1回も休んだことないんですよ」〈へー！　そりゃすごい。それならなおさら休んでも大丈夫だよ〉……「社会から落ちこぼれてしまいますよ」〈ん？〉〈ちょっと授業をさぼったくらいで!?〉「そうですよ」〈へー!?　たったそれだけのことで。そりゃ大変だね（笑）〉「勉強時間はせめて1時間半くらいになりませんか？」〈ウーン，まあいいだろう。まけて1時間半まではいいことにしよう〉「僕はパチンコもたばこも酒もやらない。父もそう」〈へえー（カウンセラーが以前パチプロになりたいと思っていた話をする）〉（眉をしかめて，あきれた様子で聞いている）「会社から帰宅途中で酒を飲んでいるような人を見ると，なんてだらしない人たちだと思う」〈うーん。私なんかそんなことはしょっちゅうで，それどころか1度やってみたいと思ってるのは，昼間から酒を飲むということなんだよね。気分いいだろうなー〉「えーっ!?」（眉をしかめる）

こうしたやりとりの後，小さい頃や家族のことなども語りはじめた。

「僕は人と遊んだりということが，小さい頃からなかったんです。こういうことも話したほうがいいんでしょうか？」〈そう，そう〉

「近所で公立高校へ行ったのは僕だけで，ガラの悪い不良っぽい人の多いところだった」〈私もそうだったよ〉「そういう人を見下して，バカにしてやってきた。小学校から塾に通うなどして，エリートをめざしてきた。だから，この大学に入学したのも挫折」

「小6のとき，近所の同じ小学校の女の子たちに石を投げられた。同じ頃，嫌いな女の子に後ろから飛びげりをしてケガをさせた」〈なかなかやるじゃない〉「父親に謝りに連れていかれたが，謝らず，父にひどく殴られた」

「母はムチャクチャな人で，夜中遅くでもよその家にあがり込んだりする。そのときは，父が気づいて，自分では探さず，僕たち（妹と自分）をたたき起こ

して，雪のなか母を探させた。怒って，父が母を殴ったので，母が出て行ってしまった。そのとき，僕を一緒に連れて行けと父が母に言った。どっちにつこうか迷った。父よりも母についていったほうが楽だけど，父のほうが経済的には楽そうだし，また，母についていったら大学を断念しないといけない。それに，父と3人いれば，3対1だから，2対2よりも元に戻りやすいだろうと考えた。案の定，半年後，母は戻ってきた。よく考えたでしょ」（笑）〈まあ，よく生きぬいてきたね。よくやってきた〉

　こういう話でもつらい体験を話しているという感じはなく淡々とした感じで語る。大学を出ていなくて，「大卒でない者は人間じゃない」と思っているような両親と不安定な生育環境の影響で，両親を嫌いつつも，両親の価値観を取り入れ，ひたすらエリートコースをめざす価値観と強迫的な行動パターンを身につけることでのりきってきたようである。

マンガを貸す
　第3回に『釣りバカ日誌』というマンガを貸して，読んでみるように勧めた。後に述べるように，相談室には面接室とは別に談話室と称するたむろ部屋があるが，このマンガはそこに備えつけてある書籍のひとつである。第4回で，『釣りバカ日誌』はテンポが遅すぎて合わないと言い，こっちのほうが好みだと『こちら葛飾区亀有公園前派出所』を持参。〈へー！　いいセンスしてるじゃない。私も好きなマンガだよ〉「現役のとき面白いと思って，熱心に読んだけど，こんなことではいけないと捨てた」〈そりゃあ，残念なことしたね。これはいいセンスだから大事にしたほうがいいよ〉

談話室の活用と他学生の手助けを借りる
　相談室には，談話室と称するたむろ部屋があり，いろんな学生が出入りしている。第4回面接でそこに出入りして，〈ゆったり過ごす〉ように勧める。事前に，元離人症で硬い性格だったが柔らかくなった常連の学生B君に〈以前のおまえによく似たのがいるから，機会があれば柔らかくするのを手伝ってくれ〉と協力を頼んでおいた。談話室での最初の様子は以下のような具合であった。なお，この時たまたま談話室にいたのは，カウンセラーとクライエント（A）と男性3名，女性2名の計7名であった。

◇談話室にて（第4回面接後）
（紹介後，他メンバーの会話に入れず，横を向いて『What's Michael』というマンガを読んでいる）。
　B「なんかクライね。先生，ひょっとして（彼は），俺の昔と似てるの」
　　カウンセラー〈そうねえ……A君，この人（＝B）もっとひどかったんよ〉
　B「そう，俺，暗かった。（A君をさして）クライなあ」「でも，俺も相当だったよ」
　C「おう，おまえ，クラくて，なに話しかけてものってこんし，ひどかったもんなあ」
　B「そうそう，すみっこで，黙ってマンガ読んでた」
　皆「同じだ！」（笑，本人もつられて笑う）
　B「ひょっとして，この大学に入ったことで，コンプレックスもってる？」
　A「ええ」
　B「俺とおんなじだ。俺，もっとひどかったけど，今は割り切ってるよ。なんてことないよ，君も俺みたいになるよ」
　カウンセラー〈ここまでひどくならなくてもいいよ〉（笑）
　A「そんなに簡単に割り切れるわけないですよ」
　B「あ，俺，偏差値○○［かなり高い値］あったんよ」
　A「えっ!?　それでよく割り切れましたね」
　B「うん，大丈夫よ」
　A「いやー！　割り切れませんよ」
　B「そんなことないって。ここに出入りしてたら君もそうなるよ」
　……［間］……
　カウンセラー〈こいつ（＝C）は○○部の部長。で，この人はエライということを言いたいわけ。エライか，よほど人材不足だったのかどっちかだな〉（笑）
　A「部員が他にいなかったんでしょう」（笑）
　カウンセラー〈いや，そういうときは先輩をたてて，ウソでも「いや，そんなことないでしょう」と言うもんよ〉（笑）

これ以後，談話室に頻繁に出入りするようになり，そのコンパ等の催しにも

参加し,「おまえなあ,この先生の言うこと聞いとったら,しまいにはえらい目にあうぞ。俺ひどい目にあうたんだから」などとゆさぶられたり,支えられたりいろいろな経験をするようになった。また,談話室ではカウンセラーとも相当長い時間接触し,内容はほとんど覚えていないがたくさんの対話をしており,面接室でと同様になるべく本人の強迫的な構えが和らぐような対応を,その場その場の思いつきにしたがっていろいろ行った。もっとも心がけたのは,カウンセラーのくつろいだ,だらーっとした面を見せ,そういう雰囲気で時間を共にすることと他メンバーとつなぐことであった。

当初はメンバーに面と向かって「あなたがたは社会の落伍者です」などと言いかねないような雰囲気と硬い反応で,他メンバーがいささか辟易していたが,しだいになじめるようになってきた。

第5回では,「このままでは落ちこぼれてしまう」と不安を吐露したり,(あまり深刻な感じではなかったが)「もう,死んでしまうかもしれない」と述べたりしたものの,第6回以降ときどき面接に遅刻したり,休んだりすることもあるようになった。本人の弁によれば,「だから言ったでしょ。気を抜くと僕はこうなるんですよ」とのこと。〈それでいいんだよ。上々〉と応じておく。

この頃,談話室へ彼が長年信奉している占いの本を持参したが,皆でその本を楽しむと同時にカウンセラーに冷やかされ,数日後「占いはもう信じないことにした」。また,「少し前から,やっと人と話せるようになってきた」と語る。

◇夏休み：バイトと相談室の1泊合宿に参加

夏休みに相談室の1泊合宿（と称して自炊して飲み食いする会）に参加。次の面接に来ず,結果として40日ほど会えなかった。その間バイトをしていたという。

何かつかめてきた

夏休み直後の談話室にて,短距離型への未練が出てきたりしたが,第7回面接では,「前期試験受けたが,試験前でも焦らずにすんだ。何かつかめてきたような気がする」と語るようになった。

何か特別なことを——イメージ面接の受け入れ

第8回面接では，以下のようなやりとりの末，イメージ面接を試みることになった。やりとりの雰囲気を味わっていただきたい。

「先生は面接室でも談話室でもおんなじ。だから，これじゃあなんのためにわざわざ面接してるのかわからない。他に特別な方法かなにかないですか？」〈うーん，本当にそうだなあ。でも，だんだんいい方向に向かってんじゃない？〉「ええ，まあそうですけど」〈だから，別にじたばたしなくても，基本的にはこの調子でいけば大丈夫だよ〉「でも〜」〈実は，イメージ療法というのがあることはある〉「なんですか，それ？」（うさんくさそうな表情）［イメージ療法について説明］（ますます，うさんくさそうな表情）〈それから壺イメージというのもある〉「誰がつくったんですか，そんなの？」〈私がつくったんよ〉「えー!?そんなん大丈夫なんですか」（うさんくさそうな表情が頂点に達する）〈いや，結構効果あるんだぞ〉「そんな，他人の前でイメージを浮かべるなんて，そんなことできませんよ」〈あ，そう。それならいいよ。やめとこ。まあ，今の調子でいっても，そのうちなんとかなるだろうから，いいよ，いいよ〉「他にありませんか？」〈ない〉「それやらないと，あとは今まで通りということですか？」〈そう〉「先生にはレパートリーがたった二つしかないんですか？」〈二つもあると言ってほしいね〉「夢分析とかもあるでしょ」〈夢分析がよかったら，それをやる人は結構いるから，紹介してあげるからそっちへ行ってもいいよ〉「いや，それはいいです……じゃあ，こうしましょう。僕が夢を覚えてきますから，それについて話しましょう。そんなところでどうですか」〈専門家というものは，あれこれやったりはしないもんだ。私はイメージ療法……でも，もういいよ。やめとこ。この調子でいこう〉「ちょ，ちょっと待って下さいよ。そんなにはやまらないで……わかりました，わかりましたよ。イメージやりますよ。でもね，先生，そういうことするのには信頼関係というものが必要なんですよ。ね，だからいきなりそうしろといっても無理ですよ。おいおい信頼関係ができてきますから，それから取り組みますから。ね，そういうことでどうですか？」〈なるほど，もっともだ。信頼関係が大切だよね。じゃあ，ま，そういうことでいこうか〉

（ここでカウンセラーが譲らなかった理由については考察で述べる。）

壺イメージ——「死と再生」と「黄色い光に包まれて」

かくして，第9回よりイメージ面接を，第10回より壺イメージ法（田嶌 1983, 1987）を開始した。第10回では「白い蛇の壺と黒い蛇の壺」が出現し，黒蛇の壺には入れずしっかりと蓋をして，鎖で巻いて上から石を置いた。白蛇の壺にのみ入ってみたところ，「蛇はとぐろを巻いているけど，鎌首をもたげていないし，危険じゃないみたい」。イメージ終了後，「今まで，こういうものが出てこないように，必死で抑えつけていたような気がする」と語った。

第12回では，「白い蛇の壺とコブラの壺。コブラに食べられたら大変と思っていたけど，実際食べられてみたところ，思ったほどでもなかった」。"死と再生"といったところだろうが，ちなみに第14回では，「僕は理系をめざしてたけど，予備校でひどい点をとってしまい……あのときの帰り道はみじめだった……死にましたよ，あのとき。……文系へ進路を変更した。そして，もう一回死んだのが，大学入学後，ここで。自分ひとりでは（死ぬのは）難しかったから，ここの助けがいったんです」としみじみと語っている。カウンセラーは〈いい死に方をしたんだよ〉と伝えた。ここで彼がしみじみとした様子で語ったのはずいぶんと彼の強迫性が和らいできたことを感じさせた。

第13回では「壺が4個空を飛んでいる。もう壺はいらないかもしれない→壺は消えて，自分が空を飛んでいる→さみしい，わびしい→なにか黄色い変な光が出てきて，僕を照らす。さみしい，わびしい感じを包みこみ，暖かくて気持ちいい→その光に包まれて，いろいろな飛び方をしたり，静止したりして楽しむ」。また，イメージ後の面接では，「殺されるより一番怖いのはひとり取り残されること」と語った。

やや前後するが，第11回では「こうやってゆっくりやっていると，まだ十分ではなくモタモタしてはいるが，以前ガムシャラにやっていたときよりは勉強もはかどるし考えもまとまりやすい」と述べるようになった。

経験を通して成長する土台ができた

冬休みにバイトし，そこで，以前だと嫌悪感をもちこそすれ関心をもったり好感をもったりすることはありえなかったような「ハチャメチャな」人たちと仲よくなり，ドライブなど一緒に遊ぶ。強迫パーソナリティ者らしい二分法的対人評価がゆるんできたため，このようなことが可能になったものと思われる。

第14回では,「前は気を使ってまで他人とつきあおうなんて気持ちにはならなかった→僕は鈍いし, 無神経」〈敏感な人は, 無神経で鈍いという衣をつけるもの〉「そうなんです。傷ついたりするから。だから, 自分の枠を守って, 自分から出ていくことはまったくしなかった」〈外界への信頼が少し出てきた？〉「捨てたもんじゃないと思うようになった」〈そりゃー, うれしいね。この調子で経験を積むこと〉〈でも, 自分のいいものをなくさないように気をつけよう〉「僕の生き方は, 常に前の自分を否定して次のものへと進むということのくり返しだった」〈それもそういう条件下では健康で必要な働きだったんだよ〉「前は安全弁が必要だった。でも今はもっと大きな安全弁ができたから, それは必要なくなった。今は自分自身が安全弁」としみじみ語る。

　経験に対して開かれた態度がとれるようになってきたようである。この頃には生活圏も広がり, 強迫的なところがゆるんできた兆候がいろいろ見られるようになり, 価値観もしなやかなものとなってきた。いわば,「経験を通して成長していく土台」とでも言うようなものができたものと考えられる。もうここまでくればカウンセラーの出る幕ではない。約1年, 15回でなんとなくという形で終結となった。授業にはほどほどに出られるようになり, 単位取得も「バイトしながらほどほどにやっただけなのに, 意外にも1科目落としただけ」と順調。武道系のクラブに入部。談話室への出入りも少なくなってきた。なお, 彼が第15回で,「前は成績がすべてと思っていた。あのまま前の路線を走っていたら, 大変だったと思う。息がつまる」と語ったのは印象的であった。どうやら彼は自分の悩みを生かすことができたようである。

Ⅲ　考　　察

　面接過程とその特徴を中心に考察したい。

強迫的構え

　強迫パーソナリティに対して, なぜそういうことになったのかを探求するというアプローチは得策ではない。全知への欲求（Salzman 1968）と知的に割り切ろうとする傾向をもつ彼らには「強迫的原因探し」になりかねないし, 少なくとも後に述べるような彼らの「強迫的構え」を和らげるのには役立ちにくい

からである。

　彼らは安永（1979）が「甚だしい意識的緊張」と述べ，成田（1987）が「認識意識の緊張」と呼ぶ一種の心的緊張状態にあり，「世界に身をゆだねることができない」（中井 1983）のだといえる。そして，その背後には，外界に対しても内界に対しても身構えて，気を張りつめていて，ゆるめられないという特有の心的構えがある。しかもそれは森田療法でいう「精神交互作用」の悪循環に陥ったこだわりの強い構えである。

　これを今「強迫的構え」と呼べば，本事例ではこれをゆるめ，「（内的・外的）世界に身をゆだねる」のを援助することをめざした。経過で述べたさまざまな働きかけはおもにそれをねらったものである。つまり，内的および外的世界とこれまでとは違った「つきあい方」を，換言すれば違った体験の仕方ができるように援助したのである。

比喩による説明と面接目標の共有

　強迫パーソナリティ者にしばしば見られるのは，いわば短距離型の張りつめた生き方であり，それがいきづまり，破綻しかけているにもかかわらず，なおそれに執着し，短距離型をさらに強化することでのりきろうと試みる。ここで重要なことは，そのような方向での努力は，強迫的構えをもつ彼らにはさらなる悪循環の泥沼に陥る結果になるため，適切な方向ではないということである。

　そこで，筆者は彼に「長距離型と短距離型」という比喩を用いて努力の方向を修正する必要があることを説明し，長距離型の習得の提案を行った。この比喩は「息をつめ頭に血をのぼらせ」「いっきに記憶していく」というやり方をとってきた彼にはかなりフィットしたものであったようで，紆余曲折はあったものの，彼はとまどいつつもこの提案を何とか受け入れた。これで面接目標をある程度共有できたと同時に，ここでカウンセラーはいわば世界の代表であり，少しカウンセラーに「ゆだね」はじめたことになる。

健全なあきらめ

　しかし，当然のことながら，この提案を受け入れることは必然的に万能感や安全保障感や自尊感情の喪失の危機でもある。幸い彼の場合は，第5回で「このままでは落ちこぼれてしまう」「もう，死んでしまうかもしれない」と言い，

夏休み直後に短距離型の未練が語られるという程度でそれを経過できた。彼は絶望ではなく「健全なあきらめ」(田嶌 1991) に着地できたものと考えられる。以下の対応は，彼のこのような反応に注意を払いつつ行ったものである。なお，この過程等を支えたものについては，後に「ゆさぶりと抱え」の項で述べる。

カウンセラーの態度と強迫的構えのゆるみ

第4回でカウンセラーは談話室への出入りを勧め，クライエントは談話室にたむろするようになった。彼は居場所を得たといえる。この談話室や面接室でカウンセラーは，「ゆるめ，ゆだねる」のを援助するために，「(匿名性や隠れ身や受け身ではなく) リアルな人間であろうとし，また積極的にモデルを引き受け」(成田のコメント)，それを通してクライエントにより直接的に「here and now」で影響を与えようとしたといえる。気をゆるめてくつろいだ雰囲気で接し，彼の焦点化されすぎている話に対して，ある程度共感しつつ話があちこちに飛ぶ「非焦点化された対話」を心がけた。いずれくつろいだ雑談を楽しむことができるようになることを目標にしたのである。

また，同時にひやかし，逆説，ユーモア等を含むさまざまな積極的なゆさぶりを行った。さらに，過去や幼児期を特に話題にするのではなく，日常生活でゆるめられるように日常生活の過ごし方について助言援助することにした。要するに，「過去よりも現在を」「内面より生活を」というわけである。なお，この時期の筆者の対応は，峰松 (1990) がアパシー学生への援助について述べた対応と共通したものが多いように思われる。

なお，以上のことを念頭に置きつつ，何よりも気をつけたのは，カウンセラー自身が強迫的にならないようにということであった。これは，サルズマン (1968)，安永 (1979)，中井 (1983)，成田 (1987) らに共通した態度である。以上のようなカウンセラーの「つきあい方」によって，クライエントの強迫的構えは徐々にゆるんできた。

カウンセラーへのゆだねからイメージ受容へ

「ゆるめ，ゆだねる」次の大きな節目は，第8回面接である。ここでカウンセラーがクライエントの夢分析の提案にのらなかったのは，肝心のところで譲らないことであわよくばカウンセラーへさらに「ゆだね」てもらうためである。

イメージ面接を始めることにしたとき，クライエントはいわば本格的に「世界に身をゆだねる」覚悟をしたのであるといえよう。

その後，実際にイメージ面接でイメージを介して自分の精神内界に気をゆるめてゆだねることを試みることとなった。最初は「黒い蛇の壺」に入ることができなかった（第10回）が，まもなく入れるようになり，それに伴って"死と再生"を示唆するイメージ（第12回）や「黄色い光に包まれる」イメージ（第13回）などが出現した。黄色い光はおそらくクライエントと相談室の雰囲気のことで，それに包まれてまたそれに身をまかせていろいろな経験をしているということであろう。

ともすれば，これらのイメージ内容のみに注意がいきがちかもしれないが，ここで重要なことは，それらは十分に「ゆるめ，ゆだねる」ことができるようになった結果として生じたものであるということである。換言すれば，「イメージ受容」すなわち「受容的探索的構え」（田嶌 1987）で内界のイメージを体験できるようになった結果として生じたものであるといえよう。

数回のイメージ面接でそれが可能となったのは，彼の強迫性がそれほど重篤なものではなかったからであろうが，またそれ以前の対応によって「強迫的構え」がかなりゆるんできていたからでもある。それなしにイメージ面接に入ったとしても成果は乏しかったものと思われる。

このようにカウンセラーへゆだねることを介して，自分の精神内界に身をゆだねることが可能になったわけだが，それに伴って外界（すなわち日常生活の過ごし方や対人関係など）へも開かれた態度をとることができるようになってきた。「経験を通して成長する土台」ができたのだといえよう。このような内界と外界の対応は興味深い。

素直な感情の表現とやわらかな対人接触

また，それに伴って「取り残され」不安（第13回）や素直な感情をしみじみとした語り口で表現するようになってきた。強迫的構えがゆるみ，さまざまな感情を感じとることが可能になったものと考えられる。同じ頃，他の学生たちから変わってきたと好意的に評されるようになってきているのは，このことと関係しているように思われる。よりやわらかな対人接触ができるようになってきたのではないかと筆者は推測している。なお，彼が強迫的に頑張ってきた要

因のひとつはこの「取り残され」不安ではないかと思われる。

ゆさぶり，逆説，ユーモア

本事例での対応の特徴としてあげられるのは，先述のようにカウンセラーの側からのひやかし，逆説，ユーモア等の積極的なゆさぶりを通常の面接にくらべかなり行っているということである。それらは本人の心的構えを変え，その結果本人がその悩みとそれに関連した領域にそれまでとは違ったつきあい方，すなわち体験の仕方ができるのを助ける働きがあるものと考えられる。

強迫パーソナリティの人にはユーモアにかける人が多く，「自他ともに楽しめないのが強迫症者の対人関係である」（中井 1983）が，私との対話でしばしば笑いがもれるようになり，両者が会話を楽しむという雰囲気が出てきた。たとえば，私の「暴言」やジョークに対しての彼の「眉しかめ」も当初の深刻な感じがうすらぎ，第8回面接などで見られるようにだんだんとユーモラスな感じになってきた。

また，逆説的アプローチも用いているが，それらは失敗しても害の少ない，いわば「マイルドな逆説的アプローチ」（のつもり）である。

ゆさぶりと抱え

以上のようないささか乱暴とも見えるかもしれない種々の対応にもかかわらず，それが功を奏したのは，同時にそれを抱える機能があったからである。ひとつはカウンセラーの対応であり，今ひとつは談話室という居場所と仲間集団の存在である。カウンセラーとしては苦悩に共感しつつ，早い時期に長距離型の習得という面接の目標と見通しをある程度共有するように努めた。そして，それに基づき「なんとかなるものよ」というささやかな現実的な希望の香りを匂わせ，また彼をユニークで面白い男だとカウンセラーが感じていることが伝わるように心がけた。これらが本事例の全体を通して基底にあるということを強調しておきたい。まさに，ゆさぶりそのものによってではなく，「ゆさぶられて引き起こされた不安定が抱えられることにより自己治癒力が動き出すのである」（神田橋 1990）。

談話室と仲間集団の活用

　「談話室」というたまり場を活用しているということも，おそらくこのアプローチの顕著な特徴のひとつであろう。こうした試みについては学生相談における峰松ら（1984, 1989），保坂（1987），山崎（1991），田嶌（1991）などの研究がある。また，最近では病院臨床でもこうした部屋を設けている研究も見うけられる（青木ら 1990）。

　そもそも談話室というのは，何をして過ごしてもよい「たまり場」である。大学という生活の場でこのような居場所を得ることの意義は計り知れない。また，何をするともつかない空間であるこのような場で過ごすこと自体，強迫的構えをゆるめるのに役立つものと考えられる。また，前述のような抱え機能を持つだけでなく，他にもそこでの仲間集団とのつきあいから直接経験として得ることは大きいであろう。そして，このクライエントは談話室への出入りも少なくなってきたので，談話室はカウンセラーとの個人面接から外での仲間集団への橋渡し機能をもったともいえるだろう。

　また，談話室出入りの他学生に協力を頼んだというのもこの事例での際立った特徴である。近年各種の問題に苦しむ当事者たちによるセルフヘルプグループの活動が盛んになり，そこではしばしば専門家にはなしえないような成果をあげているようである。ここではそれとはいささか事情は異なるが，いわば同様の成果を期待したのである。

　そんなことをしていたのでは本人自身がそういう機会を自分で獲得する力をそぐことになりかねない，という批判もありえよう。しかし，ちょっとした直接的手助けや幸運な経験の機会を得ることで困難を乗り越えていくというのが私たちの人生ではありふれたことであり，内面を探求してしかる後に困難を克服するというのはむしろ特異で例外的な乗り越え方である。

　あるいは，このクライエントの深い問題はこれで解決したわけではないのではないかという見解もありえよう。しかし，経験に対して開かれた態度と外での仲間集団，すなわち「経験を通して成長する土台」があれば，あとはその人らしく成長していくものであろう。カウンセラーや治療者などというものは，彼らから見れば所詮「あちら側」の人間であり，中継ぎにすぎない。

比喩と身体運動について

　心理療法では一般にからだに密着した，身体活動と関係した比喩が有用であることが多い（成田のコメント）。紙数の都合でその一部しかふれることはできなかったが，本事例ではそのような比喩をいくつか用いている。「長距離型と短距離型」，「溺れると潜る」といった比喩はその種の比喩であるが，同時に本人の体験の仕方に影響を与えようとする比喩でもあることにも注目していただきたい。また，「溺れる」という語は感情と水に共通する表現であることを意識して使っている。

　さらに，この比喩に関連して注意を引くのは，強迫症者が身体運動が苦手であり，水泳などはもっとも苦手とするものである（成田 1987）ということである。彼は終結の少し前に運動系のクラブへ入部しているが，このことはクライエントの「からだと切り離された自己」（田嶌 1992a, b）がからだとのつながりをいささかでも回復しつつある兆しと見ることもできるかもしれない。

治療構造について

　おそらく，一番問題となるのは，いわゆる「治療構造」についてであろう。この面接では面接室内だけでなく，談話室でも頻繁に会っているし，コンパをやったり，宿泊合宿にも出かけているし，特に記してはいないが，学内外でも一緒に食事に行ったりもしている。おまけに個人面接もあまりきっちりしてはいない。たとえば，面接時間は初回は1時間40分くらいであり，2回目は3日後であり，あとは一応週1回の約束ではあったが，（理由はさまざまだが）結局やれたのは1年間に15回であった。あげくは他のクライエントに手伝いを頼んだりもしている。

　「治療構造を守るのは大事だが，ときには柔軟な対処も必要である」とする認識はかなり認められているようだが，それでも「柔軟な対処」は例外的対応とされている。それに対して，私がとった上記のような対応は例外的なものではなく，私が学生相談で行っているふつうの対応である点が特徴的であるといえよう。

　したがって，このようなアプローチに対して，心理療法を治療契約に基づき，治療者が匿名性と中立性を保ちつつあくまでも密室で行うものという認識（これを「密室心理療法」と呼んでおく）に立つ方たちからは「治療構造がルーズ

である」という批判があるかもしれない。筆者の先の報告（田嶌 1991）とも関係することなので、それについて論じてみたい。

　治療構造を守らなかったがために種々の不都合が起こったり、悲惨な状況が起こりうることは広く知られており、すでに多くの臨床家が長年にわたって警告してきた。私自身もそうした事態が起こりうることは承知しているつもりである。しかし、それを承知のうえでなお、「密室心理療法」の構造をこわしてもかなり大丈夫であるというのが私の実感である。危惧されるような事態は一般に信じられているよりもずっと少ないのであると考えざるをえない。

　だとすれば、一部の例外的クライエントのことを警戒するあまり、カウンセラーのほうが慎重（かつ不自由）になりすぎているといえるのではないだろうか。そのために自由さがひどく失われ、幅広い援助形態の可能性が顧みられにくくなっているのではないだろうか。警告が浸透した結果、現在では逆に弊害の方が大きくなってきているのではないだろうか。しかし、「密室心理療法の構造を固く守る」、「密室心理療法を援助の基本と考える」という発想から解放されると、はるかに援助のチャンスが増大するし、工夫の余地も格段に広がってくる。本事例での私の介入はそうしたものを含んでいる。

　だからといって、私は無自覚に密室心理療法という治療構造をくずすのがよいと主張しているわけではない。そうした危惧される事態を招きそうなクライエントに対しては注意が肝要である。ただ、その際の対応についても「密室心理療法という治療構造を固く守る」ことだけが唯一の道ではなく、他にも回避の道があるということを強調しておきたい。たとえば、境界例のクライエントはそうした例外的クライエントに含まれるだろうが、先にあげた田嶌（1991）の研究はそれに対して「密室心理療法」のみにとらわれない対応について述べたものである。

　むろん、私は「密室心理療法」を否定するものではないし、「密室心理療法の構造をこわした」アプローチに固執するものではない。そうではなく、両者のメリットを生かし合うアプローチを私は本事例でとったつもりである。

　筆者が本事例や先の研究でとったアプローチは、学生相談の場だからこそできたことであるという面がある。しかし、「こういうことは病院臨床などとは違って学生相談の場だからしてもよいのだ（あるいはできたのだ）」といった理解にとどまるならば、残念なことである。いわゆる治療構造というものは治療

者(カウンセラー)が一方的に決めればそれですむというものでもなく、治療者(カウンセラー)と患者(クライエント)とが共同で創りあげていくものである。したがって、そういう認識のもとに、危倶される事態を回避できるような配慮をしつつ両者が場の状況に応じて援助構造を創りあげていけばよいのであって、それは必ずしも「密室心理療法」の構造を固く守ることである必要はないはずだからである。実際、自分の現場の実情、構造に応じて、柔軟な対応をしている臨床家は少なくないものと思われる。

文　献

青木省三・鈴木啓嗣・塚本千秋・中野善行・吉成央・石川木ノ芽・守屋真理(1990)思春期神経症の治療における〈たまり場〉の意義――関係の生まれる培地として．集団精神療法，6；157-161.

Friedman, V.E. & Rosenman, R.H. (1974) Type A Behavior and Your Heart. Knopf.

Gendlin, E.T. (1964) A theory of personality change. In: Worchel, P. & Byrne, D. (Eds.): Personality Change. John Wiley, pp.100-148. (村瀬孝雄編訳(1981)人格変化の一理論．In：体験過程と心理療法．ナツメ社，pp.39-157.)

保坂亨(1987)学生相談所を拠点とする学生たちのグループ．東京大学学生相談所紀要，5；39-48.

神田橋條治(1990)精神療法面接のコツ．岩崎学術出版社．

笠原嘉(1976)うつ病の病前性格について．In：笠原嘉編：躁うつ病の精神病理．弘文堂，pp.1-29.

笠原嘉(1985)訳者あとがき．In：Salzman, L.著, 成田善弘・笠原嘉訳：強迫パーソナリティ．みすず書房，pp.331-334.

河野良和(1978)感情のコントロール．河野心理教育研究所．

河野良和(1989)感情モニタリング実際編．河野心理教育研究所．

松木繁(1991)「悩み」の解決と「悩み方」の解決．心理臨床学研究，9(2)；4-15.

峰松修・山田裕章・冷川昭子(1984)分裂病圏の学生とPsycho-Retreat．健康科学，6；181-186.

峰松修・冷川昭子・山田裕章(1989)学生相談における分裂病圏の学生の援助．心理臨床，2(3)；221-230.

峰松修(1990)来談学生への一般的対応．In：土川隆史編著：スチューデント・アパシー．同朋舎，180-199.

中井久夫(1983)説き語り「強迫症」．兵庫県臨床精神医学研究会，兵庫精神医療，4(中井久夫(1985)中井久夫著作集2　治療．岩崎学術出版社，pp.94-114.)

成田善弘（1987）強迫症．In：土居健郎ほか編：異常心理学講座Ⅳ　神経症と精神病1．みすず書房，46-105．

成瀬悟策（1988）自己コントロール法．誠信書房．

Salzman, L. (1968) The Obsessive Personality. Origins, Dynamics and Therapy. Jason Aronson.（成田善弘・笠原嘉訳（1985）強迫パーソナリティ．みすず書房．）

田嶌誠一（1983）"壺"イメージ療法．広島修大論集 24(1)；71-93．

田嶌誠一編著，成瀬悟策監修（1987）壺イメージ療法—その生いたちと事例研究．創元社．

田嶌誠一（1990）「イメージ内容」と「イメージの体験様式」—「悩む内容」と「悩み方」．In：家族画研究会編：臨床描画研究Ⅴ．金剛出版，pp.70-87．

田嶌誠一（1991）青年期境界例との「つきあい方」．心理臨床学研究，9(1)；32-44．

田嶌誠一（1992a）イメージ体験の心理学．講談社．

田嶌誠一（1992b）現代人とイメージと身体．In：成瀬悟策編：臨床動作法の理論と実際．至文堂，131-142．

山崎恭子（1991）学生相談室の課題談話室のこと．広島大学総合科学部学生相談室活動報告書，16；4-12．

安永浩（1979）分裂病症状の辺縁領域（その2）—強迫型意識と感情型意識．In：中井久夫編：分裂病の精神病理8．東京大学出版会，65-114．

第8章

青年期境界例との「つきあい方」

はじめに

　本稿は，筆者が学生相談の場で行っている境界例とおぼしき学生たちとのつきあい方を述べることを目的としている。

　境界例についてはこれまでたくさんの研究があるが，それらは一部の例外を除くともっぱら病院臨床の場からなされたものである。したがって，学生相談ないし大学という場から彼らについて語ることになにがしかの意義はあろう。

　とはいえ，本稿はそれを主たる目的とするものではない。ここで述べることがもしある程度的を射た部分を含んでいるならば，他の臨床現場でも等しく重要な事柄ないし視点を含んでいるはずである。それゆえ，以下に述べることが，学生相談という特殊な場での捉え方，対応の仕方であるというふうにのみ読者に受け取られるとしたら，筆者にとってはなはだ残念なことである。

　なお，本稿では，学生相談について語るときは「カウンセラー，クライエント」，病院での経験については「治療者，患者」という語を原則として用いることにする。

I　学生相談

　「相手は援助（治療）を受けているとは思っていないし，こちらも援助しているという意識は希薄であり，しかし，つきあっているうちにいつの間にか以前よりは具合よくいっている」というのが学生相談のかなりいいあり方のひとつではないかと思う。

　この8年ほどもっぱら学生相談に従事してきた。むろんそれほど長い経験とはいえないが，それでもこの間の経験は私にとって十分すぎるほど大きなカル

チャー・ショックであった。それまで従事していた病院や外来相談室での臨床活動とはずいぶん勝手が違っていて，やりにくいなあ，というのが当初の正直な感想であった。

　外来の相談室であれば，重篤な人は精神科等へ紹介するだけで十分であろうが，学生相談室の場合，それでこと足れりというわけにはいかないし，精神科等での治療をメインとすべき学生であっても，彼らはそこにいるのだから，たとえささやかであっても何らかの援助を考えざるをえないし，また考えたくもなる。

　また，病院などと違って無料であり，しかも同じ敷地内にあり，いつでも利用できるという気安さからか，面接の約束を気軽に（しばしば何の連絡もなしに）キャンセルしてくれるし，逆に予定日以外に突然面接を求めてくることもしばしばである。受付は一応あるのだが，病院等のように強固な「防波堤」とはなりえず，たとえ忙しくても「捕まって」しまう。「治療契約」「治療構造が……」などと考えると疲れ果ててしまう。自宅の電話番号なども（別に隠してもいないが）教職員の住所録を見ればすぐわかるので，電話もよくかかってくる。キャンパス内で顔を合わせる機会も多い。「分析の隠れ身」などあったものではない。

　それまでの臨床経験からつくりあげてきたスタイルにいつの間にか縛られていた私は，こうした状況が大きなデメリットに感じられ，当初は「治療構造がルーズであり，だからやりにくい」などと考えていた。ところが，まもなくそういう捉え方は間違いであり，しかも学生相談という場のもつ特徴はこちらの心構えや工夫次第で逆に大きなメリットとなることに気づくようになった。

　本稿ではそれらのうち境界例に対しての工夫を述べてみたい。

　学生相談に従事する前には，おもに精神科の病院で境界例の人たちとの心理療法を経験してきた。そこでは，境界例についてよく言われるようなことを経験した。面接のかなり早い時期から「深い内容」が言語化されたり，たとえ順調な滑り出しをしても，まもなく治療者に対する信−不信の葛藤が激しくなり，治療者のちょっとしたそぶりにも敏感に反応し，ポジティブな感情であれネガティブな感情であれ激しいものが突出し，かつ多彩な行動化が起こり，治療者もそれに巻きこまれ，両者ともに混乱するといった様相を呈する。治療者の不用意な反応によって彼らが混乱した状態になることも珍しくない。治療者とし

てはハラハラ，ドキドキの連続であり，薄氷をふむ思いがする。

こうした経験から，筆者は境界例等の重篤なケースの心理療法においては彼らの精神内界での危機的な体験が急激に進みすぎないような技法的配慮として「『安全弁』を備えた治療構造」が必要であるとして，その具体的工夫を述べた（田嶌 1987）。そうした工夫によって，私の薄氷をふむ思いはある程度は和らいだものの，依然として心もとない感じがつづいていた。多少の心もとなさを抱くことはむしろ必要なのかもしれないが，それはそう思える限度を超えているように思えた。「『安全弁』を備えた治療構造」にするための具体的工夫がもっと必要なのではないかと考えていた。なお，現在ではそれは「『安全弁』を備えた治療的枠組みづくり」とでも呼ぶほうがぴったりすると考えている。

まもなく，学生相談にもっぱら従事するようになった。学生数約6,100人の大学で常勤カウンセラーは私ひとりであるから，毎年さまざまな学生たちと面接をすることになるが，とりわけ境界例と考えられる学生たちにはずいぶんとエネルギーを使った。境界例の人たちとの面接では治療者が巻きこまれ，ふり回され，両者ともに混乱に陥りやすいことはよく知られているが，先に述べたような特徴をもつ学生相談状況はそれをさらに促進しやすい事態だからである。それでも，こちらがふり回されることで彼らが（一時しのぎでなく）本当の意味で助かるのならまだしも，そういう保証はないから厄介である。

大学はほとんどの学生にとって，昼間の主たる生活の場であるといえる。したがって，外来の相談室や病院での臨床とくらべて学生相談の際立った特徴としては，日常の生活の場を学生と共有しているという点があげられよう。私が感じた「やりにくさ」のほとんどはそこから生じている。そこで私は，発想を転換して，当初はデメリットと感じていたこのような特徴に注目し，逆にそれを活用するための工夫を行うようになってきた。したがって，以下に述べることは学生相談ないし大学という生活の場を活用したアプローチである。

II 境界例の行動特徴

本アプローチの内容に立ち入る前に，境界例の行動特徴について若干の考察を行っておきたい。

境界例の精神病理についてはこれまで多くの優れた研究があり，さまざまな

ことが言われてきた。だから，ここで私は屋上屋を重ねることをやめて，次の項で述べるアプローチに特に関係の深そうなことだけを簡単に述べるにとどめたい。

二人関係への過剰な没頭

彼らとの面接を重ねるうちに，通常さまざまな特異な現象が出現し，治療者やカウンセラーはそれにほんろうされることになる。それらの現象についてはこれまで精神分析をはじめとして詳細な検討がなされてきた。分裂，投影性同一視，理想化，価値引き下げ，行動化etc。二人関係のなかで展開するこれらの現象の重要性は言うまでもないが，むしろここでは彼らの主たる行動特徴を「二人関係の過剰な希求と没頭」というふうに捉えてみたい。彼らは治療者に対してポジティブな感情を抱くにせよ，ネガティブな感情を抱くにせよ，治療者に過剰に関わろうとする。しかも，それは通常面接を重ねるにつれてエスカレートする。

成田（1989）が「精神療法家もまた患者との一対一の関係に埋没しがちである」と指摘しているように，治療者の多くもまた「二人関係の過剰な希求と没頭」という「病理」を抱えた人たちであるためであろう。われわれの過度の（?）「共感的」態度によって，境界例の境界例性が花ひらくことになる。むろん，そのことに治療的意味はあるだろうが。

相手の過剰なふり回しと行動化

彼らは単に「単一の二人関係への過剰な希求や没頭」をしているわけではない。没頭の仕方もまた特徴的である。彼らは自分が暗にあるいははっきりと示すさまざまなニーズ——といってもそれが真のニーズであるかは疑問だが——に相手が徹底して合わせることを希求している。換言すれば，自分のいかなるニーズにも応じられる対象を求めているのである。しかし，彼らのニーズに合わせつづけることは不可能である。

そこで，彼らは容易に行動化を起こしやすく，それは治療者をひどく悩ませる。

治療者のなにげないそぶりや態度に独自の意味づけをして，それに反応してのこともある。治療者のかすかな本音を察知してのこともある。治療者が彼ら

の都合や要求に応じきれなくなってのこともある。要するに，治療者が彼らの意のままに反応してくれないことは彼らにとって耐えがたい苦痛をもたらすらしい。いや，それだけではない。彼らにはもともと独特の苦痛があるらしく，治療者が彼らのニーズに応じているうちはほんの一時であれ，それが少しは紛れている。だから治療者が彼らのニーズを汲みとってそれに応じることに失敗すると，そのもともとの独特の苦痛も浮かび上がってきて苦しいという面もあるようだ。

　いずれにせよ，彼らのニーズに徹頭徹尾応えつづけることはいかなる治療者，カウンセラーにも不可能であり，また仮にそれができたとしてもそれが治療的とはとても考えられない。治療者の技法的配慮によって行動化をなるべく少なくすることはある程度可能だとしても，行動化そのものは避けられないのである。つまり境界例は，単一の二人関係のなかだけではおさまりきれないものを本質的にもっているものと思われる。

　したがって，筆者は複数の二人関係という受け皿が必要であると考えている。そして，行動化を抑えつけるというよりも「上手に行動化する」のを援助するという方針をとるのがよいと思う。

専門家泣かせ

　境界例が治療者を悩ますことはよく知られている。専門家泣かせであると言ってよいだろう。だから，臨床家は境界例について懸命に勉強していると思う。しかし，筆者にはそれがパラドックス的事態に陥りやすい面があるように思われてならない。

　専門家泣かせの境界例に対処するために専門家たちは勉強することでより専門的知識を深め，ますます専門家的対応を強化しつつあるように見えるが，それはかえって彼らの専門家泣かせの部分にますます活躍の場を与えることになってしまっているような面があるのではないだろうか。換言すれば，専門家であろうとすればするほど，彼らの治療者やカウンセラーの「生身」をひき出そうとする行動に拍車をかけ，彼らの境界例性を際立たせてしまう面があるのではないだろうか。そのことに治療的意味があると考える立場もありえようが，私にはとてもそうは思えない。したがって，治療者が「自分は境界例治療の専門家だ」などと思い込むとロクなことはないのではないだろうか。

III つきあい方の基本原則

　私が本稿でもっとも強調しておきたいことは，これまでの境界例の心理療法は一対一の個人心理療法という視点に偏りすぎていたのではないかということである。
　こう言うと，では集団療法や家族療法かと思われそうだが，私が言いたいのはそういうことではない（だからといって，それらの有用性を否定しているわけではむろんない）。一対一の個人心理療法はどちらかと言えば外枠を整えずして，内奥へ突入していくような観がある。適切な比喩ではないことは承知で言えば，外壕を埋めずして本丸へ突入していくかのような印象がある。
　しかし，境界例は「単一の二人関係への過剰な希求と没頭」という特徴を呈しながらも，同時にそのなかにはおさまりきれないのであり，だからこそ境界例なのである。彼らの特徴をこのように捉えてみると，彼らの病理は個人心理療法という単一の二人関係のみでクリアするのは不可能ではないにせよ，かなり困難なことであるといえるのではないだろうか。
　こう言うと，「そんなことはない。これまでインテンシブな個人心理療法による治療の成功例がたくさん報告されているのではないか」という反論が返ってきそうである。だが，私自身の経験をふり返ってみると，一見私という治療者と患者との二人関係によってある程度の安定に至ったと見える場合でも，実は患者は主治医や友人などといった他の人たちとの関係をもっており，案外それが重要な役割を担っていた可能性も高い。控えめに見積っても，治療者－患者という二人関係はそういう他の人びととの関係——複数の人間関係——に支えられているということがいえるし，またそういう関係なしには個人心理療法は脆いといえよう。
　それゆえ，治療者－患者，カウンセラー－クライエントという二人関係の外の関係，治療そのものを抱える場や背景も含めて見ていく視点が必要であろう。
　さらに過激なことを言えば，われわれは彼らには個人心理療法，しかもインテンシブなそれが不可欠と考えているフシがあるが，その根拠は疑わしい。
　現在のところ，私は次のように考えている。境界例の援助（または治療）には複数の二人関係が必要であり，そこではむろんクライエントが主役であるが，

クライエントの相手をする側にも主役と脇役とが必要である。ここで言う主役とはクライエントと少なくともある一定の期間共感に基づく濃密な関係という太いパイプを維持しつづける人のことで、脇役とは太くはないがパイプをある一定の期間維持しつづける人のことを言う。たとえば、脇役のなかには彼らと会えばニッコリしてあいさつを交わす程度の関わりの人も含まれるが、日々の生活のなかでこうした脇役が存在することの必要性と重要性がもっと認識されるべきではないだろうか。

こうしたことはなにも境界例の援助に関してのみあてはまることではない。しかし、単一の二人関係ではおさまりきれないという病理を抱えた彼らの援助にあたっては、治療者やカウンセラーがこの点に留意しておくことがひときわ重要なのである。

ここで強調しておきたいことは、主役は必ずしも心理療法などの専門家である必要はないし、また主役と脇役とは必ずしも固定したものではなく、局面によって交代することもありうるということである。そして、私からみて望ましく思えるパターンは、主役との関係が危うくなったときや主役が不在のとき、脇役が一時クライエントを支えるということや、主役と脇役がタイミングよく交代するということがあげられる。

境界例の人たちにとって、周りの人たちの誰でもが主役や脇役になりうる。

成人の境界例の人の場合だと、主役を果たしてくれる配偶者に恵まれ、心理療法家や主治医が脇役として機能していたり、また心理療法家が主役で主治医や看護師が脇役であったり、さらには複数の治療機関にかかり、複数の治療者を適宜主役、脇役に使い分けるということなどが割と起こっている。また、中井（1987）は彼らは多くの治療者を遍歴し、そのうちに治っていくことがしばしばあるという滝川一廣の指摘を紹介し、それを「弱毒化のようなものだろうか」と述べている。

これが境界例の学生についてだと、たとえば、ゼミ担当教員や（クラブやゼミの）先輩、友人、恋人、主治医、カウンセラーなどがあげられようし、こちらの対応次第ではさらに選択肢は増えることになる。

先に筆者は主役は必ずしも専門家である必要はないと強調したが、むろん筆者は心理療法家が主役になってはいけないなどと言っているのではない。安易に主役になることの弊害を訴えたいのである。同時に、時には脇役になること

の重要性も強調しておきたいのである。心理療法家は「普通の対応」をしていると、すぐに主役にされてしまうし、なってしまうからである。そういえば、これまで境界例の事例が多数報告されているが、それらはいずれも心理療法家が主役になった場合のものである。脇役に回ったときの事例報告もあったほうがよいと思う。

なお、主役になるとき、次の二点を頭において置くのがよいだろう。第一に脇役なしの状況で主役になってしまっていないかということ。脇役なしの治療は脆い。第二は自分が主役になるということは他の人が主役になる可能性を奪っているのだということを。

さて、筆者のアプローチの基本原理は単純なものである。第一に、上記のような主役と脇役という観点から「複数で抱える」ということ、第二に、居場所を提供するということ、である。つまり、個人心理療法が単一の二人関係による治療を狙うものだとすれば、本アプローチはネットワークを活用して、複数の二人関係による援助（または治療）を狙うものであるといえるし、また生活の場を活用したアプローチであるともいえよう。また、心理療法家が主役となって個人心理療法を行うことになった場合には、それを抱えるものとなる。

以下、具体的に述べてみよう。

定期的個人面接を必須とは考えない

カウンセラーとの二人関係へのある程度の没頭はやむを得ないし、初期には望ましいことだといえるが、過剰な没頭に陥らぬように気をつける。主役となるとき以外はなるべく定期的面接の約束はしないで、個人面接を不定期に行うことにする。主役でないときに治療契約を交わすなどは禁忌である。主役となり個人心理療法を行う場合、そのなかで必要な留意点については以前述べたことがある（田嶌 1987）が、その場合でも以下に述べる対応はやはり必要である。

定期的面接であれ、不定期の面接であれ、境界例であればたいてい頻繁に面接を求めてくる。しかし、いつもそれに即座に応じていると、ほどなく過剰な没頭と行動化の嵐が訪れることになる。かといって、応じなければほどなく関係は切れてしまうから厄介である。

本人にも困ってもらうこと

　彼らは頻繁な面接要求に限らず，さまざまなニーズを暗にあるいはあからさまにカウンセラーにぶつけてくる。カウンセラーはこれに大変困らされる。

　これをどうのりきるかが大変重要である。これらのニーズに対してはカウンセラーだけがもっぱら困らされるのではなく，本人にもほどほどには困ってもらうように対応するのがコツである。たとえば，私はなるべく面接の要求には応じることにしてはいるが，応じ方に気をつけている。たいてい，突然来室するか，電話をしてくるかであるから，彼らの面接の求め方がいかに緊迫したニュアンスがあろうとも，その大変さに共感しつつも，他の人との面接を変更したりはせず，何か他の用事があればそれを済ませ，しかる後に会うことにするのである。たいていはその日か翌日くらいのうちに会うのだが，それでも彼らに待ってもらうのである。結局，今の私はとても忙しいから，いつも多少は待ってもらうことになっている。

　「やむをえず待ってもらわざるをえない」という感じが相手に伝わることがポイントであり，「待たせてゴメンネ」という態度をとりつつ，その日の朝でもよいからあらかじめ予約してくればあまり待たされなくてすむよ，ということも一応は伝える。長期的にみれば，前もって電話予約をしてくれるようになったり，ハナから待つ覚悟で面接を申し込むようになるものである。

「専門家的でない」アプローチ

　もうひとつのコツは，前項にも関係したことだが，彼らに対して「半専門家」ないし「非専門家」というスタンスをとるのがよいということである。彼らは専門家泣かせであると先に述べた。ならば「専門家的でない」対応がよいというわけである。ややこしい言い方をすれば，「専門家的でない対応こそもっとも専門家的対応である」ということになろうか。

　こういうと，境界例は専門家泣かせであるだけでなく，素人泣かせでもあるじゃないかという反論が返ってきそうである。しかし，筆者の観察するところでは専門家泣かせではあっても決して素人泣かせではない境界例の人が結構いるし，素人泣かせでもある場合でも，それは専門家に対してほどではないようである。

　「専門家的でない」あるいは「半専門家的」対応とはどういうものだろうか。

第一に定期的面接を必須とは考えないことである。これはすでに述べた。第二に自分の能力に幻想をもたないことである。苦悩に共感しつつも，相手の幻想がふくらむ前に，適当なところで「無能力宣言」をしてしまう。自分ができることとできないこととをきちんと伝えるのである。

　言い方はいろいろありえようが，私はたとえば次のようなことを言う。「あなたの苦しみを何とかしてあげたいけど，私にはとてもできそうにない。私ができるのはせいぜいあいた時間にこうやってあなたの話をきくことと病院を紹介することぐらいです。だから，それが少しでもあなたの回復に役に立つようならば，また来てください」。

　しばしば「死にたい」とか「どうしたらいいんですか!?」と問われる。時には問いつめられるといった感じであり，そういうときはこちらとしても針のむしろである。それはそれとして，私はあるときは困惑気味に，またあるときはあっさりと「そりゃあ，病院に行ったほうがいいんじゃない」と言う。薬が効を奏するようには見えなくともかまわない。ここでのポイントは第一に，カウンセラー以外の人とのチャンネルを開くこと，第二に，彼らの苦悩をカウンセラーがもろに背負うのではなく，いわば「斜めの」スタンスをとることにあるのだから。それに，時には腕のいいあるいは相性のいいお医者さんに当たってかなり軽快することもあるのだから。

　もし，彼らが望めばクリニックや病院を紹介する。意外に思われるかもしれないが，紹介先は心理療法を熱心に行うところや臨床心理士を抱えているところがよいとは限らないと心得ておいたほうがよい。紹介にあたっては，「いいと思うから紹介するのだが，病院や医師，薬などは人それぞれに相性というものがあって，ある人に紹介してよかったからといって，別の人にもよいとは限らない。だから，今後も病院へのかかり方，選び方，病院，医師，薬とのつきあい方などについても相談にのる」という旨を伝える。

　緊急の場合，病院へ付き添っていくことはあるが，それでも紹介先との連絡を密にとるということはしない。しかも，そうであるということが早目に本人に伝わるように配慮しておくことが大事なポイントである。

居場所を提供する

　私の大学の学生相談室には「談話室」と称する，学生が自由に出入りできる

部屋が設けてある。そこでは他人にひどく迷惑をかけない限りどんな過ごし方をしてもよいことになっている。私もときどき出入りしてはいるが，主役は学生たちであり，またここへ来たからといって私と個人面接を受けなければならないことはないし，私とまったく顔を合わせないこともある。お茶を飲んでダベる者もいるが，ひとりでボンヤリしていたり，長イスにねころがったりしている者もいる。この「談話室」のことを学生たちは「C・R・Y（クライと読む，「叫び」と「暗い」をかけている）」と呼んでいる。Communication Room for Young の頭文字をとったのだという。言い得て妙である。

　学生相談におけるこの種の部屋の活用については峰松ら（1989）の刺激的で優れた研究がある。彼らは，統合失調症圏学生の援助のための，精神科臨床とは異なる学生相談固有の有効な対応とその背景にあるユニークな考え方を述べている。

　境界例の学生の援助にもこの部屋が役に立つので，たまたまその日そこにいる学生を紹介して，出入りをすすめる。境界例学生の突然のまたは頻繁な面接の求めに対しては応じるが待ってもらうと先に述べたが，この部屋で待っていてもらうことも多く，それがきっかけで出入りするようになることもある。

　ヒマつぶしができること，これが彼らにとってとても大切なことである。境界例の学生に限らず，新参の者はそこで「何か話をしなければならない」というプレッシャーを感じやすいので，まずなによりも居場所として活用できるように配慮することが大切である。

　彼らの談話室での過ごし方は特徴的である。境界例の学生は「談話室」へ出入りしはじめても，当初はわれわれスタッフ（次項で述べる）があれこれかまいたくなるような態度をとる。彼らの視線が痛いくらいである。ここでは彼らが談話室に居ついてくれるような配慮をしつつ対応する。しかし，ここであまりかまいすぎないように，かといって冷たくなりすぎないように気をつける。スタッフ皆が交替で少しずつかまうというのもよい。ほかに用事や仕事があればそれに専念して，時間があいたら少し相手をする程度にしておく。そのうち彼らがそこに安心して居られるようになるにつれ，スタッフへの視線も和らいでくる。その頃には出入りの他学生とも結構親しくなっているものである。

　本人の訴えは相変わらずだが（！），こちらから見れば，少しではあるが以前よりも苦しさを抱えておれるようになっているのが感じとれる。

また，談話室利用のルールに対する彼らの反応も特徴的であるが，それについては後に述べる。

一緒に遊ぶこと

談話室に出入りするようになると学生同士で遊ぶようになる。このことがもつ意義も大きい。遊ぶといってもたいそうなことを言うのではない。談話室で「ムダ話」をしたり，トランプや将棋をしたりするようになる。ちょっとその辺まで一緒に食事に行ったり，コーヒーをのみに行ったりすることもある。卓球やソフトボールに興じることもある。これらの遊びに私もときどき参加するが，それでも主眼は学生同士が遊べるようになることにある。

その延長として，コンパやボーリング大会，1泊合宿などのビッグイベントもたまに行っている。学生の一人がマネージャーとなって，われわれスタッフも参加してる。

境界例の学生は皆で遊ぶのが苦手である。それでも他の学生に誘われているうちにときどき参加するようになる。しかし，彼らはグループの中心になることはない。彼らは，グループのまとめ役にもリーダーにもマネージャーにもなりはしない。彼らは周辺人でありつづける。そうでない境界例もいるのかもしれないが，それは対人操作のうまいリーダーとなれる人であり，「適応のよい境界例」つまり境界性パーソナリティではあっても境界性パーソナリティ障害ではないということになろう。

複数で抱えること

筆者はひとりで抱えこまないことにしている。たとえ主役となったとしても，これが大変重要である。そのためにはさまざまなネットワークを活用する。相談室には，常勤カウンセラーの私以外にもインテイカー兼事務の女性職員と2名の非常勤カウンセラー，1名の非常勤精神科医というスタッフがいる。彼らもときどき談話室へ出入りしているから，学生が「談話室」へ出入りするようになると必然的にこれらのスタッフとも顔見知りになり，パイプができることとなる。

「複数で」というのは何も相談室のスタッフだけを指してのことではない。主治医もいればゼミ担当教員やチューターの教員もいる。各部署の職員もいる。

できれば彼らの生活の場である学内，外のいろいろな人を巻きこむのがよいようだ。といってもやりすぎてはいけない。彼らがいろいろな人と自然に知り合いになれるような配慮をときどきしておくだけでよい。たとえば，相談室と関係の深い部署として隣に保健室がありそこには二人の看護師がいる。また，1階上には学生部があってたくさんの職員がいる。さらには，各学部教員のなかから，相談員を数名委嘱している。くわえて，卒業していった来談学生のOBがいる。相談室では先述のように学生中心にときどきコンパやボーリング大会や合宿などを行っており，そうした機会にそれらの人たちのうち何名かに参加してもらっている。

また，特にこちらが配慮しなくても学生が自力で見つけて出入りしている部署もいくつかある。時にはほとんど，相談室以外の人たちが中心となって彼らを抱えて援助し，われわれのほうが補助的役割を果たすようになることもある。

さて，こういうふうに，彼らがいろんな人とパイプをもつようになると，相手の人たちから，彼らと「どう接したらよいか」という問い合わせがくるようになる。それにある程度はきちんと答えないと，無用の混乱を引き起こすことになるから注意が肝要である。

病院に入院した境界例患者が治療チームをしばしば混乱させることはよく知られている。「複数で抱える」にあたって同様の混乱を防ぐためには，彼らと関わる複数の人たち（全員でなくてよい）が，以下に述べるような共通理解をもっておくことが必要である。そのような理解をもってもらうための補助手段として，私は学内配布用の簡単なレジュメを作成しており，必要に応じてそれを配っている。実のところ，本論を書いたのも専門家間で同様の治療イメージを共有してもらえればと願ってのことである。これらは大変重要ではあるが，それほど難しいことではない。

第一に，彼らの成長・回復あるいは支持のためにはひとりではなく複数の人たちがいろんな立場・考えからさまざまな関わりをすることが必要であるということ。そして，そのなかから彼らは次第に自分の成長・回復・支持に必要でかつ自分と相性のよい関係を選びとっていくものであると考えておくこと。

たとえば，周囲がひどく迷惑するような言動を再三とる学生がいると，周囲は大体二つの意見に分かれる。ひとつは，「学生といっても大人なのだから自分のことは自分できっちりすべきだ」という考えから冷ややかな目を向けたり，

無視したり，もっと進んで「本人に現実（の規則）というものを教えてやるべきだ」という考えから本人に厳しく注意するなりしたほうがよいという立場。いまひとつは，その人がそう振る舞わざるをえない心情，背景を理解しつつ接していこうという考えである。

　前者の立場をとる人は後者を甘い，甘やかしていると見るし，後者は前者を冷たい，厳しすぎると感じる。そして，おたがいに間違っていると非難がましい気持ちになりがちである。それぞれの人間観，人生観の違いでもあろう。

　しかし，程度の差こそあれ，おそらくその両方が本人にとって必要なことが多いだろうというのが私の考えである。もっぱら片方の経験しかする機会がないというのではなく，両方のタイプの経験の可能性に開かれていることが必要なのである。しかも，それは両方の立場の人がともにこのような共通理解をもって関わるとき，より有用なものとなる。

　おおむねカウンセラーは後者であり，前者の立場の人たちに対して批判的で，自分だけがクライエントのよき理解者であると思いがちである。しかし，カウンセラーが優しいよき理解者でいられるのは「厳しい人」や「ものわかりの悪い人」がいるからであるという面もある。そういうことも心に留めておくのがよいと思う。

　第二に，専門的知識や本人についての予備知識は特に必要はなく，「冷た（厳し）すぎないこと」と「献身的でありすぎないこと（＝相手の都合に合わせすぎないこと）」というごく大雑把な了解をもっているだけで，あとは各自の個性でふつうに接してもらうのがよいということ。つまり，困っている人や悩んでいる人に出会ったとき，各人がふつうとっているような態度で接してもらうのがよい。とはいえ，以上の判断は各自の基準によるわけであるから，実際の対応は一様でなく，人により甘かったり，厳しかったり，さまざまであるということになる。

　第三に，本人についての詳細な情報交換や（これまで述べたこと以上の）「打ち合わせ」は行わず，しかもそうであることが本人に何らかの形で伝わるように配慮すること。あまりに「打ち合わせ」をしすぎるとこちらの自由さが失われ画一的接し方となり，また不自然さが出てくるだろうし，スタッフ間の変な競争意識が出てくることもありえる気もするからである。また，彼らはそういう「打ち合わせ」には非常に敏感であるから，それを逆手にとられるのがオチ

である。だから，上述のようなつきあい方の基本的了解さえあればそれでよしとする。

「複数で抱える」とどういうことが起こるのだろうか，あるいは起こりやすくなるのだろうか。

境界例の人たちの発散するエネルギーにはすさまじいものがあることはよく知られている。とてもひとりで受け止めきれるものではない。まず第一にこれを「散らす」という意義があるだろう。

また，前に述べたように，彼らには「二人関係への過剰な希求と没頭」がある。しかも，どんな「名」治療者，「名」カウンセラーといえども彼らのニーズに応じ続けることは不可能である。そこで早晩，彼らは他者の対応に失望したり，傷ついたりすることになる。

この不可避のプロセスをいかにマイルドに経過してもらうかが勘どころである。

ここで彼らがただひとりの治療者やカウンセラーとの関係しかもち合わせていなければ，それはかなり脆い行動化となる可能性が高い。ところが本論で述べたように複数で抱えると，ひとりの人に失望しても別の人との関係が残っているので危機は避けられやすい。その別の人に電話をかけ，さんざん不満・悪口を言うといったことが起こる。その人はそれをじっくり聞くということになろう。その別の人との間で何かあってもさらに別の人がいる。そうこうするうちに，最初の人ともある程度は関係の修復ができてくるといった具合である。

それはまた，彼らの「対象分裂」という防衛機制が和らぐことでもある。彼らは対象をgoodとbadとに二分し，goodな対象にbadなものを，badな対象にgoodなものを見るということができない。その一方で，goodのなかにひとたびbadを見いだすとall badに反転してしまいやすい。しかし，先のような経験を通して，彼らはall goodやall badではなく，goodのなかに少しbadを見たり，badのなかに少しgoodを見ることができるようになりやすい。

治療者やカウンセラーの側も本人を「ゆさぶる」ようなことも少しは言いやすくなる。そして，複数で抱えるうちに彼らの行動化の波や気分の波はだんだん振幅が小さくなっていく。中井（1987）の言う「弱毒化」が起こりやすくなるのである。

また，彼らは学内のいろいろな部署，場所に出入りし，複数の教職員や友人

や周囲の人たちに対して「迷惑」をかけることが多い。複数で抱えることで彼らが周りに「迷惑」をかけなくなるわけではない。いわば「迷惑」のかけ方がじょうずになっていくのである。

　複数で抱えられているうちに，彼らはひとときの満足を得たり，失望し傷ついたりということを幾度もくり返す。そして，どうやら，本人のなかではある程度の満足を得ながらも，同時に特定の唯ひとりの人が自分のニーズを完全に満たしてくれるということはありえないということを体験的に知り，「他者に徐々に失望する」というプロセスが進行し，他者に期待できるものとできないものとの区別ができてきて「健全なあきらめ」または「哀しいあきらめ」とでもいうようなものが起こり，その結果,「苦しみをひとりで抱えておける力」がついてきているように思われる。また，世の中にはいろいろな人がいるということ，相手によってつきあい方を変えなくてはいけないなどということを経験を通して学んでいるようにも思われる。

　つまり，「複数で抱える」および「居場所を提供する」ということは単一の二人関係では不足しがちな面を補う補充的機能や二人関係で生じる危機を抱える受け皿的機能・安全弁的機能をもっているのであり，その意味では，かつて筆者が述べた「『安全弁』を備えた治療構造」（田嶌 1987）ないし「『安全弁』を備えた治療的枠組みづくり」を実現するための具体的工夫のひとつとしての意義も有しているといえよう。筆者がかつて述べた安全弁の工夫は治療者－患者関係水準ないし精神内界水準のいわば「内的安全弁づくり」とでも言うべきものであったのに対して，ここで言う「複数で抱える」,「居場所を提供する」ということはいわば外界水準の「外的安全弁づくり」であるといえよう。

　そのためか,心理療法家が主役となった場合「非常に深い治療」となる。「安全弁は暴露弁である」（田嶌 1987）という法則がここでも成立するからであろう。

関係を継続すること

　しかし，先述のような経験は彼らにとってひどくつらいものである。そこに至るまでには状態，症状の悪化や行動化が起こり，そのためやむなく入院に至ることもある。この局面をうまく経過した場合，しばしば抑うつ（と思われる）状態が出現する。口数が少なくなったり，一見無気力に見えたり，家にひきこ

もったりする。それまでよく出入りしていた談話室へピタリと来なくなるのもそういう時期である。それに対しては時折電話をしたり，コンパ等の行事にも必ず声をかけるなどして細いパイプの維持に努めることにしている（ただし，こちらから個人面接に誘うことはしないほうがよい）。

彼らに必要なのは一時期濃密になったり，疎遠になったりする関係ではなく，むしろ適度な距離の関係を複数もちつづけることかもしれないなどと思うからである。

必要最小限のルールを守ってもらうこと

彼らは社会的なルール，とりわけ小集団内のルールを守ることがとても苦手である。それを超えた生身の二人関係への衝動がつきあげてくるからであろう。そこで，必要最小限のルールは守ってもらうようにする。

しかし，ここで気をつけるべきだと筆者が思うのは，この「ルール破り」「生身のふれあい」傾向はいわば彼らの彼ららしさでもあるのだから，余りにルールを押しつけすぎるとそれは彼らのかけがえのないものを奪おうとする動きになる恐れがあるということである。だから最小限のルールなのである。それは，本人と私たちスタッフを守るものであり，その枠内ではスタッフは彼らとの生身のふれあいを恐れてはいけない。

ささやかな必要最小限のルールを守ることさえ彼らにはひどく苦痛であるらしく，ひどくそれに抵抗する。統合失調症圏の学生がよほど調子が悪いとき以外，たいていはこれに素直に従うのとは著しく対照的である。

例をあげよう。

「談話室」は毎週水曜日を休室日にしてある。週の半ばの日ということで水曜を選んだのである。この休室日は，もともとは，出入りの学生たちに学生相談室だけでなく，大学の他の場所も知ってほしい，生活空間を広げてほしいというわれわれの願いから設けたものである（ただし，個人面接はこの日もやっている）。

休室日であるのを十分承知のうえで再三やってきたりするが，その都度あっさり出ていってもらう。なぜ休室日が設けてあるのかを詰問したり，休室日がいかに不合理なものであるかを論じたりすることもある。なかなか弁がたつが，こちらはそれにのりすぎないようにする。一応簡単に主旨を説明したりもする

が，結局は「相談室の運営会議で決まったことだ」ということで押し切る。

いったんは仕方なく引き下がっても，調子が悪くなるとまた休室日に談話室にやってくる。「こんなに苦しいのだから特別にルールをゆるめてくれてもいいはずだ」とでも言いたげである。こういうときは個人面接が希望なら別室で面接を行うが，やはり「談話室」は出入り禁止にしておく。こちらとしてもつらいところだが，いかに苦しそうにしてやってきてもなるべく例外はつくらない。あっさりと，しかし冷たくはない態度で対応する。あまりにきつそうに見えるときは，隣の保健室のベッドで寝ておくようにすすめたりする。彼らにはひどく不満らしく，怒ったり，涙を浮かべて出ていったりする。

彼らが相談室とつきあっていくために守らなければならないルールは他にもいくつかある。談話室の開室時間帯は（水を除く）月〜金9時〜5時，土曜9時〜1時であるから，それ以外の時間帯は出入りできない。境界例の学生はしばしば時間がきても帰ろうとしない。そういうときも，上記と同様に対応する。

自分が使用したコーヒーカップ等は片づけて帰らなければならない。学生一般にこうしたことが守れない者が多いので，これが守れないのは特に境界例だからなのかどうかわからない。

他にもいくつかあるが，このような最小限のルールを彼らは随所で破ろうとする。口でちょっと言いきかせたくらいではおさまらぬことが多いが，そのつど根気よく前述のような態度で接する。すると，そのうちおさまってくるものである。だから，彼らの側から見れば「理屈や心情にあわないが従わざるをえない」という体験をもつことになる。そういう経験を少しはもつことが彼らには必要であり，重要であるようだ。

他の教職員から暗に仕事の迷惑になることがあるから相談室のほうから彼らに注意してほしい旨が伝えられることがある。そういうときには困っているその人が直接本人にうまく伝えるようにしてもらうことにしている。その人との「いま，ここで」の経験から学ぶことが大切だからである。

おわりに

境界例の研究がすすみ，その理論はきわめて精緻なものとなっている。それらから見れば本稿で述べたような大雑把な論に対しては，「ひとくちに境界例と

言っても，その病態水準はさまざまであり，それぞれの病態水準に応じた治療が必要なのであり，一括して論じられるものではない」という声が出てくるかもしれない。確かに，重篤になればなるほど入院治療が間に入り，時にその世話をすることが必要になることはある。また，入院→退学というコースをとる者もいる。しかし，あえて大胆なことを言えば，それ以外の点ではどの病態水準の境界例に対してであれ，このアプローチでの対応は大筋では同様である。裏を返せば，本稿で述べたアプローチはどの病態水準の境界例にもある程度共通して必要な部分について述べたものであるともいえるかもしれない。

　だからといって，本論は境界例という捉え難い対象をすっきりと割り切ってしまうために書かれたのではない。むしろ，境界例という捉え難いあいまいなものをあいまいなままで抱えておくためにささやかながらもつかみどころのあるものを筆者なりに求めたものなのである。したがって，すっきり割り切るために本論が利用されるならば，意味がないかあるいはかえって有害なものとなろう。また，そのこととも関連したことだが，心理療法についてあることを述べると，それとは反対のことや矛盾した面を逆に言い残したという感じがいつもつきまとう。そして，境界例について語る場合にはその感じがよりいっそう強くなる。河合（1970）のいう二律背反性によるものであろう。それを味わうことが大切なのだろうと思う。

　むろん，ここで述べたことは境界例の援助ないし治療のある側面を述べたものにすぎないし，また個人心理療法を否定するものでもない。むしろ，個人心理療法を抱えたり，補いあったりする面もかなりあるであろう。実際，特に個人心理療法などを行わずともある程度の安定に至った例もあれば，行った例もある。さらには，相談室内で3人の治療者が時期に応じて主役を交替して個人心理療法にあたり，成果をあげえた例もある。

　以上のようなアプローチによって，次第に苦しみを以前よりは抱えておけるようになり，頻繁に面接を求めてくることが少なくなったり，気分の波や状態の不安定さの振幅が小さくなったり，また，ちょっとしたことで動揺することが少なくなったりする。しかし，このような変化は短期間で起こるわけではないし，まためざましい変化が起こるというわけでもない。しかし，比較的安全で無難なアプローチであろうと考えている。

　なお，このアプローチは次のような人間観を暗に前提としているといえるか

もしれない。

①ひとはおたがいに支え合い，迷惑をかけ合って生きている。
②ひとは多様なタイプの対人関係の機会を提供されるならば，自分の成長・回復のためにそのときどきで必要なタイプの関係を選びとっていく。

付記　筆者と経験をともにしてくれた多くの学生諸君に深く感謝したい。また，このようなアプローチを筆者と共有または協力していただいてきた非常勤カウンセラーの福留瑠美氏，岩村聡氏，相談員の財満義輝助教授，インテイカー兼事務職員の近川佳子氏，山崎恭子氏，保健室看護師の後藤高子氏，柳川正子氏（退職），榊原章子氏，非常勤精神科医井上武司氏をはじめとする学内外の多くの方々に御礼を述べたい。本来ならば本稿はそれらの方々との共著とすべき性質のものであるが，病院臨床から学生相談に至る筆者の臨床経験をおりまぜて述べたため，やむをえず筆者の単著という形をとったことを付言しておきたい。最後に，本論文をまとめるにあたって，貴重なコメントをいただいた広島修道大学臨床心理研究会の山口隆教授，福留瑠美氏に感謝致します。

　　文　　献

河合隼雄（1970）カウンセリングの実際問題．誠信書房．
峰松修・冷川昭子・山田裕章（1989）学生相談における分裂病圏の学生の援助．心理臨床，2 (3)；221-230．
中井久夫（1987）軽症境界例．In：清水將之編：今日の神経症治療．金剛出版，pp.187-194．
成田善弘（1989）青年期境界例．金剛出版．
田嶌誠一編著，成瀬悟策監修（1987）壺イメージ療法—その生いたちと事例研究．創元社．

第9章

スクールカウンセラーと中学生

I　スクールカウンセラー，頭を抱える

　勤務校が決まった時,「ああ,あの学校か」と思った。荒れていたことで有名な学校である。真偽のほどは定かではないが，いまもなかなかだという噂である。

　文部省（現・文部科学省）は平成7年度から一部の公立学校にスクールカウンセラーを試験的に非常勤で配置し，その活用の可能性の検討を開始した。当初，154校でスタートし，その後倍増が続き，平成10年度には全国で1,500余校に配置の予定である。各校それぞれ週2回8時間，2年間の非常勤で，スクールカウンセラーのほとんどに臨床心理士が採用されている。筆者は平成8年度からある中学校に配置され，勤務しているので，本稿ではその経験から中学生と教師，中学校について感じるところを述べることにしたい。

　いささか不安なまま県教委による打ち合わせ会へ。関係者との初顔合わせである。校長と生徒指導担当教諭が出席のはずなのに，校長しか来ておられない。聞くと,「警察署へ行っているため出席できない」とのこと。生徒が何かやらかしたのである。校長は気骨のありそうな印象の方で，どちらかと言えば言葉少なだが，確固たる信念をお持ちの，古武士を思わせる方であった。後日，もともとは体育担当で生徒指導では百戦練磨の先生であることを知った。

　翌週，初出勤。今後のより具体的な打ち合わせの予定。最初が肝心である。ビシッと決めなければと意気込んで出勤。だが，校長と生徒指導担当教諭はなにやら忙しく，スクールカウンセラーの相手をするどころではないらしい。なんと！親が子ども（生徒）たちを捨てて逃げちゃったのだという。そこで，教頭と打ち合わせ。その後も，生徒が次から次にいろいろな問題を起こす。生徒

```
        一次的教育援助
        すべての子ども
   （入学時の適応，学習スキル，対人関係能力など）

           二次的教育援助
             一部の子ども
       （登校しぶり，学習意欲の低下など）

              三次的教育援助
                特定の子ども
           （不登校，いじめ，LDなど）
```

図1

指導担当教諭は大忙しである。こういう学校でいったい何ができるのだろうか。どんなふうに相談活動を開始したらいいのだろうか。私は頭を抱えた。

II スクールカウンセラーの役割

ところで，読者は「スクールカウンセラー」と言うと，どういうことを思い浮かべるだろうか。いま社会的問題となっている「不登校やいじめ等の問題をあつかうカウンセラー」を思い浮かべる人が多いのではないだろうか。さらには，学童期に生じやすい精神障害を思い浮かべる方もあるかもしれない。たしかに，それらはスクールカウンセラーが関わるべき重要な問題である。しかし，スクールカウンセリングがそうした問題だけを対象として考えるのは，あまりにも狭い考え方であると言わざるをえない。というのは児童・生徒は学校生活を通して成長していく過程で，さまざまな問題に直面するからである。したがって，スクールカウンセリングはすべての児童・生徒，さらにはその保護者と教職員を対象としたものであると考えるのが適当であろう。

図1は日本教育心理学会が、児童・生徒への心理教育的援助の対象を図示したものである。ここでいう第一次的教育援助とはすべての児童・生徒が持つ発達上のニーズに対する援助を言い、次の2種類がある。一つは、多くの児童・生徒が出会う課題を予測して、前もって援助する予防的援助であり、たとえば入学時の適応問題を考慮して適切なオリエンテーションプログラムを開発・実施することや、受験前のストレスなどへの対応を援助するためにリラクセーションを教えるといったことがあげられる。もう一つは、対人関係能力や学習スキルなど児童・生徒の一般的適応能力の開発を援助するものである。

　次いで第二次教育援助とは、まだ問題が顕在化してはいないが、教育指導上の配慮を必要とする問題に対する援助である。たとえば、「学習意欲が低下してきた」「登校しぶりが見られる」「遅刻が多い」「元気がない」児童・生徒や転校生など、問題が大きくなってしまわないうちに対応が必要な児童・生徒に対するものである。

　そして、第三次教育援助。不登校、いじめ、学習障害、その他個人的な悩みを抱えた生徒など個別に特別な援助が必要な児童・生徒に対する援助である。また、思春期・青年期は精神疾患の発病可能性が高い年代であるため、そういう生徒への対応も含まれよう。

　スクールカウンセラーの役割とは、以上のようなことを対象として、教師や保護者と協力しつつも、教師とは違ったスタンスで心理的援助を行うことであろう。そして、直接生徒の相談にのることもあれば、生徒について教師や保護者の相談にのることもある。

　欧米では、米国をはじめ常勤のスクールカウンセラーやスクールサイコロジストを置いている国があり、しかも個別の相談だけでなく健康教育としてストレスへの対処法の教育が授業の一環として行われているなど、その取り組みはかなり進んでいる。わが国ではごく一部の例外的試みを除けば、とてもそこまでには至らず、現実には多くの場合、前記のうち教師が第三次教育援助に追われており、第二次教育援助までがせいぜいであろう。しかし、今後は一般児童・生徒の適応能力やストレスマネージメントに対する援助といったものが、より重要となるものと考えられる。また、最近は子どもが犯罪の被害者となる事件がしばしば報道されている。今後は児童・生徒の被害対策としての生徒一般への「被害への対処教育」もまた重要な課題となるのではないかと思われる。

なお，欧米の事情と関連して言えば，英国に留学した日本の生徒がいじめにあい，担任に相談したところ，返ってきた返事はなんと「それは私の仕事ではない」という言葉だったそうである。「そんなことはスクールカウンセラーのところへ行きなさい」というわけである。それほどまでに，分業が成立してしまうというのも考えものではある。

III 学校を見立てる――教師はよくやっている

　スクールカウンセラーの役割を理論的・教科書的にはいちおう前述のように考えるとしても，現実にはなにもかもやれるわけではない。ましてや，たった一人で2年間の限定つきの非常勤である。それらを念頭におきつつも，学校の実情とカウンセラー自身の持ち味を考慮して，やれることをやっていくしかない。まずは，学校を見立てること，そして教師集団の仲間に入れてもらうことである。そのため，生徒指導専任教諭と養護教諭にしばらくはりついていろいろ教わった。

　最初はとまどったものの，実際勤務を開始してみると，案外いい学校だと思えてきたし，その思いはその後ますます強くなってきた。なにより，授業はちゃんと成立している。廊下をバイクで走り回るとか，授業中騒然としておさまりがつかないということもない。生徒たちは人なつっこい。学期半ばに突如現れたこの異分子のカウンセラーにも，親しげなあいさつをしてくれるし，学外でも遠くから手を振ってくれる。ホッとした気分になる。感心したのは，生徒指導専任教諭はもちろんのこと，どの教師も皆朝早くから夜遅くまでエネルギーを使って熱心に指導しているということである。たとえば，本校では，8時10分には教師は全員そろう。それからは登校していない生徒をチェックし，生徒宅へ電話をかけまくる。学校へ来ていないといっても，いわゆる登校拒否は少なく，非行・怠学の生徒が多い。すでにどこかへ逃走している生徒もいれば，まだ寝ている生徒もいる。どうも保護者が起こさない家庭もあるようだ。

　「もしもし，早く学校へ出てこい！　なにいー？　頭が痛い？　そんなもなあ，出てくりゃなおる！」といった言葉が出ることもある（誤解のないようにつけ加えれば，非行・怠学生徒に対するもので，しかもすべての教師がそうなのではないし，またすべての生徒にこのような対応をしているわけでもない）。

それでも登校しない生徒は教師が迎えに行くこともある。

　読者はこうした指導をどう思われるだろうか。なんと乱暴なと思われるだろうか。教師がこんなふうだから、こんな厳しい指導をしているから生徒の問題行動が多いのだと思われるだろうか。

　この現場にいて私はそうは思わなかった。卒業式になんとか出てきたそのツッパリ生徒を見て、目がうるんでいたのもその教師である。逆に、教師が奮闘しているから辛うじて、このくらいでおさまっているのだろうと思った。あるベテラン教師は、それまでの10年間の別の学校での担当学級の遅刻総数を、本校でのたった1年間での遅刻総数の方が軽く超えてしまったと苦笑していた。しかし、教師の熱心な対応がなければ、本校の遅刻総数はこんなものではあるまいということは容易に想像がつく。授業は成立しているし、かつてよりもずいぶんよくなったと本校の過去を知る人たちは口をそろえて言う。そのためか、教師の間にはやっとここまできた、気を抜いたらもっとひどくなる、またどうなるかわからないというような緊迫感があるように思われる。その現れでもあろうが、教師に迫力がある。男性はもちろん、ある女性教師はいざとなればツッパリの生徒に対して一歩も引かず、取っ組み合いも辞さない。

　このようにいわば、多くの教師が身体をはって頑張ってきている。

　ある程度予想はしていたが、勤務してわかったのは、教師たちがいかに困難な状況で仕事をしているかということである。一つには困難な事例を抱えているということがある。外来のカウンセラーや精神科医であれば、ここでは引き受けられないと言うことができる。しかし、教師には（他機関の助けを借りることはできても）基本的にはそれができない。外来のカウンセラーや精神科医に相談に訪れるのは、本人または家族のだれかが困っているからである。しかし、学校現場では本人も家族も困っていなくて、教師だけが悩んでいる場合も少なくない。あるいはこころの奥深いところでは、悩んでいるのかもしれない。しかし、少なくとも教師も含め他者に相談しようという意欲はない。こういう事例が多い。

　いま一つは教師自身が忙しすぎて余裕がないということである。また、それとも関係しているが、1クラスの数が多すぎる。特に、うちの学校のようなところでは、スクールカウンセラーの配置ではなく、むしろ専任教員や養護教諭の増員をした方がよいのではないかとさえ思うくらいである。そうした困難な

状況の中で全体としては，教師はよく生徒に関わっていると思う。

とはいえ，こうした教師の迫力ある指導のみでは援助困難な面があるはずである。そうした指導に合わない生徒もいるだろう。そこにスクールカウンセラーの活動の余地があるものと思う。ただし，ここで重要なのは，カウンセラーの相談活動が成果をあげうるのは，それは一方で，教師の，時には厳しいふだんの指導があるからであるということである。この点をカウンセラー自身が勘違いすると教師との協力は難しいと思われる。

Ⅳ 「こころの居場所づくり」と正面切らない相談

また，この年代の生徒たちの心性も考慮する必要がある。彼らはいわゆる大人に「正面切って相談にのってもらう」というのは苦手である。したがって，比較的無難なのは「相手は心理的援助を受けているとは思っていないし，こちらもそういう意識は希薄であり，しかしなんとなく支え，いつの間にか相談にのっているということもある」といった関わりであろう。たとえば，教師が生徒に遅れた勉強を教えたりしているうちに家庭の事情を打ち明けられたり，部やクラブ関係の生徒から個人的な悩みの相談を受けたりすることがある。そうしたことが起こりやすいのは，その際教師が「さあ，何か悩みはない。相談にのるよ」という姿勢を（少なくとも表面上は）とってはいないからである。同様のことは保健室の養護教諭についてもいえる。学校現場では養護教諭が実際にはたいへん重要な相談機能を果たしている。そして，それを可能ならしめているのは，保健室と養護教諭が「悩みの相談にのる」という役割を公に，表立っては掲げてはいないからなのだと思われる。

いまひとつ重要なのは，この年代の生徒たちが，同世代の仲間同士の集団の中での経験を通して成長していくという側面が大きいということである。したがって，大人が直接相談にのるだけでなく，生徒同士の交流を促進する場を提供できることが重要である。たとえ養護教諭が相談にのるという役割を果たさなくても，保健室という場がなんとなく出入りする場，すなわち居場所となってなんとなく満たされない生徒たちを支えているという面がある。こういうはっきりしない居場所があるというのは，精神健康にたいへん重要なことである。

さて，以上のような大まかな理解をもとに，私はやれそうなことはなんでもや

ってみることにした。まず、カウンセリングルームを開設することにした。開設にあたって特に留意したのは、何か悩みがないと来れない部屋ではなく、生徒たちがふだんから気軽に出入りできるようにしたいということであった。そのために、面接用の応接セットとは別に作業机と椅子をおいて、生徒が自由にたむろできる空間とし、昼休みは開放することにした。これは、もともとは大学生を対象として学生相談で試みられている手法を応用したものである。

　最初はどうなることかと思ったが、しばらくするといろんな生徒たちが顔を出すようになった。昼休みになると、この部屋に生徒たちがぞろぞろと顔を出す。少ない時で数名、多い時は20名ほどにもなる。数名は、ただ座ってお互いにたわいのない話をしている。私の周りに集まってくる生徒もいる。生徒用に用意した本を眺める生徒もいるし、黒板に落書きしたり、画用紙に絵を描いたりして過ごす生徒もいる。特に皆で何かをすることにしているわけでもなく数人単位で思い思いに過ごす。要するにたまり場なのである。その中からあとで相談に来る生徒もでてきた。

V　ツッパリの子たち

　ツッパリの子たちの出入りも多い。髪をカラフルに染め、ファッショナブルな服装で現れる。「こんなこと（ボンタンや金髪）したことないあいつら（教師）にわかるわけないんよ」と言う。学校はどうと聞くと面白くないと言う。授業に出てもチンプンカンプン。もっとよく聞いてみると、それもそのはず、算数では掛け算・割り算で、すなわちだいたい小学校2、3年くらいですでにつまずいているのである。彼らにとって、授業は苦行以外のなにものでもあるまい。だれも遊んでくれないからつまらないと、知的にハンディがあると思われる生徒もやってくる。彼らにとっても、授業は苦行であるらしい。

　ちなみに、東洋大学の緒方登士雄によれば、1993年の国立特殊教育総合研究所の調査では、国語と算数について2学年以上の遅れがあると担任教師が判断した児童の割合は5、6年生では10パーセント近くになっているという。そして、それらの児童に比較的に共通しているのは「手先の不器用さ」と「聞く態度の未形成」が挙げられているとのことである。

　その一方で、同じクラスに「○○塾」といった超難関校合格者を輩出する有

名エリート塾に通う生徒もいる。同様に，厳しく注意しないと通じない生徒がいる一方で，ちょっと叱るだけでもひどくこたえる生徒もいる。

　こうして見てみると，教師はこのように多様な生徒が多数いる集団相手に授業や指導・相談を行っているわけであるから，その苦労は察するにあまりある。カウンセラーや精神科医のようにもっぱら個人を対象とすることが多いのと違って，あちらを立てればこちらが立たずという状況が生じやすいものと思われる。

　つまり，生徒も教師も大変なのである。教師も授業のやり方等をいろいろ工夫してしのいではいるものの，基本的には教師個人の頑張りやひとつの学校の工夫や頑張りでなんとかなるという問題ではないだろう。

Ⅵ　塾通い

　たとえば，小学校や幼稚園から習いごとや塾通いと言えばいかにも大変そうだが，塾通いは大人が考える受験地獄といったイメージからはいささか遠い。受験戦争の犠牲というべき生徒もたしかに見かけるが，その一方でけっこう楽しんでいる子が少なくない。本校でも塾に通っている生徒は多い。中学ともなると塾もだんだんきつくなるが，それでも彼らの多くは学校より塾のほうが楽しいと言う。友人と一緒に塾に行ったり，帰りにコンビニに立ち寄るのはけっこう楽しいらしい。困難な中でも彼らなりに楽しみを見いだす工夫をしているのである。学校より塾のほうが楽しいと言うからといって，塾の教師が学校の教師よりまさっていると批判するのは筋違いであろう。そもそもおかれた状況がずいぶん違うからである。学校より塾のほうが楽しい理由はいろいろありえようが，そのひとつは先に述べたような学力や学習意欲の落差が学校ほど大きくない集団だからであろう。やめる自由もある。また，学校では（たとえば，掃除等）勉強以外にも嫌でもさせられることが多いというのも理由のひとつであろう。

Ⅶ　ツッパリ生徒の社会性と生きる力

　ツッパリ生徒たちの場合，案外社会性が必要である。仲間うちの暗黙のルー

ルを察知し，それを守らないとエライ目に遭うことが多いからである。たとえば，口のききかたひとつとっても相手次第で変えないといけない。だから仲間のいるツッパリは社会性が鍛えられる。そのためだろう，学校にはちっとも来ないでいろいろしでかしていたツッパリ少年が卒業すると，けっこうそれなりに働いて稼いでいくことは多い。学校に来てもお金はもらえないが，職場には行けばお金がもらえるからである。逆に言えば，非行少年でもある種の社会性がある者は，めざす夢や目標が見つかった時や，恋人や子どもなど守るべきものができた時に，それを機にしっかりすることも多い。在学中は手がかかるが，案外生活力はある。

それに対して，心配なのは社会性のない非行少年であり，このタイプが目につく。仲間とのつながりが少なく，ひとりでシンナーや万引き等をやっていたりする。当面は大した問題も起こさないが，生活力に乏しいので彼らの将来は心配である。そのうち非行少年同士のつながりができてくれば，さらなる非行化を通して社会化されていく場合もある。一見タチがひどく悪くなった，非行がすすんだと見られるが，一面では非行を通して社会性を身につけていっているという面がある。ただし，一方では，パシリ等のいじめの対象となったり，思わぬ才能が「開花して」より本格的非行の道に入る危険性もある。

VIII カウンセラーや精神科医が見落としやすいこと

スクールカウンセラーに持ち込まれる相談に多いものの一つに不登校がある。しかし，実際学校の中に入ってみると，私たちカウンセラーや精神科医が知っているのはそのほんの一部に過ぎないことを痛感する。外部のカウンセラーや精神科医が不登校の長期化した後で，しかも彼らのうち相談意欲が高い生徒とやっと出会うのに対して，学校では3日も行かなければすぐに「発見」される。そして，教師や両親の尽力，本人の自助努力，いくつかの幸運な条件に恵まれたりなどして，短期間で登校するようになった事例はけっこう多い。またその一方で，長期化しつつも本人や家族に相談意欲がないため，ひきこもり状態が続いている事例も少なくない。このように，外部のカウンセラーや精神科医が接する機会がないタイプのたくさんの不登校生徒がいる。

ここで重要な点は，実際には教師やスクールカウンセラーが家庭訪問をした

り，同級生が迎えにいく，さらには学級の集団づくりを工夫する等の対応をとったことで登校するようになった事例は，決して少なくないということである。

不登校にはさまざまなタイプがあるが，どのタイプの不登校であれ，学校現場で関わる場合は「不登校は最初の1週間が重要」であると私は考えている。

この段階で家庭訪問や同級生の働きかけ等によって長期化せずにすんだと考えられる事例も少なくない。この段階でうまく対処できればこじれなくてすんだと考えられる事例が少なくない。数日以内なら病気とかなんとかという言い訳が通用するし，クラスの同級生からも注目されなくてすむが，数日を過ぎると登校は難しくなる。後は長期化すればするほど，再登校するには相当なエネルギーを要することになる。もともとの不登校のきっかけが何であれ，それとは別の大きな要因が生じることになるのである。

また，長期化したひきこもりの事例では，外部に何らかのつながりをもっておくことが精神健康には重要であるし，克服のきっかけもつかみやすい。にもかかわらず，こうした実情にうといカウンセラーや精神科医は，教師に「そっとしておいたほうがいい」とか「家庭訪問は控えてください」といった助言をしてしまうことが少なくないように思われる。極端な場合，不登校が長期化し，担任やクラスメートが変わったにもかかわらず，顔も知らないという事態さえ起こりうるからである。これでは，登校には至りにくいものと考えられる。

そこで，担任による家庭訪問に加え，スクールカウンセラーの私が非侵入的態度による家庭訪問を（たとえば週1～2回といった具合に）定期的に行っている。やみくもに登校を誘うのではなく，本人（と保護者）と学校・クラスとの間を「つなぐ」こと。そして，ある程度関係がとれてきたら，元気になるための本人の主体的自助努力を引き出すように努めている。

IX 葛藤のない不登校（登校拒否）

スクールカウンセラーをやってみて気づくのは，思ったより葛藤のない（または少ない）生徒が目につくことである。非行・怠学と区別がつきにくい場合も少なくない。従来から不登校に葛藤のないタイプや無気力なタイプがあることは報告されているが，その傾向はますます進んでいるのではないだろうか。しかも，本人だけでなく，保護者にも葛藤が少ない（少なくとも表面化してい

ない）のである。カウンセラーとしてはそういう生徒が気になる。

学校に行かない（行けない）のは無条件に悪で,「人間として失格」とか「お先真っ暗」などと罵倒されることは,最近ではさすがに少なくなった。それ自体は望ましいことであるが,その反面周囲のものわかりがよすぎて,ハレモノにさわるような対応をしてしまい,かえって長期化しているように思われる例も見受けられる。学校へ行かずとも何らかの集団との関わりをもっているならまだしも,家にひきこもっているような生徒だと心配である。悪いのは社会や学校であり,学校に行かないのはその子の自由であり個性であるというだけでは片づかない問題だと思う。

大きなお世話だと言われかねないが,担任と分担して家庭訪問し,「節度ある押し付けがましさ」でなんとか友人や学校との関係をつなぐようにしているし,卒業後もどこかと関係をもてるような援助を試みている。

X 教師とは異なるスタンスで

たまり場活動だけでなく,そのうちに生徒本人からの相談はもちろん,教師や保護者からの相談も増えてきた。しかし,困難な問題が多く,教師が切実に困っている問題（家庭上の問題や非行がらみの問題）については,正直なところほとんどお役に立てなかったと思う。それでも,本校のような中学校でも,スクールカウンセラーをおく意義はあることを（ひとりよがりかもしれないが）確信できたのは収穫だった。教師と協力しつつも,教師とは違うスタンスで相談活動をできる余地があること,そしてそれがささやかながら生徒の役に立つであろうことを確信できたのである。

たまり場活動や家庭訪問についてだけではない。たとえば,生徒が内緒で相談にくることがある。ある生徒はいじめられているのだと言って泣いた。だが,両親にも担任にも絶対内緒にしてという。殴る蹴るとかお金を取られたとかいうような深刻ないじめではない。そういう緊急度の高いいじめの相談は週2回しかこないカウンセラーのところへは通常やってこない。そういういじめは教師が即座に対応している。私のところに相談がくるのは,もっとデリケートなものである。客観的に見れば,相手にもそれなりに言い分はあるのではないかとも思われるような程度のものである（だからといって,本人の苦悩が軽いと

いう意味ではない)。ここで誤解のないように付け加えておけば，生徒が絶対内緒にというのは，必ずしも担任や保護者を信頼していないからではない。本人としては，なんとか耐えられそう，だけど一人で耐えるのはつらいといった感じの場合もある。教師や保護者に知られると話が大きくなる，正式なものとなると感じているのだ。

　このようなささやかな例からも，教師とは違うスタンスのカウンセラーによる相談・心理的援助のパイプが用意されていることは，生徒の成長に役立つということがおわかりいただけるかと思う。それは，学校教育において「ひとりひとりを大事にする」という視点をより推し進める一助となりうるものである。

　しかしその一方で，スクールカウンセラーの導入によって，不登校やいじめ等が激減する学校も一部にはあるだろうが，全体的根本的に解決がつくとはとても考えられない。それについては，社会の側に過大な期待があるようにも思われる。いずれ「健全なあきらめ」をもってもらうしかないだろう。

XI　学校の風通しをよくするという役割

　先にも述べたように，ある程度予想はしていたが，中学校に勤務してみてわかったのは，教師たちがいかに困難な状況で仕事をさせられているかということである。校長や教頭や生徒指導専任教諭をはじめ多くの教師の苦労を見聞きすることができた。いずれもハンパではない。文字通り身体をはって取り組んできている。教師は，こんなことまでしなければならないのかと感じることも少なくなかった。にもかかわらず，彼らは社会や世間に対して寡黙である。「発言してもどうせ耳を傾けてくれない」と言う。もはや積極的に発言する気力がなくなるほど，彼らはさんざん叩かれてきたようである。実際，あまりにも安易な学校批判がまかり通っているように思う。あまりにも多くのものを背負わされて学校，教師，生徒はあえいでいる。一部とはいえ，ひどい教師がいることや首をかしげたくなるような学校があることも私はある程度は承知しているつもりである。今後学校が変わるべき点も多々あろう。しかし，まずは教師たちのそして生徒たちのこうした実態を理解することなしには始まらないように思う。そして，教師と生徒たちをこうした困難な状況に追いやっているのはいったい誰なのか，他ならぬ私たち国民ではないかということを自覚することが

必要なのだと思う。ながながと（ひとつの学校のことにすぎないが）現場での教師や生徒のありようを述べてきたのは、外部から入ったスクールカウンセラーは社会と学校との間に風穴を開けることがその重要な役割のひとつなのではないかと考えるからである。そして、そのためにはまず何よりもこうした実情を外に向かって伝えることがその一歩であろうと思うからである。しかし、本稿で述べたのは主に一中学校での経験をもとにしたものであり、ひとくちに中学校といってもその実情はさまざまである。今後、ひとつの学校を一事例と見立てたケース研究をたくさんつみあげていくことが必要であろう。さらには、その経験を持ち寄り、現状の改革のための提言をできればと思う。さもなければせめて、改革の手がかりとなるような現場の実感に基づく資料を提供できないかと思う。それもまた、スクールカウンセラーの大事な役割ではないだろうか。

第10章

ひきこもりへの援助の基本的視点

I 注目を集めている「ひきこもり」

　Aさんは25歳の男性です。同級生はもう働いていたり，女性だと結婚して主婦をやっている人もいます。ところがAさんは中学2年生の時，不登校（登校拒否）になり，そのまま卒業ということになりましたが，そのまま家にひきこもったままで，生活しています。もっぱら自分の部屋にいて，昼間は寝ています。夜になると，窓のカーテンをひいたままで，テレビゲームをしたりしてやはり自分の部屋から出てきません。食事も家族と一緒にとることはなく，夜中にこっそり台所で食べています。ご両親ももう長いこと姿を見ていないそうです。

　誤解のないように言えば，不登校（登校拒否）の人が皆こうなるわけではなく，ほんの一部の人がこういう状態になるのです。また，不登校経験のない人でもひきこもり状態になることもあります。そして，ひきこもりの程度も人によってさまざまで，自室にこもっているわけではなく，あまり家の外に出ることはない場合や外出もできるが，仕事につくことはできない人までさまざまです。このように，社会参加できない状態のことを「社会的ひきこもり」または単に「ひきこもり」と言います。

　最近は若者にこういう状態が結構見られることがわかり，注目を集めています。

II 「そっとしておく」だけでいいの？

　むろん，ご両親はいろいろ心配して，相談所や病院をはじめあれこれ専門の相談機関に行かれました。「本人がこないとどうしようもない」と言われたこと

もあるそうです。また、「病気ではないから、そっとしておいた方がいい」とも言われたそうです。専門家が言うのだからと、仕方なくそのままにしていたら、今日に至ってしまったというわけです。

　私は、「ひきこもり」問題では、周囲の対応としては、

①ほんとうにきつい時期にはそっとしておく。
②しかし、それをすぎたら、少しずつ家族や外部と関係をもてるように配慮する。

ということが大事だと考えています。そして、私はそういう観点から援助を行っています。実際には、①のほんとうにきつい時期をすぎても、見守り続けておくだけ、たいていは見守るどころかほったらかしになっていることが少なくないようです。しかし、そうした対応は間違いだと、私は考えています。

Ⅲ　自分にあった専門機関の見つけ方

　こういう状態が一定期間続いたら、まず専門の機関に相談に行くことが大切です。しかし、ここで相談者側が注意しなければならないのは、身体の問題と違ってこころの問題は、専門機関でも見解や対応がしばしば異なることがあるということです。先に述べたように、「本人がこないとどうしようもない」と言われてしまうこともあります。そこで、若い人の問題の相談にのってきた実績があって、しかも「本人がこないとどうしようもない」なんてことを言わない専門機関を選ぶことが必要です。家族がどう接したらよいかを割合具体的に助言してくれたり、相談にのってくれるところがよいですね。お母さんが相談に通っているうちに、本人も相談に行くようになることもあります。また、場合によってはカウンセラーや保健師が訪問してくれたり、教師やメンタルフレンドによる家庭訪問の助言をしてくれたりする機関だとなおよいが、そういう機関はまだ少ない。また、医師やカウンセラーなど担当の専門家との相性というのも大切です。だからといって、合わないと思ってもすぐに変わるのは考えものです。一定期間、そう３カ月くらいは通ってみて、それから続けるか他を探すか判断したいものです。

Ⅳ　関わる際の留意点

目標は元気になること

　最終的な目標は，ある程度他者・外界とのコミュニケーションがとれつつ生活できるようになることです。それはまた，元の状態に戻ることではありません。以前よりも無理が少なく，他者や外界と関われるようになることでもあります。しかし，こうした目標を最初から本人に押し付けるのはかえって，逆効果です。とりあえずの目標は，「学校へ行くこと」でも「働くこと」でもなく，「本人が元気になること」にするのがいいようです。これだと，本人と共有できる目標になります。それどころじゃないという方には，「これ以上落ち込まないこと」を目標にしてもいいでしょう。そして，最初は「嫌なことはさけて元気になる」から，最終的には「多少嫌なことに触れつつもそこそこ元気でいられること」を目標にします。

きっかけもさまざま，克服の道筋もさまざま

　ひきこもり状態に陥るきっかけもさまざまなら，克服の道筋もまたさまざまです。割合多いのは，趣味や気晴らしなど本人が楽しめることを通して，外の対人関係や場を広げていき，在学中の人であればそのうち登校できるようになったり，すでに学校に籍がなければバイトをしたり，塾や大検の予備校に行くというものです。

　家の中で元気になること，趣味の世界を拡げることがまず先決で，それから外へと関係の場を拡げるのを援助するというのがいいでしょう。

ちょっとずつ会話をふやす

　まずは家族と本人とがよりコミュニケーションがとれるようになることが大切です。まったくコミュニケーションがとれない状態なら，とりあえずは少し声かけをしましょう。まずは「おはよう」とかの挨拶からです。返事がなくても，続けましょう。いきなり長い会話をしようとしてはいけません。本人が「うん」とか「いや」とか簡単な返事ですむような声かけからはじめましょう。昼夜逆転で会えもしないなら，短いメモを書いてもいいでしょう。いっぺんにや

りすぎると嫌がられて，逆効果です。どんなに拒否的に見えても，心の深いところでは関わりを求めているものです。反応を見ながら，焦らず，少しずつやりましょう。

本人の気持ちを汲む努力

ここで重要なのは，本人がどんな気持ちで過ごしているのだろうかということを推し量りながら関わることです。まず，本人はただ怠けているわけではありません。働きもしない，あるいは学校へも行かないのに，テレビゲームばかりしているからといって，なにも気楽に生きているわけではありません。内心は，不安と緊張に満ちて，ひと時その苦しさから逃れようと，テレビゲームに没頭したりしているのです。なにかで傷つき，ひきこもってしまっているのです。同級生や同世代の人たちやかつての友人たちと自分をくらべ，つらい気持ちになり，それをなんとか紛らわせて日々を過ごしているのです。

話題を選ぶ，お説教に注意

会話を増やすには，当分の間は本人のつらい気持ちを刺激しない話題を選ぶことです。

先のように，本人の気持ちを汲みながら，そして反応を見ながら接していくと，どんな話題が本人を傷つけるかがわかってくるはずです。

食事を一緒にとれるようになってきたり，ある程度話せるようになったら，お説教をしないように注意しましょう。「働かないといけない」「学校に行くべきだ」とか「年齢相応にしろ」などといったお説教をしても本人を追い詰めるだけです。

同級生の進学，就職，結婚などの話題はさけ，趣味や気晴らしなど，本人の好きなことを話題にしましょう。趣味に没頭するのを叱ったりしないで，趣味の世界を拡げるのを援助しましょう。パソコンやインターネットなども世界を拡げるのに役立つことが多いようです。軽いひきこもりだと，これだけで十分休養ないし充電になるような休息がとれて，そのうち自分から積極的に外に出るようになり，すっかり元気になっていきます。

居場所が必要

しかし，そうではない場合，なんらかのきっかけが必要です。うまいタイミングで同級生に遊びに来てもらったり，フリースペース，フリースクール，「○○教室」やイベントの情報を教えて勧めたりしてみる。進学の希望を持っている場合には，塾や家庭教師をすすめてみる。つまり，本人のニーズを察して，いわば「勧めじょうず」になることが必要です。要するに，家以外にも「居場所」ができると急速に元気になっていきます。

外の風を入れる

しかし，そのような家族だけの関わりでは限界があることも多いものです。そのためにも，大事なのは，家族だけでなく，いわば「家に外の風を入れる」ということです。もっとも無難なのは，専門機関に相談に行っていることを本人に伝えることです。本人も誘い，それが無理なら家族が相談に行くことだけでも本人に認めてもらうようにしましょう。さらには，親戚や同級生など他者が家に出入りするというのも役立ちます。

家庭訪問

さらには，担任，メンタルフレンド，カウンセラー，保健師の方々などに家庭訪問をしてもらうことが役に立ちます。外の空気を入れてもらい，さらに外に誘ってもらうことも有効です。ここで家庭訪問する者に重要なのは，「節度ある押しつけがましさ」とでもいうべき態度です。具体的には，「逃げ場をつくりつつ関わり続ける」ということです。嫌がることを無理にさせたりしないことを保証しつつ，本人が少しずつ活動と関係の場を拡げていくのを援助していくわけです。

得がたい体験となりうる

最後に強調しておきたいのは，ひきこもり体験は必ずしもネガティブなことばかりではなく，乗り越えた後にはしばしば本人にとって得がたい貴重な体験となりうるということです。ひきこもりから抜け出した人たちが，後に自分のひきこもり体験をふりかえって，時には「宝物のような体験」，「あの時，（ひきこもらないで）あのままいっていたらどうなっていたかと思うとゾッとしま

す」と述べることさえあるのです。そこまではいかずとも,ひきこもりそして それを乗り越えてきたという体験そのものが,その後のその人の人生を支える ものとなるようです。

第 11 章

不登校の心理臨床の基本的視点
――密室型心理援助からネットワーク活用型心理援助へ――

はじめに

　心理臨床家に対するニーズのうち，なんといっても大きいのは不登校への対応であろう。本稿では，私の経験から，不登校の子どもたちの援助に関わる人たちが基本的視点として心得ておくといいのではないかと私が日頃考えていることを述べるつもりである。外来相談室で関わるにせよ，スクールカウンセリングで関わるにせよ共通して重要かつ有用であると考えていることを述べてみたい。とはいえ，不登校についてもいろいろな見方があり，私のような見解はどちらかと言えば少数派であるように思う。したがって，「不登校の心理臨床の基本的視点」というタイトルをつけたものの，あくまでも私が考える「不登校の心理臨床の基本的視点」であることを強調しておきたい。

I　つまずきを経験したからこそ持ちうる体験

　私が関係しているある通信制高校の卒業式でのことである。その光景は卒業式としては型やぶりでユニークなものであった。別の高校で不登校をはじめなんらかのつまずきを経験し，紆余曲折を経てこの学校にたどり着いた生徒が多い。それだけに卒業の感慨もひとしおである。
　「情熱大陸」のテーマソングで入場。室内にもかかわらず，途中で花火，そしてクラッカー。しかし，なんといっても感動的だったのは，卒業証書の授与である。卒業証書を受け取った後，ひと言だけ叫んで壇上から降りるのだが，このひと言が彼らの思いをうかがわせる感動的なものだった。「やったよ‼」とか

「お母さん，これまで支えてくれてありがとう‼」「〇〇ちゃん，△△ちゃん，仲良くしてくれてありがとう‼」「この学校来れて，よかった‼」「先生ありがとう‼」という具合に心からの感謝の言葉が多かったのは印象的であった。

彼らがここまでに至る道程を思った。いろいろな苦労があったには違いない。しかし，その一方で，不登校などのつまずきを経験したからこそできた体験がある。この卒業式はその一例であり，ここに至るまでにはそうした体験が多々あったに違いないし，そしてこれからもそうであろう。

小学校，中学校，高校と普通のコースを進むことは，むろんそれはそれで得がたい体験が多々あることであろう。しかし，その一方で不登校などのつまずきを経験したからこそ持ちうる体験がある。このようなことがあるということに気づいておくことが心理臨床家には大切であると思う。そうしたつまずき体験がなんらかの形でその人の人生に素敵な彩りを放つことがしばしばあるのだという視点を持ち，またできればそのような心理援助をめざしたいものである。

しかしながら，ここで大急ぎで，誤解のないように強調しておきたいのは，不登校援助の基本は，学校や周囲との関係を「切らない，維持する，育む」ことだということである。そして，そのような経験の中でもまた，不登校などのつまずきを経験したからこそ持ちうる体験があるということである。このことを強調しておきたくなる理由は二つある。一つは，不登校の場合，あまりにも早く学校という場から切り離した形での援助がしばしば見受けられ，そのことがかえって問題の解決や学校復帰を困難にしているように思われるからである。

II　密室型心理援助からネットワーク活用型心理援助へ

本人面接を必須とは考えない

いま一つの理由は，不登校の子どもたちへの援助というと，いまだに即個人カウンセリングや心理療法というふうに考えてしまう臨床家が大勢を占めるように思われるからである。個人カウンセリングや個人心理療法はある程度の条件が整った場合には確かに有用ではあるが，もっぱらそれを基本に考えていると，多様な不登校の子どもたちのうちのほんの一部にしか役立たないものとなるということに留意する必要がある。そもそも，「学校には行けない（行かない）が，相談室には定期的に通ってくる」という不登校の児童は，不登校の子

どもたちの中でもほんの一部の、いわばまだ力のある方の子たちだと言っていいだろう。

　少なくとも不登校の子どもたちへの援助では、本人面接をしなければ援助できないとは考えない方がよい。より基本的に重要なのは、本人面接よりも生活場面で本人と関わる保護者や教師などに子ども本人への適切な関わり方をカウンセラー（またはセラピスト）が助言できることである。本人面接よりもむしろこちらの方が不登校の心理臨床の基本である、と私は考えている。

なぜネットワーク活用型心理援助なのか

　そう考える理由の一つは、外来の相談室で、本人は来ないで、母親のみの来談というケースが大変多いからである。従来から、相談に来ない不登校の子どもたちは少なくなかったが、近年葛藤の少ない不登校や無気力型の不登校、非行・怠学と区別しがたい不登校、教育ネグレクト等福祉領域との連携が必要な不登校などいずれも相談意欲のほとんどない、本人面接はほとんど困難なさまざまなタイプの不登校の子どもたちが目立ってきた。

　第二の理由は、本人面接がある程度可能な場合でも、多くの場合、教師や保護者をはじめ不登校の子どもたちに関わる周囲の人々に助言したり、連携をとったり、またコミュニティの種々の資源を活用することで、後述のように「元気になる」「関係を育む」のがずっと着実に効果をあげうるように思われるからである。

　第三に、個人カウンセリングや個人心理療法を中心とするにしても、多くの場合、同時に教師や保護者をはじめ不登校の子どもたちに関わる周囲の人々に助言したり、連携をとったり、またコミュニティの種々の資源を活用することが大いに役立つものであるということも認識しておく必要があるからである。なお、私の印象では、大まかに言えば、年少児ほど本人面接が必要な場合は少なく、年長になるほど、本人面接が必要な場合が多くなるように思う。

　以上のことは、換言すれば、不登校児の援助においては、カウンセラーとの関係の中での体験よりも、本人が他の子どもたちや教師と交流する体験こそが基本的に重要であると私は考えているのである。不登校克服のきっかけとしても、またその後の「体験をとおして成長するための基盤」を提供するという意味でも、二重の意味で重要なのである。そして、本人面接を行うにしてもそれ

に役立つような面接であるのが望ましい。

このように見てみると、不登校援助の基本は密室型援助からネットワーク活用型援助への転換をはかることが重要であるというのが、私の基本的立場である。ここで言うネットワーク活用型援助とは、コミュニティのさまざまな資源とネットワークを生かして本人を援助していこうとするアプローチを言う。そして、ここで言うネットワークとは、公的なものに限らず、民間や私的なつながりも含むもので、個人カウンセリングや個人心理療法は活用される種々のネットワークの一つであるということになる。

これでは個人心理療法でもっと深い心の内面を扱いたい臨床家には、もの足りない印象を持たれるかもしれない。むろん、一部の不登校児では、それが可能である。しかし、要は不登校児の援助に役立てばよいのであって、基本は「深きをもって尊しとせず」としておきたいものである。

ネットワーク活用型心理援助の実際

ここで読者に具体的イメージをもってもらうために、例をあげよう。
◇初期対応の例

不登校の初期対応の重要性　あるお母さんが、中学1年生の息子さんが最近登校をいやがりよく学校を休むので、いずれ近いうちにまったく登校しなくなるのではないかと心配して、私のところに相談にみえた。いわゆる「さみだれ登校」という状態である。

私はこういう場合、しばしば学校と連携することにしている。さっそく中学校を訪問し、担任の先生とお会いすることにした。若いやさしそうな女性の先生で、先生自身本人のことを心配してはおられたが、どう対応したらいいのかわからず困っておられた。そこで、不登校は初期対応が重要であること、欠席した日は極力家庭訪問して、本人にひと声かけていただきたいとお願いした。また、クラスの班構成などの折、本人と相性のよい生徒と同じ班にしていただくようにご配慮をお願いした。

また、お母さんには本人が連続して休むことがないように、また極力3日続けて休むことがないように登校を促していただくように助言した。

担任の訪問に対して、本人はまんざらでもない様子を示し、欠席が目に見えて少なくなってきた。学期が変わると、班替えで友だちができ、まったく休ま

なくなった。お母さんの話では,「学校は楽しい」と語るようになったとのことである。

　たったこれだけの働きかけで,問題の長期化を防ぐことがある程度はできるのである。不登校にはさまざまなタイプがあるが,どのようなタイプの不登校であれ,私は不登校への対応は初期対応が大切であり,また「不登校は最初の1週間が重要」であると考えている。この時期には極力3日以上連続して休ませないように配慮することが大事である。一定期間連続して休むと,再度登校するためには相当なエネルギーが必要であるため,容易に長期化しやすいからである（田嶌 1995, 2001a）。

　この段階で教師やスクールカウンセラーが家庭訪問をしたり,同級生が迎えにいく,さらには学級の集団づくりを工夫する等の対応をとったことで元気を回復し登校するようになった事例は決して少なくない。そこで,この時期には担任に強引でない形で,放課後頻繁に家庭訪問していただくように助言することにしている。その際のより詳細な留意点については田嶌（2001a）を参照されたい。

　にもかかわらず,「そっとしておいた方がいい」という理論が全国をかけめぐり,私に言わせれば,かえって逆効果の対応になった例が少なくなかったように思う。しかしその一方で,一部の教師による「強引な家庭訪問」による弊害も見受けられるので,注意が必要である。

◇ある程度長期化している例

　外来の相談室に小学4年生のA子ちゃんが,学校にもう4カ月間登校していないということでお母さんだけが相談にみえた。きっかけや原因は不明で,お母さんや担任の先生が登校を促しても,身を固くして動かなかったり,激しく泣いたりであるという。もともと内気でおとなしい子で,友だちも少なかった。お絵かきが好きで,よく絵を描いているらしく,スケッチブックを見ると最近は暗い色遣いの絵が多いとのことであった。お母さんがA子ちゃんを相談室にも誘ったが,硬い表情で拒否したとのことだった。

　こういうふうに,外来の相談室では,本人は来ないで,母親のみの来談というケースは大変多い。「学校には行けない（行かない）が,相談室には定期的に通ってくる」という不登校児は,不登校の子どもたちの中でもいわばまだまだ力のある方の子たちだと言っていいだろう。しぶしぶであれ,保護者に促され

て通って来る子も同様である。

　保護者しか相談に来ない場合，どのような方針で対応したらいいのだろうか。ここで，援助者側が「本人が来ないとどうしようもありませんね」と言っていたのでは始まらないと私は思うのだが，伝え聞くところでは実際にはカウンセラーや精神科医にそう言われることも少なくないようである。

　また，母親だけしか来談しない場合，通常は母親だけの面接を続けている場合も多いのではないだろうか。この場合，いわば受容・共感を心がけた母親のカウンセリングを行うといった方針がとられることが少なくないようである。実際，保護者のカウンセリングだけ行い，保護者が安定すると子どもがそのうち学校に行き始めることもある。しかし，それもさほど多くはない。保護者面接はそのやり方次第では有用であるにもかかわらず，これだけではなんとももったいないように思う。

　そこで必要となるのは，漫然と保護者面接を続けるのではなく，保護者や教師や同級生などを活用できる重要なネットワークの一つと考え，彼らを通して，本人に働きかけるという視点である。

　私はお母さんのお話をじっくりうかがって労をねぎらった後，Ａ子ちゃんに「学校に行く・行かないということよりも，本人が元気になることが大事」とカウンセラーが言っていたと，伝えていただくようにお母さんにお願いした。実際に伝えたところ，その瞬間にＡ子ちゃんの表情がぱあーっと明るくなったそうである。それからは一転して，スケッチブックに明るい色彩のほのぼのとした風景や動物をいろいろ描き続けたそうである。

　まもなく，Ａ子ちゃんはだいぶ元気になってきたものの，まだ登校の気配はなかった。次にお母さんとの面接の中で，本人が元気になるためにお母さんに何ができるかを検討し，本人をなるべく外へ連れ出すように心がけてもらった。それと同時に，担任の先生にお会いし，「本人が元気になることが大事」という基本方針をお話しし，本人が元気になるために担任にどう接していただくのがいいかを考えていただき，いくつかの助言を行った。担任には定期的に家庭訪問をしていただくようお願いし，その基本的な留意点（田嶌　2001a）を助言した。

　お母さんは時々公園などにＡ子ちゃんを連れ出したところ，そのうち，学校が終わった同学年の生徒や同級の生徒たちと会うようになり，遊びにきてもら

うことができるようになった。担任の先生は，週1回訪問をされたが，最初のうちは会えなかったがまもなく会えるようになり，その後週2回ほど訪問を続けていただけた。

このようにして，A子ちゃんは学校外で同級生とも遊べるようになり，日曜日や放課後に友だちと学校へ遊びに行くことができるようになり，約5カ月で，結局クラスに戻ることができた。

Ⅲ ネットワーク活用型心理援助の基本的視点

関わりの目標：元気になること，関係を育むこと

先に公にされた文部科学省の調査研究協力者会議の中間答申（2003）では不登校の児童生徒への「社会的自立の支援」を目標とすべきであるとしている。登校ではなく，社会的自立に注目したことを私自身もその通りだと思うし，高く評価できる。しかし，ここで注意すべきは，この「社会的自立」という語や目標は，ある程度本人が元気になり活動範囲が拡がり，周囲との関係がよりうまくいくようになるなど，多少の克服後であれば理解される場合もあるだろうが，少なくとも不登校に苦しんでいる最中の本人には通じないし，通じたとしても当面は助けにはならないであろうということである。

したがって，不登校に限らないが，心理臨床では当事者に通じ，共有できる言葉や理論が必要である。目標については，このことはことさら重要である。

私が考えたのは次のようなことである。不登校状態では，「本人はなんらかの事情で元気をなくした状態にある」。したがって，当面の目標は，「学校に行く・行かないよりも，元気になることである」ということである。元気になった結果として学校へ行けるようになる，あるいは学校へ行くことを通して元気になるということになる。さらに言えば，目標は「元気を引き出し，周囲との関係を育む」（田嶌 2001a）ことを援助することである。さらに進んで，当面の目標は「嫌なことを避けて，元気になること」であり，次いで「少しくらい嫌なことにふれつつも元気」というのが目標となる。バリエーションとしては，「元気になる」というのがぴったりこない人には，「これ以上元気をなくさないこと」，「気持ちが楽になること」などというのが通じやすいこともある。

非行や怠学の場合は，「○○をしないでも，元気」というのが目標となる。こ

の○○の中には，個々の生徒の事情に応じて，窃盗，万引き，シンナー，深夜徘徊などが入ることになる。

原因論にあまり立ち入らない

　無理からぬことではあるが，ほとんどの場合，保護者も教師も「原因はなにか」ということを究明したがる。その動機には，「原因がわかれば必ず解決法が見つかるはずだ」という誤解がある。まず，彼らが「原因」と呼んでいるものは，ほとんどの場合，より正確には「きっかけ」にすぎない。たった一つの原因で不登校という事態が生じているのではなく，いくつかの要因が重なって生じたものであると考えておくのがよい。要因はいくつかのレベルがあり，個人的要因，家庭的要因，学校関連要因，社会的要因などのレベルがある。

　「原因はなにか」と考えた保護者は，たとえば「うちには子どもが3人いる。そのうち，この子だけが学校に行けない。そうすると，原因は学校ではないか」。一方，担任教師はこう考える。「うちのクラスで，あの子だけが学校に来ない。あの子以外は全員学校に来ている。そうすると，原因は家庭にありそうだ」。このような保護者と担任が会って，「原因はなんでしょうかね」と話し合う。たいていの場合，うまくいくはずがないが，しばしばこういうことが起こっているのである。

　また，後に触れるように，一定期間学校へ行かない状態が続くと，もともと不登校の原因やきっかけが何であれ，登校には相当なエネルギーが必要となる。したがって，長期化すればするほど，原因さえわかれば解決がつくという事態ではすでになくなっていることが多いのである。

　そこで，基本的には原因論には深くは立ち入らず，「本人が元気になるために，学校として何ができるか，家庭は何ができるか」をまず検討・実行し，その後「本人は何ができるか」へと進むことにする。そのためには，周囲のどのような関係の取り方が適切であるかという観点から，関わり方を検討する。原則としては，この順番が逆であってはいけない。原因やきっかけを考えるにしても，関わり方の検討に役立てるために行うことにするのであって，「犯人探し」にならないように留意する。

　このように，基本的には未来志向的であり無意識探求的アプローチはとらない。

また個々の事情が明らかになるにつれて，それに必要な対応を行う。たとえば，深刻ないじめがあったことが判明した場合，いじめそのものの解決が急務となる。

介入のアイデアを練るための視点：4レベル，3要因

さて，次は本人が「元気になる」「関係を育む」という目標にそって，介入のアイデアを具体的に考える局面となる。まずは，本人が「元気になる」「関係を育む」ためにどのレベルの資源を活用するかという介入のレベルとして，次の四つがある。

①家族のレベル，②学校（教師，同級生等）のレベル，③地域（外部機関や地域の資源等）のレベル，④本人自身のレベル（個人のレベル）という四つの働きかけレベルから見てみる。なお，③の中にはカウンセラー自身，および他の専門機関や他の専門家（医師，ケースワーカー等の他職種を含む）も含まれる。④本人自身のレベルというのがあることを奇異に思われるかもしれない。これは，本人が自分自身に働きかけるというレベルであり，だんだん元気になってくるとそうなってくるものである。

次に，そのそれぞれについて，「元気を引き出し，周囲との関係を育む」という目標の実現または問題の解決や軽減に向けて，（a）促進要因，（b）抑制要因，（c）維持要因の3要因に分けてみる。あるいは（ア）促進と（イ）抑制の2要因でもかまわない。そのうえで，さまざまな要因のうち，「誰が」「どこに」「どう」働きかけるのが変化をもたらしやすいかを検討してみる。むろん，それは一つとは限らないが，かといって，思いつく介入をすべて行うわけではない。事態の着実な改善にもっともつながりそうな介入を行うこととする。

このように，目標の実現にむけて，家族レベル・学校レベル・地域レベル・個人レベルの四つのレベルにおける促進要因・維持要因・抑制要因を検討し，その視点から介入のアイデアを練るというのがここでのアプローチの基本である（図１）。

明らかにそれが，かえって事態を悪化させるように推測される場合を除いて，基本的には①と②，すなわち家族や学校関係者（教師や同級生など）を通して本人に働きかけるのを優先する。次いで，③すなわち地域の機関や資源，そして，最後に④の本人自身のレベルの介入という順とする。

```
        ┌─────────────────────────────────┐
        │    ┌───────────────────────┐    │
        │    │  ┌─────────────────┐  │    │
        │    │  │  本人自身のレベル │  │    │
        │    │  │  （個人のレベル）│  │    │
        │    │  └─────────────────┘  │    │
        │    │     家族のレベル       │    │
        │    └───────────────────────┘    │
        │       学校のレベル              │
        └─────────────────────────────────┘
              地域のレベル
```

| a促進要因, b抑制要因, c維持要因 |

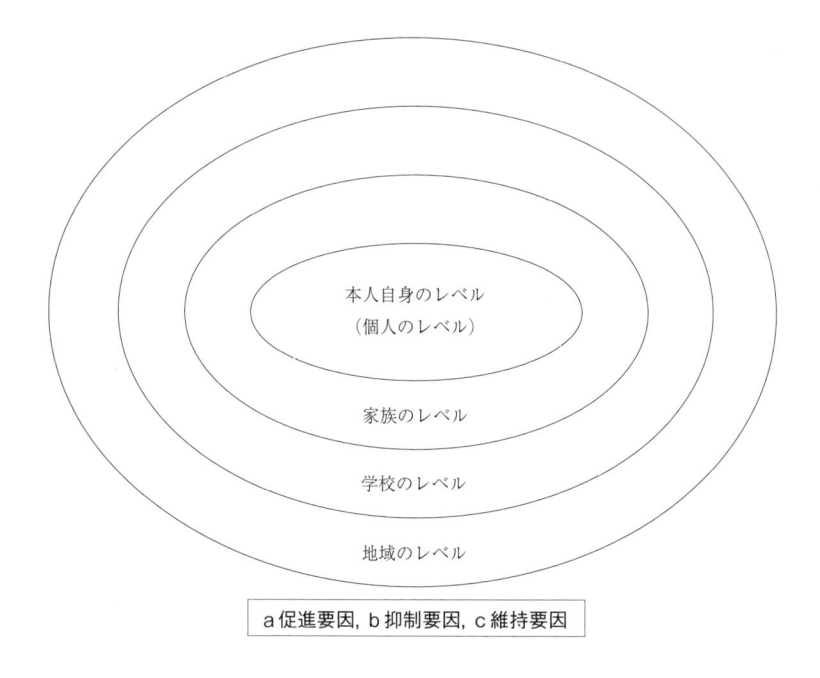

図1　援助のための4レベル3要因

Ⅳ　具体的関わりのための基本方針

基本方針

不登校に対する関わりの基本方針は，第一に誰かが本人と非侵入的な（脅かさない）つながりを創り，支えること，第二に本人の周囲との関係と活動範囲を拡げること，そして，できればさらに第三に本人の主体的自助努力を引き出し，さらに試行錯誤を通してその精度をあげる援助を行うことである。通常は第一と第二がより基本的なものであり，関わる側に余力があれば第三も試みるのが適当であろう。

ネットワークの見立てと活用

まず，不登校児個人の見立てだけではなく，居場所も含めていかなるネットワークの中で生活しているのかといういわば「ネットワークの見立て・心理診

断」および「ネットワークの活用（ネットワーキング）による援助」を行う。ここで言うネットワークとは公的・私的・民間のいずれも含むものであり，また顕在的なものだけでなく潜在的なものも含めて見立てることが必要である。

なお，「ネットワークの見立て・心理診断」にあたっては，ネットワークを視覚的に図示したネットワーク図（中山 2002）をつくっていくと便利である。ここでとるのは，エコロジカルな視点であり，今後そうした視点からのアセスメントがもっと工夫されるべきだろう。

こうした方式の実践にあたっては，なんといっても，援助者のフットワークのよさが必要である。カウンセラーが面接室にじっとしているのではなく，面接室から出て行き，「動きながら考える」，または「動く→（反応をみる）→考える→動く→」という姿勢が時に必要である。あるいはカウンセラーは面接室に留まるにしても，教師や保護者や同級生などに動いてもらうなどして，「動いてもらいながら考える」，または「動いてもらう→（反応を見る）→考える→動いてもらう→」という姿勢が必要である。

またここで，ネットワークを活用する際，お互いの「顔が見えるネットワーク」あるいは具体的行動を伴う「行動的連携」であることが重要である。

関係を「切らない，維持する，育む」：なるべく学校で抱える

「元気になる」「関係を育む」ためには，地域や学校との関係を「切らない，維持する，育む」というのが基本である。たいていの場合，教師，同級生，保護者などからの「節度ある押しつけがましさ」（後述）によるそのような関わりが基本となる。

ただし，学校や教師や同級生との関係がこじれきっている場合は，いったん学校との関係を切ったところで，「元気や関係性を育む」のが得策である。

不登校児に対しては，全国的には「適応指導教室」が設けられ，一定の成果をあげている。しかし，それらはいずれも学校外に設けられているため，生徒を学校や地域という生活の場から切り離した形での援助になっている点が利点でもあるが，同時に大きな限界でもあると私は考えている。学校や地域から離れた場で援助することが適切と考えられる生徒がいることは否定できないが，その一方でそのような生徒はむしろ少数であり，大多数の生徒は学校・地域との関係を切らない形での援助がむしろ望ましいものと私は考えている。適応指

導教室はあくまでも学校や教師や同級生との関係がこじれきっている場合に活用するのが望ましい。というのは、もとの学校への復帰がかえって困難になる場合が少なくないという印象があるからである。

そこで、学校内に不登校生徒との関係を「切らない、維持する、育む」ための場や活動がいろいろな形であることが望ましい。そういう意味から注目されるのはいわば「校内適応指導教室」とでも言うべき活動である。これは適応指導教室から教室への復帰に際しても、役立つものと思われる。

元気になるには家庭以外に居場所ができること

元気になるには家庭以外に居場所ができることが有効である。そのため、不登校児の援助にあたっては、「元気になる」「関係を育む」ために、しばしばコミュニティのさまざまな資源を活用することが役立つ。そのため、地域にどのような資源があるのかカウンセラーは知っておくことが大切である。たとえば、ゲーム、テレビゲーム、インターネット、スポーツ、塾、予備校、大検予備校・塾、家庭教師、習い事、○○教室、メンタルフレンド、外来相談室、部活、同級生と遊ぶこと、保健室、校内適応指導教室、適応指導教室、フリースクール、専門学校、通信制高校、単位制高校などさまざまなものがある。

居場所づくりと仲間集団の活用

私がしばしば行っている活動の一つが「居場所づくり」である。そういう居場所に不登校児をつなぐことが、しばしば大きな効果を生むものである。これもまた、特別な形のネットワークの一つであると考えていいだろう。

自宅・自室以外に自分が安心していられる場所、避難できる場所、憩える場所を持つことはそれ自体精神健康にはかりしれない効果を持つ。そのうえ、そこで仲間ができればなおさらである。そのこと自身が児童・思春期のクライエントには発達援助的機能を持ち、「経験を通して成長するための基盤」を提供しうるものである。居場所感を持てるように、そしてそれを基盤として他者と交流する機会を持てるように配慮するだけで、濃やかな発達アセスメントなしに、大きな発達援助的効果を持つというところに、この活動の妙味がある。

さまざまな形の居場所での同年代の子同士との交流を通して得られる体験は、カウンセラーとの個人面接では代替がきかない性質の体験である（田嶌

2001b)。

基本的姿勢
◇希望を引き出す：「なんとかなるものだ」という姿勢
　不登校に限ったことではないが，上記の基本方針にそった援助者の基本的態度としてまずなによりも重要なことは，当事者の希望を引き出すことである。そのために，カウンセラーをはじめ関わる人たちに必要なのは，「なんとかなるものだ」という姿勢である。
　本人が将来への希望を持つことは大切であるが，その一方で注意すべきことはカウンセラーや本人に関わる周囲の人たちへの非現実的期待を膨らませすぎない（田嶌 1998b, 2000）ように配慮するということである。
◇「節度ある押しつけがましさ」：「逃げ場を作りつつ関わり続ける」
　さらに，援助者の基本的態度には「クライエントセンタード」ではなく，しばしば「節度ある押しつけがましさ」または「節度ある強引さ」（田嶌 1998, 2002）とでも言うべきものが必要である。より具体的に言えば，「逃げ場をつくりつつ関わり続ける」という姿勢である。積極的に関わりを持ちたいという姿勢は見せるものの，プレッシャーをかけず，決して追い詰めないように配慮するということである。本人の心に土足で踏み込むようなことにならないように気をつける。
　保護者の本人への対応も同様である。本人が元気になるのにいささかでも役立つように思われることがあれば，折にふれて本人に勧めるのがよいが，無理強いにならないように留意してもらう。
　この「節度ある押しつけがましさ」は，カウンセラーに対しては「押しつけがましさ」を，教師，医師，ケースワーカー，保護者などには「節度」をいくぶん強調しておくのがよいように思われる。
◇個性という視点
　いろいろな不登校児と会っていると，同年代の子たちとはあまりにも感性が違っていて個性的であるため，この子は同年代の子たちとは合わないだろうなと思われる子も見受ける。たとえば，ある不登校児は馬と競馬が大好きだったし，また別の女子不登校児は本が大好きでしかも好きな作家はあまり一般受けしないいわゆるマニアックなファンの多い作家であり，同年代の子たちの好み

とは大きくかけ離れていた。こういう子たちは他の同年代の子たちとはとても合わないだろうなあと思わされることであった。

また、不登校児にしばしば見られるのは、きっちりした強迫性格や過度の対人的気遣いの傾向である。それは彼らの個性であるが、いささかそれが強すぎるため、「元気になる」「関係を育む」のに妨げになっている。したがって、その傾向をいくぶん和らげることが、「元気になる」「関係を育む」のに役立つ。

とはいえ、それらはいずれも、彼らの個性である。不登校が克服された後はむしろ、彼らの持ち味となるものであり、当面彼らのそういう個性がいわば「裏目に出ている」だけなのである、という視点も持っておきたい。

◇必ずしもネガティブな体験ではないという認識

そのこととも関連しているが、基本的態度としては、不登校の場合に限ったことではないが、常識的にはネガティブに見える現在の状態の「ポジティブな面をも見る」姿勢が重要である。これについては、たとえば「サナギの比喩」に見られるように、私たちは河合隼雄の著作からすでに多くを学んできた。また、自らの不登校体験をふりかえって「得がたい体験」「すばらしい体験のひとつ」と捉えている体験者の実例をある程度知っておくことが大事であり、たとえば菅野（2000）や演出家の宮本亜門の体験記（宮本 1999）などがその参考になる。

長期化例の克服の基本的パターン

それほど長期化していない場合はともかく、長期化している不登校児が、ある日いきなり登校できるようになり、自分のクラスで授業を受け続けるようになるということは通常ない。そうではなく、多くの場合はこうである。自分の部屋にこもっていた子が、だんだん居間にいることが多くなり、くつろいで遊べるようになる。いささか退屈しているようにも見えなくもない。そのうち、家で遊びにきた同級生と話したり、ゲームをしたりするなど他者と遊べるようになり、授業がない時間帯に外へ出られるようになり、友だちと外へ遊びにいくなどするようになり、行動範囲と対人関係が拡がり、その後休みの日に学校に行ってみるなどして、それからなにかのきっかけで登校できるようになるといった経過をたどることが多い。

表1　不登校・ひきこもり状態評定表

1. いつも自室で過ごす
2. 家族とほとんど顔を合わせない
3. ほとんど自宅で過ごす（食事などの時だけ自室から出る）
4. ほとんど自宅で過ごす（しばしば自室から出ている）
5. 学校以外の場所に時々外出する
6. 学校以外の場所にしばしば外出する
7. 時々登校するが，教室に入れない
8. 時々登校するが，教室に入る
9. 時々休むが，ほとんど登校

不登校状態アセスメントと登校の誘い

ここで，不登校児の援助に役立つアセスメントについて述べてみよう。まず，「不登校・ひきこもり状態評定表」（表1）は不登校の状態のアセスメントを行うための簡便な評定表であり，状態の回復や元気になり具合を評価するのに役立つ。1～3，4くらいの不登校児がいきなり登校できることは稀である。したがって，長期に登校していない不登校児に登校を誘うには5，6以上になってからが妥当である。このように見てみると，この評定表は教師や保護者にも活用してもらえるものといえよう。

いつもと違う行事や学期・学年の変わり目は誘いのチャンスである。特に，中3に進級時は進路情報を伝えたり，進路の相談にのったりなど働きかけのビッグチャンスである。

遊びのアセスメント：元気になるには遊べるようになること

「元気になる」「関係を育む」には「遊べるようになること」がまず必要である。ここで言う遊びとは，必ずしも大げさなものだけをさすのではなく，日常のちょっとした息抜き，娯楽，暇つぶしなども含むものである。友だちと遊べるようになるのは，同時に「関係を育むこと」にもつながる。そうした視点から，参考にしてほしいのは，「遊びの形態評定表」（表2）と「遊び方評定表」（表3）である。おおまかに言えば，下へいくほど，元気になっているものと考えてよい。これもたとえば，遊びの形態評定表で1～3，遊び方評定表で1～2程度ではなかなか登校は難しいと見てよい。

表2 「遊び」の形態評定表
(含「息抜き」「娯楽」「暇つぶし」)

1. 遊べない
2. 室内でひとりだと遊べる（例．テレビゲーム）
3. 室内で誰かと一緒に遊べる（2人→複数）
4. 屋外で誰かと一緒に遊べる（2人→複数）
5. 屋外でひとりで遊べる（散歩，町をブラブラ）
6. 屋外で誰かと一緒に身体遊びができる
7. ひとりでも遊べる

表3 「遊び方」評定表

1. 遊べない
2. 遊びができている
3. 楽しめている
4. 気が抜けている
5. 軽口を叩ける

　不登校児にしばしば見られる強迫的性格や過度の対人的気遣いは，「軽口を叩きながら遊べるようになる」ことが，それを和らげるのに役立つ。たとえば，「誉め言葉」や「負けた悔しさ」「勝った自慢」，さらには「軽い攻撃性」を冗談めかしてなごやかに交わせるようになるように心がけている。彼らの多くは，それが苦手であるように思われるからである。
　ここであげた「不登校・ひきこもり状態評定表」「遊びの形態評定表」「遊び方評定表」の特徴は，いずれもアセスメントのためのアセスメント，チェックのためのチェックではなく，それをチェックすることで次の課題が評定者におおよそわかるようにできていることである。つまり，援助に直結したアセスメントのための評定尺度であるというのが特徴である。

「協同達成活動」と「将来に希望」

　「（友だちと）遊べるようになる」ことでかなり十分であるともいえるが，できればさらに，同級生や仲間と協同で，いわゆる遊び以外のなんらかの達成活動（協同達成活動）に取り組めるようになることが望ましい。そのような活動にはいろいろなものがあり得るが，たとえば授業の中で工作や協同で取り組む

表4　具体的目標

---
1. 遊べるようになること
2. 協同達成活動ができるようになること
3. 将来の希望を持つようになること
　　進路の目標を持つようになること

課題を成し遂げたり，同級生と卒業制作に取り組むとか，キャンプに参加して（テントを組み立てる，炊事をするなど），一緒にゲーム以外のなにかを達成する体験をしたりすることなどはその代表的なものである。

また，将来の希望を持てるようになるとよいが，そこまではいかずともどういう学校へ進学したいか，あるいはどういう職につきたいかなど，当面の進路の目標を持てるようになることが望ましい。このことを示したのが，表4である。

V　いくつかの重要な事柄

進路相談の重要性

不登校児の進路問題は重要である。カウンセラーは心の内面にだけ注意を払うのではなく，この問題にもっと関心を持つべきである。中1や中2まではそれなりに安定していた不登校児も，中3になると先行きに不安を覚えるものである。そのため，不登校でも行ける学校はある，進路を考えようといった呼びかけは，関係を育むための突破口になりうるし，また自分にあった学校を見つけられれば，成長の機会が拡がるからである。

したがって，カウンセラーは地域の高校などの進路情報もある程度は知っておく必要がある。

学力問題

怠学の場合，非行を伴うものが多い。彼らにはささやかであれ自分が努力し，それを周囲にも認められる体験が必要である（田嶌 2001b）。これは大変困難なことである。彼らはすでに小学校3年生頃に学業につまずいており，中学では授業に出ていても「全部わからない」と言う。また，かつての不登校児は成績はどちらかと言えばよい子が多かったが，最近は非行を伴う怠学による不登校

ではなくとも，かなり成績の悪い子も多くなっている。それらの場合，授業についていけないため学校復帰が困難になっている面もあるものと思われる。そのため，心の内面や対人関係を扱うだけでなく，どう学力をつけていくかということや成績のひどく悪い生徒にどういうふうに居場所を提供するかということも重要な問題となってきている。

発達障害児に少なくない不登校

学校で現在大変重要な課題となっているのが，いわゆる学習障害，アスペルガー症候群，ADHD，知的障害をはじめとする発達障害を抱えた子どもたちや発達障害のような特徴を示す子どもたちの援助である。本稿のテーマとの関係で言えば，軽度の発達障害児がクラスで友だちもできず，いじめられるなどして不登校に至っている場合が少なくない。したがって，私たちが，この問題について理解と経験を深めていくことは急務である。

もっともここで注意しなければならないのは，精神医学的診断や発達アセスメントも大事だが，発達障害と診断されたとしても，その「障害」の改善そのものを主な援助の対象とするのが適切であるとは限らないということである。そのような行動特徴があるため，もっと切実な援助の必要性が生じていることが多いからである。たとえば学習障害の診断がなされたとしても，特定の教科と関連した能力が明らかに劣っているがために，教室でいじめられるなどの対人関係の悩みや問題をもっていることが多いし，本人自身の切実なニーズはしばしばこちらの方であるからである。いわゆる「アスペルガー症候群」や「ADHD」など他の発達障害でも同様である。

したがって，学校における発達障害児援助の基本は，彼らも居心地よく過ごせる学級づくりである。

虐待と教育ネグレクト

いまひとつ注目しておきたいのは，そして今後重要となると思われるのは，福祉領域との連携である。その際，不登校が虐待と関係していることがあるということ，また，身体的虐待だけでなく，親の都合で長期に義務教育を受けさせない状態もまた「教育ネグレクト」という虐待の一種なのであるということを私たちは十分に認識しておくことが必要である。

生活保護を受けている母子家庭のある女子生徒が，不登校状態となった。担任が家庭訪問し本人と話したところ，母親が制服の冬服を買ってくれないため，不登校になっていたことが判明した。母親は子どものためにおりているお金を子どものために使わず，自分のパチンコ等の遊びにつぎ込んでいるらしいこともわかってきた。そこで，児童相談所に相談のうえ，地区の生活保護担当のケースワーカーに連絡をとり，「子どもにおりたお金は，ちゃんと子どものために使わないと，生活保護そのものが打ち切りになる可能性がある」と警告してもらったところ，即座に母親は冬服を買い，その子は以前のように登校するようになった。
　このように時として福祉関係との連携が必要となる。長期にわたる不登校の中には，深刻な虐待が含まれている可能性があるので，注意を要する。通常は児童相談所への通告義務があり，連携が必要である。教育ネグレクトについては世間や学校の認識度はあまり高くないが，スクールカウンセラーをはじめ学校関係者はとりわけ，このような問題があることを認識しておくことが必要である。

不登校への早期対応と予防・発達援助

　以上述べてきたのは，あくまでも不登校という問題が，問題として発生し始めてからの対応である。しかし，不登校への対応はこれにつきるものではない。いわゆる予防的視点もまた重要な視点である。
　不登校は中学校から激増することはよく知られているが，国立教育政策研究センターの研究（2003）では，欠席や遅刻など小学校時にほとんど兆候が見られなかったのは中学1年時の不登校生徒の2割強（21.5％）を占めるに過ぎないことがわかった。このことは不登校における小中連携および早期対応の重要性を示唆している。
　また，最近では「不登校を生まない学級づくりや集団づくり」「ストレスマネージメント教育」など予防的視点に立つ試みも各地でいろいろ行われている。心理臨床家としては，このようなことについて，理解しておくこと，さらにはそれらの活動においてできれば一定の役割を果たすことが望ましい。ただし，これらの活動は「予防的視点」や「予防的活動」と呼ばれることが多いが，単なる「予防」に留まるものでも，不登校だけを対象にしたものでもなく，基本

的には生徒の「発達援助教育」または「成長援助教育」であると考えるべきであろうと私は考えている。

おわりに

一時的な手助けで成長する

　以上のようなアプローチに対しては,「本人が自分の力で問題を克服したことにはならない」という批判があるかもしれない。しかし,このようなアプローチによっても最終的には本人の自助努力なしには効果をあげえないものである。また,一時的にちょっとした直接的手助けや幸運な経験の機会を得ることで困難を乗り越えていくというのが私たちの人生ではありふれたことであり,心の内面を探求してしかる後に困難を克服するというのはむしろ特異で例外的な乗り越え方である(田嶌 1995)。とりわけ,めざましい成長期にある学齢期の子どもたちは,他者からのちょっとした手助けで乗り越え,後は特にそういう援助はなくともうまくやっていけるということがしばしばあるものである(田嶌 1995, 2000)。

肝心のところは自分がやりぬくしかない

　その一方で,最後のところは本人がやりぬくしかない。ネットワークを活用していろいろな援助を行うとはいえ,たいていの場合は最後のそして肝心のところは自分がやりぬいてもらうしかない。ネットワーク援助に依存的になったり,「してもらって当たり前」「してくれないと怒り爆発」といった境界例的心性を引き出してしまわないために,このことをカウンセラー自身肝に銘じておくこと,そしてまた本人にもどこかで自覚してもらうことが必要である。

ひとりで抱え込まないことと連携をはばむもの

　また最後に強調しておきたいのは,「ひとりで抱え込まない」,「丸投げしない」ということである。このことは,重篤な事例や深刻な自傷他害の可能性のある事例の場合にはひときわ大切であり,適切な専門機関との連携が必須である。

　私の印象では,外来で不登校の相談にのっているカウンセラーや臨床心理士

には教師の受けがよくない。「教師はろくなことをしない」と言う。その臨床心理士は精神科医に評判がよくない。これでは連携がうまくいくのは困難である。

それにはこういう事情が影響しているのではないだろうか。

たとえば，不登校生徒に対して，教師がいろいろ手をつくす。そこでうまくいった場合にはカウンセラーのところに相談には来ない。教師の関わりではどうにもならなかった子どもたちや保護者が，臨床心理士に相談に来ることになる。したがって，臨床心理士は教師の「失敗例」ばかり見聞きすることが多くなるのである。同様に，臨床心理士が相談にのり，そこでなんとかなったら精神科や心療内科には行かない。そこでどうにもならなかった場合やこれは薬や入院など医療のケアが必要かもしれないという場合，精神科や心療内科に受診となる。すると，医師は，「臨床心理士はろくなことをしない」というふうに思ってしまう。いずれも，その前の関わりではどうにもならなかった人しか行かないのである。これがすべてではむろんないにしても，教師・カウンセラー・医師の間の連携を妨げている要因のひとつではないかと思われる。私たちは，お互いにこういう事情について理解しておきたいものである。

以上のように概観してみると，不登校の心理臨床の基本的視点などという特別なものがあるわけではなく，そのほとんどは児童・思春期の子どもたちの発達援助ないし心理援助に必要な基本的視点なのだと思われる。

文　献

不登校問題に関する調査研究協力者会議（2003）今後の不登校への対応の在り方について（報告）．文部科学省．

菅野信夫（2000）引きこもり現象への心理療法的接近―青年期の不登校・アパシーを中心として．In：岡田康伸・鑪幹八郎・鶴光代編：心理療法の展開（臨床心理学大系18）．金子書房，pp.79-95．

国立教育政策研究センター（2003）中1不登校生徒調査（中間報告）―不登校の未然防止に取り組むために．

宮本亜門（1999）宮本亜門さんに聞く（インタビュー）．幼児と保育44（14）；11-14．

中山公彦（2002）院生スクールカウンセラーについて語る―活動の展開とサポートシステム．日本心理臨床学会第21回大会自主シンポジウム．

田嶌誠一（1995）密室カウンセリングよどこへゆく．教育と医学43（5）；26-33．

田嶌誠一（1998）暴力を伴う重篤例との「つきあい方」．心理臨床学研究16（5）；417-

428.

田嶌誠一(2000)学校不適応への心理療法的接近. In:岡田康伸・鑪幹八郎・鶴光代編:心理療法の展開(臨床心理学大系18). 金子書房, pp.59-77.

田嶌誠一(2001a)不登校・引きこもり生徒への家庭訪問の実際と留意点. 臨床心理学 1(2);202-214.

田嶌誠一(2001b)相談意欲のない不登校・ひきこもりとの「つきあい方」. 臨床心理学 1(3);333-344.

田嶌誠一(2002)臨床心理学キーワード第11回. 臨床心理学 2(6);822-824.

第12章

相談意欲のない不登校・ひきこもりとの「つきあい方」

I スクールカウンセリングの現場から

　心理臨床の実践において，本人自身に相談意欲がない（あるいは極めて乏しい）事例にどのように対応したらよいかということは，もっとも重要な問題のひとつであろう。

　そうした事例への対応を迫られることは，さまざまな臨床現場で起こりうることであるが，さしずめスクールカウンセリングはそうしたことが起こりやすい代表的臨床現場のひとつであろう。生徒自身は格別悩んでいるように見えず，ましてどこかに相談に行こうなどという気はさらさらないが，その一方で保護者や教師など周囲の関係者はひどく困っているということは学校現場ではかなりありふれた情景である。スクールカウンセリングにおいては，密室での個人カウンセリングの視点のみにとらわれない視点とアプローチがしばしば必要であり（近藤 1987；田嶌 1995a, 1998a, 大野 1997），このような場合有用なのはコミュニティ心理学の発想（山本 1986）である。

　一方，学校現場でしばしば見られかつスクールカウンセラーに相談が持ち込まれやすい問題はなんといっても不登校・ひきこもりである。近年では従来の強い葛藤を示す事例だけでなく，葛藤の少ない型が増加しているのではないかという指摘があり（相馬 1996），それは筆者の感想とも一致している。そして，筆者のスクールカウンセラー経験から見てもっとも気になるのは，葛藤の少ない不登校（登校拒否）と社会性のない非行の生徒である。彼らは相談意欲を欠くため，密室での個人カウンセリングの視点のみにとらわれないアプローチがしばしば必要であり，一部の臨床家や教師によって家庭訪問ないし訪問面接が

試みられてきた（玉岡 1973 ; 長坂 1997 ; 村瀬 1988 [1995] ; 田嶌 1998b ; 菅原 1998 ; 他）。

先に，筆者は学生相談において，相談意欲のない事例をはじめとするさまざまな事例に対して「つきあい方」という視点からネットワーキングと居場所づくり，家庭訪問等の非密室的アプローチによる援助の実際を報告した（田嶌 1991, 1995b, 1998d）が，今回はスクールカウンセリングにおける相談意欲のない不登校・ひきこもり事例に対する実践を報告したい。二例とも，基本的には，「逃げ場を作りつつ関わり続ける」（田嶌 1998b, 1998d）ことで「NWによる援助→目標の共有→自助努力・工夫をひきだす」（田嶌 1998d）ことをめざしたものである。なお，両事例とも家庭訪問は，田嶌（1998b）の要領に準じたやり方をとった。

II 事例1（社会性のない非行タイプ）

概　要

事例：A君（中学3年生）

中3の1学期に担任より相談。万引き歴と深夜徘徊があった生徒が中2の3学期より登校せず，家にこもり家庭内暴力あり。担任の訪問に対しては逃げ回って会えないとのこと。さっそく母親と会い，事情を聴くこととした。不登校のきっかけや原因については思い当たることなし。障子を破る，母親をこづこうとするなどの軽い暴力がある。ツッパリ気味の怠学生徒が二，三名出入りしている。その一方で，「苦しい，死にたい」と泣く。登校を迫ると不機嫌になり暴れる。以前，遊ぶ金欲しさから新聞配達を始めたが，3日しか続かず。「社会性のない非行」タイプという印象である。小学生の妹と母親の三人家族で，母親は気丈な感じではあるが，生活に追われあまり余裕はない印象で，この母親がすべて投げ出していたら（実際，子どもたちを見捨ててしまう母親もいる），この一家はどうなっていたであろうかという思いがした。

コンサルテーションから家庭訪問へ

暴力がエスカレートしそうな場合の対策を母親・担任と話し合い，当面は担任へのコンサルテーションを主として関わることとした。

ところが，約2週間後，担任が焦りからか，本人の部屋へ踏み込みかなり強引に登校を促したところ，「学校へ行くくらいなら死ぬ！」と号泣し，ベランダから飛び降りようとしたとのこと。また，本人が母親に「タバコを買ってこい」と命令調で要求したため，母親が「口のききかたが悪い」とつっぱねて口論となり，興奮して水屋のガラスを割り，その尖った1枚を部屋に持ち込んでいるとのこと。なお，本人の要求に応えて，中1頃よりタバコは買い与えている（！）とのことだった。この時点で，とりあえず，担任に代わってカウンセラー（Co）が家庭訪問を行うこととした。家庭訪問にあたっては，「節度ある押しつけがましさ」によって，「逃げ場を作りつつ関わり続ける」（田嶌，1998d）ことを基本とした。

訪問開始
◇プリクラの活用
　訪問に先立ち，あらかじめ本人には訪問すると伝えつつ，会いたくなければ自室にこもっていていいよと母親を介して伝えてもらった。初回は，母親に仕事を抜けてきてもらい居間に上がり込んだ。本人は自室から出てこない。第2回，3回とカギを開けてもらえず。第2回には，カウンセラー自身のプリクラを添付したメモを入れておいた。以来，週1〜2回程度訪問を続けた。他の怠学生徒が遊びにきていることが多かったようである。

◇やっと会えた
　その数日後に第4回目の訪問をしたところ，珍しくドアに鍵がかかっておらず，ドアを開けると，髪を染めた「本人」が立っていた。こちらもびっくりしたが，向こうも驚いた様子だった。とりあえず，〈A君か？〉と問うと，うなずいたので，メモの内容と同様のことをくり返し，あえて家にあがり込まずにすぐに帰った。

基本的立場の表明
目標の共有①：元気になることが大事
　次回訪問（第5回）してみると，鍵が開いており，すんなりあがり込むことができた。ところが，居間に姿を現した本人を見ると，髪はやはり染めていたものの，肝心の顔が前回と違う顔であった。笑いながら，「先生，このまえ間違

えたろ！」と言われた。なんと，前回会ったのは学校をさぼって遊びにきていたB君だったのだと言う。苦笑しつつ，メモの内容と同様のことをくり返し，さらに〈学校へ行く行かないということよりも，元気になることが大事〉〈少なくともこれ以上落ち込むのを防ぐことが大事〉〈とりあえずは，自分の状態とじょうずにつきあっていくことが大事〉というカウンセラーの立場を表明。本人はソファにねころがりながら，めんどくさそうに受け応えするなど，ツッパリ気味でなげやりな態度で，「芯が通っていない」印象が残った。

節度ある押しつけがましさ

やっとこれで会えるようになったと喜んだものの，その後再び会えなくなった。第8回では，戸口で鍵をかけたドアごしに，「もう来んで！」〈なんで？〉「ムカつく，先生好かん！ もう来んでいい！」。その後も「節度ある押しつけがましさ」で訪問を続けたところ，第11回からやっと一応会えるようになり，鍵も自発的に開けてくれるようになった。学校の話題はさけ，雑談をしつつ，元気になるために遊ぶことが大事と伝え，外出のすすめを行った。この頃から，外でバスケをよくするようになった。

5．カウンセリングルームへ誘う

さらに，カウンセリングルームの写真を見せ，気が向けば来てみないかとやんわりと勧めてみた。すると，第13回頃から，「カウンセリングルームに行くかもしれん」と語るようになった。しかし，そう簡単には来室できるようにはならなかった。第14回では，「ジェンガ」という一種の積木くずし遊具を貸した。

第16回で，初めて友達が来ておらず，本人の部屋に入ることができた。夏休み直前であり，「先生，夏休みも来るん？」〈学校に来なくなったのは何かきっかけでも？ 学校で嫌なことでもあった？〉「何もない。土曜に休んで，月曜には行こうと思っていたけど，行けなくなった」とのこと。

このころ久しぶりに登校したB君と保健室でばったり。カウンセリングルームで少し話し，A君をそのうちカウンセリングルームへ誘ってくれるように依頼。

一見悪くなる：自助努力の現れ

この頃，A君宅が以前にもまして多数のツッパリ生徒たちのたまり場になり

はじめた。それに伴って，眉を剃るなど一見より悪くなったような変化があった。おそらく，たくましさを身につけていく過程でもあったものと思われ，本人なりの自助努力という面があったものと思われる。夏休み明けに第19回の訪問をすると，家出中の1名を含め，いつになく大人数の生徒（7名）がたむろしていた。部屋はタバコの煙でけむっていた。「飯食ったか？」と問うと，まだと言うので皆で弁当を買いに行き，おごった。

カウンセラーの対応と教師の対応

その後，カウンセラーとは別のところからA君宅の状況が学校側に知れ，生徒指導担当教師たちの訪問指導が行われた。その結果，まもなく以前程度のたまり場に戻った。

カウンセリングルームへ来る，担任とつなぐ

第20回訪問後，後でB君，C君と3人でカウンセリングルームへくるように誘ったところ，4時すぎに来室。染めた髪のまま，私服で，他教師に見つからないように走りこんできた。こわもての教師3名に靴を発見され，ひとにらみされた。しばしカウンセリングルームで過ごした後，教室には入らなくてよいと保証しつつ，担任と会ってみるように勧めた。なごやかな雰囲気で数分の対面。担任の退室後，4名で「ジェンガ」で遊んだ。結構白熱。

翌週は卒業写真をとるために，A君とC君が登校，来室。以後，週1～2回ではあるがカウンセリングルームへ登校し，時に教室に入るようになった。なお，この間，一，二度生徒指導教諭もカウンセリングルームへ顔を出し，ひとにらみ。このひとにらみが効いてか，（髪は染めているものの）制服で登校するようになった。学校への恐怖反応はかなり和らいだように見えた。

第26回の訪問では，A君に加え，家出中の生徒1名，他校生徒1名，B君の3名がたむろしていた。昼食を食べに連れ出したところ，家出中の生徒は偶然担任に見つかり連行される。残りのメンバーで，C君も誘い昼食に。この時，カウンセラーの前でタバコを吸わないことを約束させたところ昼食時もきちんと守れた。

目標の共有②：卒業後，働いていけること

来室した折に，聞いてみたところでは，A，B，Cの3君は授業がまったくわからないという。よく聞いてみると，彼らは小学校の3年生くらいですでにつまずいている。彼らにとって，授業を受けることは苦行以外のなにものでも

ないと思われた。そこで,〈卒業後,自分で食っていけること〉を目標とし,母親とも相談のうえ,A,B両君は働いてみることになった。A君よりも根性がありそうなB君に,3日で挫折した新聞配達の二の舞にならないようによろしく頼んだ。

仕事を頑張る

仕事のため,しばらく登校回数は減ったものの,職場の暴走族あがりの元ツッパリ兄ちゃんたちに可愛がられ,かなりきつい仕事にもかかわらず,3カ月間順調な勤務が続いた。この間,風貌がますます精悍な感じになり「芯が通ってきた」印象。たまに早く仕事が終わった際には,帰りにニッカボッカ姿でCRに寄ることもあった。ある時など,事例2の中1の生徒たちと鉢合わせになり,中1生徒一同はなにごとかとびっくり。その後,一緒にジェンガを楽しんだ。

目標の共有③:いい終わり方を

3カ月後,〈3カ月もきつい仕事を続けたのはえらい。大したもんだ〉とほめ,〈おまえがちゃんと働けることはわかった。このぶんなら卒業後もちゃんとやっていけるだろう。だから,そろそろいい形で中学生活を終わることを考えないか〉と仕事を休み,残りのわずかな期間だけでも学校へ復帰することを勧めた。そこで,社長の許可をもらい,約3カ月間は,しばしば登校し,一,二時間程度授業を受けるようになった。この頃には,実は以前やっていたシンナーも万引きも一切やめたとカウンセラーに小声で語った。

就職生を送る会にも出席。卒業式にもA,B,Cの3名ともふつうの格好で出席し,卒業証書を受け取った。式の後あいさつに来たA君は,以前と同一人物とは思えないほどの穏やかなすっきりした表情であった。卒業後は,社長に気に入られ,その会社に就職した。

III 事例2(葛藤の少ない不登校タイプ)

概　要

事例:D君(中学1年生)

第1回は担任より相談。10日前より不登校とのこと。特にきっかけは不明と言う。小学校時代にも不登校の時期があったとのこと。当面は担任へのコンサ

ルテーションと担任のみによる家庭訪問で対応することにした。担任が訪問すると，自室でテレビゲームをしていて，担任を見ようともしないとのことだった。それを叱ったりせず，定期的に訪問をするように助言した。

本格的不登校開始1カ月後に母親からの希望で母親面接（第2回）。小学校2年時にA県から転校。すぐに学校にもなじんだが，小4時怖い担任になり不登校1カ月。母親が連れて行くことで登校を再開できた。今回もしばらくはそうしていたがそれでも行かなくなってしまった。本人の性格は，先生に言われたことは早くから何回もやる，いわゆるいい子で手がかからない子だった（きっちりしすぎ？）。友人は少ないが，深くつきあうタイプ。現在は部活が一緒だが，クラスは別のE君とF君と仲がよく，二人がよく遊びにきてくれている。平日は外出しないが，休日には彼らと映画等で外出することもある。

母親はさっぱりした性格で，子どもをべたべた可愛がるということはなかったという。不登校にも焦りは比較的少ない印象。

見立てと方針

いい子の挫折型に近いが，葛藤や焦りは少ないタイプ。当面は登校の圧力はかけず，しかも外との関係を切らないように配慮する。そのために，E，F君ら友人の訪問を続けてもらい，かつ担任にも訪問してもらう。平日も外出できるように，また，友人がクラス内にもできるなど，クラスが居心地よくなるための配慮も検討が必要か。

しかし，状態の改善が見られないこと，担任が長期研修で4カ月不在となるため，不登校開始約4カ月後から，カウンセラーによる家庭訪問を開始することにした。

訪問開始
基本的立場の表明と目標の共有：元気になること

予告して訪問（第6回，訪問①）すると，自室でテレビゲーム（「セガ」）をしている。入室しても特に拒否もしなければ，こちらを振り向きもしない。挨拶後，〈ゲーム好き？〉と問うと，カウンセラーを見もせず，黙ってうなずく。〈こういうふうにゲームしてる方が楽？〉（うなずく）〈それならやってた方がいいね〉。簡単な自己紹介後，〈無理に学校へ行かせるとか嫌がることを無理にさ

せるようなことはしない〉〈学校に行く行かないということより, 元気になることが大事〉と関わる基本的立場を表明。〈家では何してる?〉9時頃起きて, 13時頃まで勉強。それからゲームしてるが, もうやりつくしていて, やや退屈。夜9時にはやめるように言われているのでやめて, 11時頃寝てる。〈とりあえずは, 自分の状態とうまくつきあっていくことが大事〉と伝える。

関係づけとサポート: ゲームソフト等を貸す

さらに, 持参したゲームソフトを貸した。特に喜んだ様子も見えないが,「今はプレステをやりつくしたから, 小学校時代の友達と交換してセガをやっている……」

第7回 (訪問②) には, ポケットゲームを貸した。さらに, テレビゲームをしながら, 少し会話。〈今の状態は無理がきているというサイン〉〈すごくきつい時は家にこもっている方がいいけど, それが過ぎたら少しは外に出るようにした方がいいと思うよ。外には出てる?〉最近はあんまり……。たまに本屋に。〈学校がある時間帯は?〉出にくい。〈そういう時でも外へ出られるようになるとだいぶ楽になると思うよ〉〈ゲームはしてる?〉やりつくした。

自助のための注文

ポケットゲームを貸し, さらに〈元気になるためには, 周りへの注文と工夫が大事〉と伝え, 自助のための注文を聞いた。〈カウンセラーや両親への注文は?〉別にない。〈じゃあ, こんなことはしてほしくないということは?〉学校のことをあまり言わないでほしい。〈訪問は?〉週2回くらいならいい。〈そういう注文や工夫が大事〉。

さらに, 第8回 (訪問③) では, 初めてゲームなしで話せた。それまで勉強していた様子。〈わからないとこ教えてあげようか?〉いや, いい。〈学校がある時間帯に外出する練習してみない?〉いや, いい。〈そういうふうに拒否できることが大事。これからも私はいろいろ勧めたり, 提案したりするけど, D君が嫌がることを無理にさせたりはしないから, いやな時はいやと言ってね〉今はカウンセラーに借りたプレステをやってる。しばらくは楽しめそう。

一緒に遊ぶ→関係と場を拡げる

第10回 (訪問⑤) では, E, F, G君が遊びに来ていて, 3人でプレステの最中 (レースもの)。カウンセラーはE, F君とは初対面なので, D君をなるべく外へ誘ってくれるように依頼。さらに, 次回カウンセラーと彼らでゲームを

することを約束。また，カウンセリングルームにて父親面接。
　第12回（訪問⑥）では，約束通りE，F君と，第13回（訪問⑦）では，E，G君で「ジェンガ」で遊んだ。翌週（第15回）には，学校のカウンセリングルームに来てみないかと勧めたが，行くかもしれないと言いつつも来ず。

カウンセリングルームへ誘う，教師とつなぐ

　第16回（訪問⑧）後，D君本人にカウンセリングルームへの来室を勧め，さらにE，F君にD君を誘ってきてくれるように依頼したところ，その日の放課後初めて来室。次回（3日後，第17回）には母親に伴われて来室。担任代理（副担）の先生も一緒にジェンガで遊んだ。翌週には生徒指導担当教諭と担任代理（副担）教諭も一緒にジェンガで遊んだ（第18回）。その次（第19回）も母親同伴ではあったが，初めて放課後ではなく授業中にカウンセリングルームへ来室。3年生のA，B君が仕事帰りにニッカボッカ姿で来室。1年生一同はギョッとした様子。一緒にジェンガで遊ぶ。
　これ以後，週2回のカウンセラーの勤務日にはほとんどカウンセリングルームへ顔を出し，一緒にゲームをするようになった。20～30分の話ならOKとのことで，たまには，他生徒が来るまでの間少し話ができるようになった。気持ちを和らげるための雑談を心がけつつ，さらには過去の不登校経験について聞いたり，できれば注文・工夫を引き出すことをめざした。

関係を拡げる，教室へ入ってみる

　最初は友達と，次いで母親と来室したが，第20回（CR）では，初めて同伴なしで来室。いつものメンバーに加え，部活の数名と常連の3年生女子2名も一緒に「ウノ」で遊ぶ。第21回では，「宿題を忘れたことがない」〈えーっ！？ホント！？　それだときついやろ〉。この回はG君が持参した「紙小箱づくり」を前回のメンバーで行う。その後，放課後の教室に誘ったところ，自分の机に「来たぞー！」と書いた紙を置いて帰った。
　この頃，G君ら数名が校長にカウンセラーの来年度継続の要望に行ったとのこと。
　第24回（CR）には，研修から戻った担任教諭も一緒にカウンセリングルームでジェンガ。その後，パンチングドールを激しく叩く。さらには，数回前から気にしていた，止まっていた時計に電池を入れてみたところ，時計が動き始

めた。彼の時間も動き始めたのかもしれない。
　第25回（CR），2年からは学校に行けと両親から言われる。〈行けそう？〉「勉強追いつけば」→「特に英語（担任の教科）」〈？〉「あてられて答えられないと……」〈傷つくし，それをひきずるタイプ？〉「そうかもしれない」→「勉強しろという心のつぶやき」〈それはD君のいいところでもあるだろうが，それが強すぎるのでは？〉。

自助のための工夫
　第26回（CR），〈クラスに入るのに，ブレーキをかけているのは，先生との関係？　それともクラスメートとの関係？〉ウーン，両方かもしれない。第27回（CR）では，クラスの者に多数来室するように手配。
　第28回（CR），〈まだ，クラスに行けそうにない？〉無理すれば行けるかもしれない。〈二，三度行けても後にしわよせがきそうなら，無理しない方がいい〉→小学校5年生の時は先生が嫌で学校に行きたくなくなった。先生の言うことをある程度まで聞いて，後は無視すればいいかもしれない。第30回では，彼らがカウンセラーの「お別れパーティ」をやってくれた。感激。終わりに，改まって「いろいろお世話になりました」とカウンセラーに頭を下げて挨拶。終業式だけでも来てみないかと誘ったところ，カウンセラーは会えなかったものの，終業式には登校，教室に入ったとのこと。母親から，新学期より登校しているとのお便りをもらった。

IV　考　察

「社会性のない非行」と「葛藤の少ない不登校」
　「社会性のない非行」と「葛藤の少ない不登校（登校拒否）」タイプの生徒たちでは，ともに外界へ向かう活動が乏しく，現実の仲間集団での多様な経験の機会が乏しく，登校をめぐる葛藤が少なく相談意欲がない。そのため，彼らはいわば「経験を通して成長するための土台」（田嶌 1995b）が詭ういといえよう。
　事例1はシンナーや万引き等の非行歴があり，新聞配達も3日しか続かなかったことからうかがえるように，社会性のない非行タイプであるものと思われる。ここで言う社会性とは，社会生活を営む基礎となるような「状況や対象の

違いに応じた常識的対応性」を言い，社会性のない非行では，これが身についていないだけでなく，それを身につけるための前提となる忍耐力と外界へ向かうエネルギーに乏しい。

　通常ツッパリ生徒たちの場合，外へ向かうエネルギーが時に過剰なほどあり，仲間集団とのつながりも十分にあり，偏った状況内でではあるが案外社会性がある。そのため，卒業後それなりに働いて稼いでいくことは結構多い。目標が見つかった時や，恋人や妻子など守るべきものができた時に，それを機にしっかりすることも多い。在学中は手がかかるが，案外生活力はある。

　それに対して，ここでいう社会性のない非行とは，外界へ向かうエネルギーに乏しく，仲間とのつながりが少なく，ひとりでないし二，三人でシンナーや万引き等をやっていたりする。非行集団の中で「パシリ」的役割になってしまうこともある。当面は，大した問題も起こさないが，社会性と生活力に乏しいので彼らの将来は心配である。

　筆者には最近はこの社会性のない非行タイプが目につくという印象がある。というより，非行そのものが以前にくらべ，社会性が乏しくなってきている徴候であるといえるかもしれない（さらには青少年一般がそうなのかもしれない）。

　それに加え，登校刺激に対して過剰な恐怖を示している点で彼は不登校でもある。したがって，非行とも不登校ともつかぬ両者の境界とも言いうるタイプであり，もともとは社会性のない非行タイプの生徒がなんらかの事情で不登校状態になったものと思われる。

　事例2は葛藤の少ない不登校である。タイプから言えば，「宿題を忘れたことがない」ということに見られるように，優等生の挫折型に近いが，本人自身に外界へ向かうエネルギーが乏しく，葛藤が少ない，成績がそれほどよかったわけではないという点が異なっている。葛藤が少ないのは，ひとつには，近年不登校への保護者をはじめ周囲の風当たりが和らいできたことが関係しているように思われる。確かに，学校へ行かない・行けないだけで，「人間失格」だの「お先真っ暗」だのと罵倒されたりして，追い詰められなくなったというのは好ましい変化ではある。しかし，その反面，葛藤もそれほど顕在化されにくくなり，家庭内でそれなりに安定してしまいやすいような観がある。

「成長のための土台づくり」：関係性の構築

　不登校・ひきこもりに対する対応としては，登校そのものを第一に考えるのではなく，現実の集団内での多様な経験により開かれることをめざすこと，すなわち関係性の回復ないし関係性の構築の援助を目標とすべきであると筆者は考えている。いわば，「成長のための土台づくり」の援助であるといえよう。しかし，ここで強調しておきたいことは，学校との縁が切れていたり，関係がこじれたりしている場合等の一部の例外をのぞけば，この関係性の回復ないし関係性の構築の援助は，主として同級生，友人，教師等の学校をめぐる関係を通しての援助をめざすのが自然かつ得策であると筆者は考えているということである。

家庭訪問と居場所づくり

　そのために，ここで筆者がとったのは，「つきあい方」という視点からの家庭訪問と居場所づくりを活用し，基本的には「NW による援助→目標の共有→自助努力・工夫を引き出す」（田嶌 1998d）という基本方針による援助アプローチである。通常，筆者は教師による家庭訪問を勧め，そのやり方を助言することが多いが，両事例とも，先述のようなそれぞれの事情から担任と交代して，スクールカウンセラーである筆者自身が家庭訪問を行ったものである。時間をかけて関係をとり，目標を共有し，外部とのチャンネルを拡げ，本人の自助努力を引き出すことを試みた。

節度ある押しつけがましさとチャンネル合わせ

　筆者は両事例のように自ら来談しない事例との直接のコンタクトを試みる場合，カウンセラーの側にいわば「節度ある押しつけがましさ」[注] あるいは「節度ある強引さ」（田嶌 1998d）とでも言うべき態度が必要であると考えている。すなわち，相手が多少嫌がってもこちらから出かけていくという強引さと相手に侵入しすぎないという節度の両者をもち，「逃げ場を作りつつ関わり続ける」ことである（田嶌 1998b, 1998d）。たとえば，訪問すると宣言しつつも，本人が

注) この「節度ある押しつけがましさ」という姿勢については，カウンセラーや心理療法家に対しては「押しつけがましさ」の部分を，教師に対しては，「節度」の部分がより強調されるべきではないかと考えている。

拒否して自室にこもる自由を保証するのはその一例である。また，カウンセリングルームのたまり場へ誘ったり，ジェンガを提案したりしたのもそのような「節度ある押しつけがましさ」という態度からである。

このようなアプローチをとることで，カウンセラーが本人を脅かすものでも登校を強いるものでもないことが納得できるようになると，当初は拒否的でもいずれは会えるようになるものである。なお，相手のチャンネルに合わせるというのが，関係づけの基本であり，ひきこもりや拒否的なクライエントに対しては，なおさら必要な留意点である。筆者がプリクラや各種ゲームを活用したのはこのためである。

目標の共有

このようなアプローチをとりつつ，両事例とも登校ではなく，「より元気になる」「自分の状態とじょうずにつきあっていく」ことをカウンセラー側の目標として提示し，さらにそのための目標を共有することに努めた。その結果，事例1ではさらなる目標として「将来働けるような力をつける」「学校にも行ける」ことを，事例2では「登校し，授業に出席できる」ことをかろうじて目標として共有できた。事例1のA君のさらなる目標をこのように設定したのは，先に述べたように，彼はすでに小学校3年生レベルでつまずいており，一日中授業を受け続けることは彼にとってまさに苦行以外のなにものでもないという状況であったため，「登校→授業への出席」という目標が適切とは思われなかったからである。

関係の拡がりをはかる

このような目標の提案と共有と並行して，さらに外部との関係を開くこと，広げることを試みた。まず，筆者自身との関係をつくり，さらに〈すごくきつい時は家や自室にひきこもって休養した方がいいが，その時期が過ぎたら少しずつ外へ出て活動する方がいい〉という助言を行い，次いで学校のカウンセリングルームへ誘い出し，数名でジェンガ等で一緒に遊ぶ，ことにした。さらには，担任ともつないだ。もともと生徒たちの「居場所づくり」として，カウンセリングルーム内に生徒たちがふだんから気軽に出入りできて，何をしても，しなくてもよい「たまり場」となるスペースを設けていたが，それを活用して，

学校と外部へのチャンネルをつなぎ，外へ向かうエネルギーを引き出すことに努めた。

ここで筆者が留意したのは，カウンセラーが本人との関係をより深めるだけでなく，ひとりで抱え込まない（田嶌 1991）で，仲間集団やさらには担任（学校，クラス）とつなぐことである。カウンセラーだけが抱えることにならないように注意した。

居場所づくり

このような「たまり場」は，学生相談で考案された手法（峰松・冷川・山田 1984；保坂 1987；山崎 1991；田嶌 1991, 1995b 他）をスクールカウンセリングに応用したもので（田嶌 1998c），出入りの生徒は「居場所」「逃げ場」「休息の場」「暇つぶしの場」「出会いの場」「交流の場」など，それぞれのニーズに応じた活用をしている。したがって，特になにか問題を抱えた特定の生徒だけを対象とするわけではない。この年代の生徒たちは，同世代の仲間同士の集団の中での経験を通して成長していくという側面が大きい。したがって，大人が直接相談にのるだけでなく，生徒同士の交流を促進する場を提供できることが重要である。この意味では，一対一の密室カウンセリングでは代替できない性質を含むものである。

生徒たちにとって，このような場は「居場所」であり，教室との中間領域でもある。不登校・ひきこもりの生徒にとっては，さらには学校とのつながりの場，教室への移行機能を持つ中間的な場という機能を果たすことになる。

機能分担とその相互理解——教師の「ひとにらみ」等

このような居場所活動が両事例において，大変重要な役割を果たしているといえよう。しかし，ここで強調しておきたいのは，このような居場所活動は，教師の存在によって，支えられているということである。そもそもこうした活動自体が学校・教師側の理解がなければ，開始できないし，存続もできない。それに加え，彼らが教室へ復帰できたのも，カウンセラーを介して復帰以前の担任の支持的関わりがあったことが，大きな役割を果たしたものと考えられる。

さらに重要なことは，居場所活動が不適切な歯止めの利かないものにならないように教師が現実提示的機能を果たしているということである。たとえば，

事例1では彼らが私服でカウンセリングルームを訪れた際,教師たちの「ひとにらみ」があり,そして,次の回から彼らは制服で来るようになった。このことからも推測できるように,カウンセラーである筆者だけの関わりでは,おそらく足もとを見られ,少なくとも学校での身勝手な行動が多くなり,歯止めを失う危険性があったものと思われる。同様に,事例1では担任の存在が家庭内暴力のエスカレートを防ぐのに重要な役割を果たしたものと思われる。先に筆者はネットワークの活用方式として,「全員一丸方式」「機能分担方式」「並行働きかけ方式」をあげた(田嶌 1995a, 1998a)が,ここでは機能分担についての教師とカウンセラー間の相互理解があり,しかもそれがうまく機能したものといえる。

「努力は報われる」という体験

通常の児童・青年が,「努力は報われる」という体験をへて,後に「努力は報われるとは限らない」というより成熟した人生観に到達するのに対して,非行少年は「(前向きの)努力は報われる」という体験が希薄なまま,「努力は報われるとは限らない」という醒めた人生観にいきなり到達しているかのような観がある。そうした観点から見れば,社会性のない非行少年にもっとも必要な体験は,ひと言で言えば,社会性が必要な課題に対して「継続的に努力して,その結果なにかを達成し,しかもそれが周囲に認められること」であると思われる。事例1のA君は仕事を通してこのことが達成できたものと考えられる。また,たくましく男っぽくなってきたことから,職場でもまれ,そして認められることで同時により男性性を獲得していったものと思われる。それは,父性的なものの不足を補完する機能も果たしたものと考えられる。

自助のための注文と工夫

ここでのアプローチは,「節度ある押しつけがましさ」による支持的受容的関わりを基本としつつ,本人の自助活動や工夫を引き出すことである。支持的受容的関わりだけでも,しばしば本人の自助活動や工夫が引き出されることがあるが,さらに筆者が重視しているのは,自助のために「(他者・外界へ)注文をつける能力」と「工夫する能力」を引き出すことである(田嶌 1998d)。外界・他者に注文をつけられるようになることは,外界を信頼し外界に働きかける力

を引き出し、外界・他者との関係を変えるのに役立つ（田嶌 1998d）。このような視点から、「自助のための注文」を引き出し、その実行を援助することに努めた。事例2で「学校のことをあまり言わないでほしい」という注文を引き出すことができたのはその一例である。

さらに筆者は、できれば本人の状態と状況の見立てに応じて目標を共有し、目標に向けて活動していくために本人がどういう工夫をしたらよいかについてとりあげる。事例1では、仕事をやりとげ周囲に認められることができたし、卒業に向けてある程度の登校も可能となったし、事例2では、カウンセリングルームに定期的に来室し、一緒に遊び、さらに先生の言を「半分聞き流す」という工夫に思い至ることができた。

なお、この「注文をつける能力」と「工夫する能力」は壺イメージ法で重視される技法・視点の応用である（田嶌 1987, 1992, 1998d）。

スクールカウンセリング固有のアプローチ

このようなアプローチでは、カウンセラーが面接室から出て行き「動きながら考える（見立てる）」という姿勢がしばしば必要である（田嶌 1995a, 1998b, 1998d）。それによって、個人の心理（病理）をふまえた「目標の設定・共有」とネットワーキングが可能となる。事例1と事例2の展開の違いは主にここからきている。先に筆者は学生相談の場において相談意欲のない困難例の援助に同様のアプローチを用いた事例を報告した（田嶌 1998d）が、ここでとったアプローチに含まれる視点、関わり方、技法は他のさまざまな臨床現場においても有用なものである。とりわけ、相談意欲のない事例に対して有効なアプローチである。

しかし、ここで強調しておきたいのは、同時に外来相談室をはじめとする専門機関ではできない、学校という場だからこそできるという側面も含んでいるということである。他ならぬ学校からの家庭訪問であり、しかも、居場所は生活の場と離れた非日常的空間ではなく、学校という生活の場の中にある日常的空間の中に設けられたものであるという点で、他の機関が行う活動とは異なる側面をも含んでいるのである。つまり、学校という場の特性を生かしたアプローチであり、その意味では、スクールカウンセリングないし学校教育相談に固有の領域であると、筆者は考えている。

スクールカウンセラーの固有の領域として，大野（1997）は，少なくとも，暫定的には，「学習・進路・軽い適応（広くは心理社会的領域）」を考えることが妥当だとしている。筆者が試みた「居場所づくり」もそのような視点を含んでおり，このような視点からの予防的・発達的（開発的）な教育相談は，今後ますます重要性を増していくであろうし，またそれをめざすべきであろうと思う。
　しかし，その一方で，不登校・いじめをはじめとする特定の問題を抱えた生徒に対する学校だからこそできるアプローチとそれに関連したことがらもまた固有の領域であり，このことがもっと認識される必要があると思う。そして，そのためのより有効なアプローチがさらに検討されるべきであると考える。

非現実的期待を膨らませすぎないこと

　このようなアプローチは，通常のカウンセリングにくらべ，かなり積極的に関わるアプローチであるといえる。通常の個室カウンセリングにおいてさえも，青年期のクライエントとのカウンセリングでは，カウンセラーのルール破りが生じやすいが，このようなアプローチではなおさらである。たとえば，食事等をおごっているが，この食事等をごちそうするというのは，特に家庭的に手をかけられていないクライエントには関係を深めるのに有効な対応である。
　しかし，ここで注意しなければならないのは，クライエントの非現実的期待を膨らませすぎないように配慮する（田嶌 1998d）ということである。そのために，筆者は，期間限定の非常勤であるという現実を早目に伝えているし，「おごる」際にも，それが当たり前というふうにならないように，たいていの場合〈今回は特別におごってやろう〉というふうに強調したり，〈今度だけだぞ〉等の非現実的期待に歯止めをかけるセリフをつけ加えておくことにしている。通常のカウンセリングのルールを破らざるをえない場合，いつも・いつまでもそうしてもらえるという期待をもたれることを回避できやすいので，こうした表現を筆者は重宝している。

保護者へのアプローチについて

　両事例の場合，保護者からの相談ではじまった事例ではないため，助言はほどほどに留めることとした。具体的には，両事例とも焦って本人を追い詰めな

いように助言し，さらに事例1では，家庭内暴力をエスカレートさせないための助言を，事例2では，（たとえば，ゲームソフトを無制限に買い与える等）家庭内で至れり尽くせりになってしまわないように，そして徐々に外出を勧めるように助言した．

コミュニティ心理学と個人心理療法

本稿では，「個人心理を踏まえた目標の提案→共有」と「個人心理を踏まえたネットワーキング」（田嶌 1998d）をいかにして実現していくか，環境や周囲への介入からいかにして個人の自助活動を引き出していくのかという点を論じた．それは，コミュニティ心理学的アプローチに個人心理療法の視点をどう生かすか，個人心理療法にコミュニティ心理学の視点をどう生かすか，さらにはコミュニティ・アプローチと個人アプローチの統合という問題につながるものである．今後，さまざまな臨床現場において両者の統合がはかられることを期待したい．本稿は，そのささやかな一例を具体的な形で示そうとしたものである．

謝辞 本事例は日本心理臨床学会第18回大会で発表したものである．発表当日座長を務めていただき，貴重なコメントを頂戴しました村瀬嘉代子先生に深く感謝致します．また，英文要約については同僚の加藤和生氏にお世話になった．記して感謝致します．

文　献

保坂亨（1987）学生相談所を拠点とする学生たちのグループ．東京大学学生相談所紀要，5；38-39.
近藤邦夫（1987）教師と子どもの関係づくり．東京大学出版会.
峰松修・冷川昭子・山田裕章（1984）分裂病圏学生とPsycho-Retreat．健康科学 6；181-186.
村瀬嘉代子（1988［1995］）不登校と家族病理―個別的にして多面的アプローチ．In：子どもの心に出会うとき．金剛出版，pp.145-171.
長坂正文（1997）登校拒否への訪問面接．心理臨床学研究 15(3)；237-248.
大野精一（1997）学校教育相談―理論化の試み．ほんの森出版.
相馬誠一（1996）「葛藤の少ない不登校」の状態像と対応．学校教育相談，12月号，pp.16-21.
菅原秀美（1998）家庭訪問の実際―ケースを通して．In：宮田敬一編：学校におけるブリーフセラピー．金剛出版，pp.153-166.

田嶌誠一編著,成瀬悟策監修(1987)壺イメージ療法—その生い立ちと事例研究.創元社.
田嶌誠一(1991)青年期境界例との「つきあい方」.心理臨床学研究 9(1);32-44.
田嶌誠一(1992)イメージ体験の心理学.講談社.
田嶌誠一(1995a)密室カウンセリングよどこへゆく.教育と医学 43(5);26-33.
田嶌誠一(1995b)強迫的構えとの「つきあい方」の一例.心理臨床学研究 13(1);26-38.
田嶌誠一(1998a)スクールカウンセリングの理論と方法.平成8・9年度スクールカウンセラー活用調査研究報告書「生徒指導とスクールカウンセリング」.福岡市立壱岐中学校;5-14.
田嶌誠一(1998b)カウンセラーと教師による家庭訪問の実際—不登校・引きこもり生徒の場合.平成8・9年度スクールカウンセラー活用調査研究報告書「生徒指導とスクールカウンセリング」.福岡市立壱岐中学校;15-27.
田嶌誠一(1998c)スクールカウンセラーと中学生.こころの科学 78;67-74.
田嶌誠一(1998d)暴力を伴う重篤例との「つきあい方」.心理臨床学研究 16(5);417-428.
田嶌誠一(2000)学校不適応への心理療法的接近.In:岡田・鑪・鶴編:臨床心理学大系18—心理療法の展開.金子書房,p.59-77.
田嶌誠一(2001)事例研究の視点—ネットワークとコミュニティ.臨床心理学 1(1);67-75.
玉岡尚子(1973)訪問面接.In:小泉英二編著:登校拒否—その心理と治療.学事出版,pp.169-185.
山本和郎(1986)コミュニティ心理学—地域臨床の理論と実践.東京大学出版会.
山崎恭子(1991)学生相談室の課題—談話室のこと.広島大学総合科学部学生相談室活動報告書 16;4-12.

第13章

不登校・ひきこもり生徒への家庭訪問の実際と留意点

I 家庭訪問による心理的援助の有効性

　スクールカウンセリングないし学校心理臨床では，密室での個人カウンセリングの視点のみにとらわれないアプローチが必要である（近藤 1987；田嶌 1995a；大野 1997）。
　一方，学校現場でしばしば見られかつスクールカウンセラーに相談が持ち込まれやすい問題は，なんといっても不登校・ひきこもりである。その相談にあたって，カウンセラーが教師に不登校・ひきこもり生徒の心理やその「原因」を解釈してみせることにも意義はあるとは思うが，それよりも教師が切実に求めているのは現場でとりあえずどう接したらよいかということについての助言やヒントであると思われる。したがって，必要なのはそういうニーズに応えうる臨床的工夫とそれを支える理解であろう。
　「家庭訪問」「訪問面接」はその代表的なもののひとつであろう。「家庭訪問」「訪問面接」などとんでもないという立場のカウンセラーも少なくないようだが，筆者はやり方次第では不登校・ひきこもりの心理的援助に大変有効であり，個人カウンセリングではなかなか達成困難な効果をあげうると考えている。実際，これまでに少ないながら臨床家によるいくつかの論文（玉岡 1973；長坂 1997；田嶌 1998a；菅原 1998 ほか）や学会発表（関川 1996；田嶌 1999 ほか）がある。しかし，学校現場では，一部の教師が適切な家庭訪問で効果をあげているものの，その一方で教師による強引で不適切な家庭訪問も少なくないのが現状である。したがって，（スクール）カウンセラーが有効な家庭訪問の留意点を心得ておくことは，教師へのコンサルテーションにおいて不登校・ひきこも

りへの家庭訪問のやり方を助言するのに役立つし，スクールカウンセラーに必須の重要なレパートリーであると筆者は考えている。

また，有効な家庭訪問の留意点を心得ておくことは，（スクール）カウンセラー自身が家庭訪問をする際にも役立つ。以前ほどではないにせよ，心理臨床家が面接室から出かけていくことはとんでもないことだと考えている臨床家はまだまだ少なくないようである。ある学会でも，不登校・ひきこもり生徒への家庭訪問やそのコンサルテーションの必要性を問いかけた人が，そこを踏みとどまるのが専門家であるとの意見をベテランの臨床家にもらったという。また，同じくある家庭訪問の事例発表に対して，そんな構造がルーズな状況でクライエントに関わるのはけしからんという非難の声があがった。

一方，筆者は先にスクールカウンセリングにおける非密室的アプローチの必要性とその若干の理論的背景について論じ，さらにスクールカウンセリングの実践にあたってはしばしばカウンセラーが面接室から出ていくことが必要であると述べた（田嶌 1995a, 2000）。実際，筆者はスクールカウンセラーとして自らが家庭訪問する経験を若干持ったし，また教師等のコンサルテーションにおいて家庭訪問のやり方を助言してきた。

そこで，本稿ではそのような筆者自身の経験から，家庭訪問の実際と留意点について述べてみたい。なお，誤解のないように言えば，筆者はカウンセラーが面接室から出ることを無条件にタブー視することに反対しているのであり，スクールカウンセリングではカウンセラーが必ず教師の家庭訪問のコンサルテーションをしたり，自ら家庭訪問したりしなければならないと主張しているわけでは決してない。ただ，スクールカウンセラーがレパートリーのひとつとして心得ておく必要があると言いたいのである。

また，ここで強調しておきたいことは，以下に述べる留意点は決してスクールカウンセリングにおいてのみ役立つものではなく，外来相談でも役立つものであるということである。すなわち，本人にだけでなく保護者や教師など周囲の相談にのる際に，参考になるものである。たとえば，筆者は外来での相談でもしばしば学校側と連携をとることにしている。相談室へ学校側から来てもらい面接することもあるし，時にはこちらから学校へ出かけ担任と会うこともある。さらには，保護者を通して担任や学校に助言やお願いをすることもある。そういう場合，ここで述べる家庭訪問の留意点を心得ておくことが役立つ。こ

のように，スクールカウンセラーだけでなく，学校関連の問題と関わる臨床家がそれを心得ておくことは，その臨床活動の幅を大いに拡げることにつながるものと考えている。

II 家庭訪問によるアプローチの基本的視点

多面的援助モデルによるネットワークを活用した心理的援助

クリニックや外来の相談室などと違って，スクールカウンセリングないし学校心理臨床では日常生活を共に過ごしているという点が大きな特徴であり，そのため個室カウンセリング以外に働きかける多様なチャンスと豊かなチャンネルがたくさんある。それを活用しない手はない。したがって，学校心理臨床では個人の個室カウンセリングに限定されず，学校の実情と生徒の心性をふまえてもっと幅広い多面的援助モデルによる心理的援助を考える必要がある。

先に筆者はほとんどの心理療法に共通して重要な要因として，「つながり」と「主体の活動様式（体験様式）」の二つをあげたことがある（田嶌 1992）。ここでいう「つながり」とはカウンセラー（治療者）－クライエント（患者）関係だけではなくさまざまな関係を含むものであるが，伝統的心理療法ではそれがもっぱらカウンセラー－クライエント関係に偏ってきたのではないだろうか。もっと幅広く，種々のつながりの活用すなわち「ネットワークの活用」が考慮される必要がある。相談意欲のない不登校・ひきこもり事例に限らず，筆者は学校心理臨床では種々の「つながり」すなわち「ネットワークの活用」ということをまず考慮してみることにしている。

◇カウンセラーや精神科医が見落としやすいこと

まず強調しておきたいことは，カウンセラーや精神科医がよく知っているのは比較的長期化した事例でしかもカウンセリング等の関わりを継続的に持てた例が中心であり，そのような事例は学校現場で出会う不登校生徒のごく一部であるということである。

カウンセラーや精神科医が長期化した後で，しかも彼らのうち相談意欲が高い生徒とやっと出会うのに対して，学校では3日も行かなければすぐに「発見」される。そして，教師や両親の尽力，本人の自助努力，いくつかの幸運な条件に恵まれたりなどして，短期間で元気を取り戻し登校するようになった事例も

少なくない。またその一方で，長期化しつつも本人や家族に相談意欲がないため，ひきこもり状態がつづいている事例も少なくない。このように，カウンセラーや精神科医が接する機会がないタイプのたくさんの不登校生徒がいるのである。

家庭訪問の有用性と有害性

ここで重要な点は，実際には教師やスクールカウンセラーが家庭訪問をしたり，同級生が迎えにいく，さらには学級の集団づくりを工夫する等の対応をとったことで，元気を回復し登校するようになった事例は決して少なくないということである。

不登校にはさまざまなタイプがあるが，学校現場で関わる際はどのタイプの不登校であれ「不登校は最初の1週間が重要」であると私は考えている。この段階で家庭訪問や同級生の働きかけ等によってうまく対処できればこじれなくてすんだと考えられる事例が少なくない。

また，長期化したひきこもりの事例では，外部に何らかのつながりをもっておくことが本人の成長と精神の健康には重要であるし，克服のきっかけもつかみやすい。そこで，担任やスクールカウンセラーが非侵入的態度による家庭訪問を（たとえば週1～2回といった具合に）定期的に行うのが有効である。やみくもに登校を誘うのではなく，本人（と保護者）と学校・クラスとの間を「つなぐ」こと。そして，ある程度関係がとれてきたら，関係を拡げ，さらに本人の主体的自助努力を引き出すように努める。

筆者はスクールカウンセラーとしてしばしば家庭訪問を行ったが，その経験から言えば，もっとも気になるのが社会性のない非行と葛藤の少ない不登校（登校拒否）生徒である。彼らは現実の経験の機会が乏しく，将来が心配である。そこで，たとえ本人の相談意欲が乏しくとも，しばしば家庭訪問を行い外部や学校とつなぐための関わりを行った。

上記のような事例に対しては，教師あるいはスクールカウンセラーによる家庭訪問がとりわけ有効である。また，外部の精神科医やカウンセラーによる心理療法・カウンセリングを受けている場合にも家庭訪問は不要というわけではない。学校・クラスとのつながりを「保持する・切らない・創る」ためにである。そのようなつながりがないと，たとえ登校できる力が回復しても，現実の

登校ということにはなりにくいからである。極端な例をあげれば、不登校が長期化し、担任やクラスメートが変わったにもかかわらず、顔も知らないという事態すらある。これでは、登校には至りにくい。このように、適切に行えばたいていの事例で家庭訪問が役立つとはいえ、どんな形のものでもよいというわけではない。その一方で、教師による不適切で強引な家庭訪問がなされていることも少なくない。やり方次第ではかえって逆効果になりかねないので、筆者としては以下のような家庭訪問のやり方を推奨したい。

なお、ここで言う家庭訪問は本人にとってクラスがより居心地がよくなり、魅力的なものとなるための働きかけとワンセットとなることでより効果をあげうるものであるが、それについてはその専門家である教師の方々にいろいろ工夫してもらうとして、ここでは主として家庭訪問にしぼって述べる。

◇関わりの目標

不登校・ひきこもり生徒の心理的援助にあたっての目標は登校そのものではなく、「生徒をエンパワー（元気を引き出す）し、周囲との関係がとれるように」援助することである。そのためには、周囲のどのような関係のとり方が適切であるかという観点から、関わり方を検討する。したがって、基本的には未来志向的であり、無意識探求的アプローチはとらない。

ここで重要な点は、生徒が元気を回復するのに役立つ対応は、個々の状況によって異なるということである。不登校がある程度長びいている場合には、一般に、周囲は登校圧力をかけず、しかも関係をとるように努めるのが無難な対応である。

不登校の初期には、登校しなくともよいことを保証し、十分に休養をとるだけで元気を回復することもある。しかし、その一方で、学校ないし学校の成員（同級生や教師等）との関係を維持し、切らないように努めたり、関係の再構築をはかることが当面はしばしば役立つことがある。実際、早期には同級生が遊びに行ったり迎えに行く、教師が家庭訪問したり学級の集団づくりを工夫する等の対応をとったことで元気になり、その結果登校するようになった事例は決して少なくない。

◇関わりの基本方針

ひきこもりに対する関わりの基本方針は、第一に本人と非侵入的な（脅かさない）つながりを創り、支えること、第二に本人の周囲との関係と活動を拡げ

ること，そして，できればさらに第三に本人の主体的自助努力を引き出し，試行錯誤を通してその精度をあげる援助を行うことである。家庭訪問はそのための有力な手段のひとつである。通常は第一と第二がより基本的なものであり，関わる側に余力があれば第三も試みるのが適当であろう。

◇基本的関わり方——逃げ場を作りつつ関わり続ける

上記の基本方針に沿った基本的関わり方の概要を以下に述べる。

第一の「本人と非侵入的なつながりを創り，支える」ための基本的関わり方は，「逃げ場を作りつつ関わり続ける」ということである。そのためには訪問者の基本的態度は「クライエントセンタード」ではなく，しばしば「節度ある押しつけがましさ」または「節度ある強引さ」（田嶌 1998b）とでも言うべきものが必要である。積極的に関わりを持ちたいという姿勢は見せるものの，決して追い詰めないように配慮するということである。本人の心に土足で踏み込むようなことにならないように気をつける。安全な人であり，かつ本人のいやがることを強引におしつける人ではないことを本人に実感してもらうことがポイントである。なかには，「教師が本人の部屋まで踏み込み，無理やり学校へ連れて行ったところ，それをきっかけにその後元気に登校できるようになった」という例も耳にする。対応の是非はともかく，筆者はそういうことがあることは承知しているが，同時にそれが逆効果となった例も知っている。したがって，「劇的効果があがることもあるが，リスクも大きい」という方法はとらない。ここでは，訪問者自身が「人生なんとかなるものよ」「長い人生で数年くらいはどうってことはない」「たいていのことは取り返しがつくものよ」「学校行くよりも，どんな仕事であれ，将来自分で食っていけるようになることが大事」という態度を示せることが大切である。

また，訪問者の基本的態度としては，不登校・ひきこもりの場合に限ったことではないが，常識的にはネガティブに見える現在の状態の「ポジティブな面をも見る」姿勢が重要である。これについては，たとえば「サナギの比喩」に見られるように，私たちは河合隼雄の著作などからすでに多くを学んできた。また，自らの不登校体験をふりかえって「得がたい体験」「すばらしい体験のひとつ」と捉えている体験者の実例をある程度知っておくことが大事であり，たとえば宮本（1999），菅野（2000）などがその参考になる。

第二の「関係を拡げる」というのは，訪問者が支えるだけでなく，さらにそ

れ以外の外部の関係につなぐことである。たとえば，同級生やメンタルフレンドによる訪問や家庭教師等の種々のネットワークを通して「まず支える」ことができないかを検討する。塾や家庭教師，メンタルフレンド，○○教室，サークル，大検予備校，（過去や現在の）同級生，保健室などさまざまなものが考えられる。このうち，もっとも一般的なのが保健室やこころの教室，相談室等につなぐことである。また，「家庭教師」を雇ったりする場合は，その人がただ勉強を教えるというのではなく，外で遊ぶなど活動や関係を拡げることに配慮してくれるかどうかが重要である。それらのいずれがヒットするかはケースバイケースであり，またタイミング次第でもある。そうしたものに「つなぐ」ことが重要である。このような関係を選択すること自体が本人の主体的自助努力であるが，そうした関係に支えられるとしばしば本人の主体的自助努力がさらに引き出される。

　第三の「本人の主体的自助努力を引き出し，さらに試行錯誤を通してその精度をあげる援助を行う」にはそれに加えて，支持的受容的共感的対応と（自助のための）「注文をつける能力」と「工夫する能力」（田嶌 1987, 1992）を育成するという視点が役立つ。支持的受容的共感的対応については，通常のカウンセリングと同様であるのでここでは特には述べない。ただ，ひきこもりを「不適切な行動」「病的な反応」と位置づけるのではなく，それは本人の自助努力のあらわれであり本人の当面必要な対応であったという理解，さらには先述のポジティブな面の理解が本人へ関わる際に役立つことをつけ加えておきたい。

　「注文をつける能力」の育成とは以下のようなことである。ひきこもりの人は周囲へ失望し，働きかけることをあきらめている。したがって，外界・他者に注文をつけられるようになることは外界に働きかける力を引き出し，外界との関係を変えるのに役立つ。そこで，自分がより元気になるためには，周囲にどのような対応をしてもらうことが役立ちそうかについて「注文をつけられる」ように配慮するわけである。「わがまま」ではなく「自助のための注文」であるというのがポイントである。さらには，本人自身がより元気になり，さらには外界に働きかけるための本人自身の工夫を引き出すように配慮する。なお，これは壺イメージ法（田嶌 1987, 1992）で重視される視点・技法の応用である。

　ひとくちに「元気になるための注文や工夫」と言っても，その水準はいろいろである。最初は「状態がよりひどくならないためには」，「ストレスをより和

らげるために」といった消極的なレベルのものから,「ストレスを発散・解消するために」といった積極的なレベルまである。さらには,「(たとえば,学校や自分の将来のことなどの)嫌なことを考えるのをさけて元気」というレベルから「嫌なことを考えても実行しても元気でいられる」というもっと積極的なレベルまである。「注文・工夫」をこのような方向で徐々にレベルを上げていけるように心がける。

このことからもわかるように,ここで注意すべきは,「(嫌なことに触れないで)元気になる」というのはとりあえずの目標であり,最終的な目標は「周囲との関係がとれ」「(嫌なことにふれても)そこそこ元気でいられる」ように援助することにある。

また,「自助のための注文・工夫」を引き出す具体的関わりについては後に述べるが,ここで強調しておきたいのは,その結果さしたる注文や工夫が出てこなくとも失敗ではないということである。というのは,そのような関わりによって,非侵入的で本人の実感とペースを大事にしていこうとする支持的態度が伝わることに意義があり,それは本人と支持的関係をもつのに役立つだろうからである。

◇一時的な手助けで成長する

以上のようなアプローチに対しては,「本人が自分の力で問題を克服したことにはならない」という批判があるかもしれない。しかし,このようなアプローチによっても最終的には本人の自助努力なしには効果をあげえないものである。また,一時的にちょっとした直接的手助けや幸運な経験の機会を得ることで困難を乗り越えていくというのが私たちの人生ではありふれたことであり,心の内面を探求してしかる後に困難を克服するというのは,むしろ特異で例外的な乗り越え方である(田嶌 1995b)。とりわけ,めざましい成長期にある学齢期の生徒たちは,他者からのちょっとした手助けで乗り越え,後は特にそういう援助はなくともうまくやっていけるということがしばしばあるものである(田嶌 1995a, 2000)。

Ⅲ 家庭訪問の実際と留意点

以下，家庭訪問の実際とその留意点をより具体的に述べる。

不登校は最初の１週間が重要

　不登校にはさまざまなタイプがあるが，どのタイプの不登校であれ「不登校は最初の１週間が重要」であると私は考えている。私は不登校の初期には，教師に次のことをおすすめしている。放課後すぐに訪問し，対応する。一般には放課後がよいが，葛藤が少ないタイプであれば，朝でもかまわない。できれば本人と話し合う。それが無理なら，保護者（たいていは母親）と会う。その後も，なるべく毎日訪問する。同時に，本人にとってクラスがより居心地がよくなり，魅力的なものとなるための配慮もしてもらう。

　欠席が連続しても数日以内なら病気とかなんとかという言い訳が通用するし，クラスの同級生からもさほど注目されなくてすむが，数日をすぎると登校は難しくなる。後は長期化すればするほど，再登校するには相当なエネルギーを要することになる。そうなるともともとの不登校のきっかけが何であれ，それとは別の大きな要因が生じることになるのである。したがって，この段階でうまく対処できればこじれなくてすんだと考えられる事例が少なくない。にもかかわらず，こうした実情にうといカウンセラーや精神科医は教師に「そっとしておいた方がいい」とか「家庭訪問は控えてください」といった助言をしてしまうことが少なくないように思われる。こうした助言を忠実に守り，その結果必要以上に長期化してしまうことがありうるので要注意である。

　担任の家庭訪問は最初のうちは，一般に本人には嫌がられる。時にはひどく嫌がられる。しかし，登校へのプレッシャーをかけない，土足で踏み込まないことがわかれば，そうした反応は和らぎ本人と会えるようになるものである。そして，本人が悩みを打ち明けることで，元気をとりもどし，再登校に至ることが少なくない。たとえば，ある生徒は担任の訪問時には，自室へこもって出てこなかったが，次第に３回の訪問でやっと部屋から出てきて会うことができ，その次の回には自室で学校での対人関係の悩みをいろいろ打ち明け，その後再登校に至った。また，この段階で，いじめがあることが判明する等，家庭訪問

だけでなく何らかの対応を行う必要が出てくることもある。

不登校が長期にわたっている場合

不登校がすでに長く続いている場合，あるいは早期の事例でも上記のような対応をしても，連続して1〜2週間以上ひきこもりが続いてしまった場合，「逃げ場を作りつつ関わり続ける」という基本方針には変わりはないが，ジタバタせず，「じっくりと長い目でみる」ことにする。訪問頻度は1週間に1〜2回程度とし，しかし放ったらかしではなく，「登校できるできないよりも本人自身が元気になることが大事」「関心を持って見守っている」ということが伝わるような接し方をこころがける。

誰が訪問するか

原則としては担任が訪問し，カウンセラーはそのコンサルテーションを行うのが適当である。担任による訪問だけでは無理と判断され，カウンセラーが訪問する場合でも，クラスとの関係を切らないために担任に別の日に適宜訪問してもらうのがよい。ただし，担任との関係がこじれている場合は一時控えてもらうことが必要なこともあろう。その場合，養護教諭や部活の教師等に訪問してもらうのがよいこともあるし，スクールカウンセラー自身の訪問が必要なこともあろう。また，学校現場では家庭との連絡をもっぱら電話で済ませている場合も多いようだが，原則としては訪問を基本とし，電話等は訪問できない場合の補助的手段と考えておく方がよい。

放課後クラスメートに遊びに行ってもらったり，連絡事項をことづけたりすることも役立つことがあるが，本人があまり嫌がるようなら中止ないし延期する。

◇訪問を予告する，逃げ場を作っておく

訪問にあたっては，「節度ある押しつけがましさ」という態度を基本とする。たとえば，事前に訪問するということを伝えておくものの，「訪問していい？」と本人に許可を求めたりはしないで，しかし逃げ場を保障するという形をとる。また，保護者を通して，あるいは電話等で本人に「今日訪問する。会いたいが，どうしても会いたくないなら，自室に閉じこもっていてもよい。今後も時々訪問するつもりである」ということを伝える。なお，保護者はしばしばこちらに

気を使って部屋から出てくるように強く言うことが多いので，そういうことはしないように訪問前に念を押しておく。

ある熱心な中学教師が長い間ひきこもっていた生徒の部屋の中に入り，嫌がるのを羽交い締めにして車へ押し込み，学校へ連れていったところ，教室では何事もないかのように過ごしたが，翌日から食事にも出てこなくなるなどよりひどい閉じこもり状態になってしまった例もある。訪問してみて，実際部屋にこもって出てこなくても，本人の部屋に踏み込んだりはしないで，ふすまやドアごしに来たことと帰ることを伝えるに留める。

◇まず支える：まず伝えたいこと

まず支えるというのが基本である。家庭訪問は最初のうちは，一般に本人には嫌がられる。時にはひどく嫌がられる。しかし，登校へのプレッシャーをかけないし「土足で踏み込んでこない」ことがわかれば，そうした反応は和らぎ本人と会えるようになるものである。なるべく早いうちに，たとえば「こういうことで苦しんでいるのは君だけではない」，「大事なのは，学校へ行く行かないということではなくて，本人（君）が元気になることだ」と保護者と本人に直接あるいは間接にでも伝える。また，「嫌がることを無理に押しつけたり，話したくないことを無理やり聞き出そうとしたりはしない」ということも伝える。これは訪問者のスタンスを伝え，本人が感じているであろう脅威を和らげるためである。私は上記のことをメモに書き，（顔を合わせたことがない場合には）自分のプリクラを張りつけておくこともある。

また，訪問者自身が支えるだけでなく，たとえば，メンタルフレンドや同級生による訪問や家庭教師等種々のネットワークを通して「まず支える」ことができないかを検討する。

◇会えなくても失敗ではない

慢性化している場合には，1回の訪問で会えることは少ない。このため，当分は保護者とだけ会うということが多い。ここで大事なことは本人に会えなくとも失敗ではないと心得ておくことである。家庭訪問の目的は二つあって，①本人と細いパイプであれつながりを持ちできれば相談にのること，だけでなく②保護者（母親）を支えるため，でもあるからである。また，たとえ会えなくともこちらの様子を本人はひどく気にしているので，会えなくても深追いしないことが大切である。

◇反応次第で変える

　なお, 本人の反応次第で, 頻度（たいていは週1〜2度）と接し方（電話ですませるか, 玄関先で帰るか, 茶の間にあがりこむか等）を変える。相手の反応から, どういう対象として映っているかを吟味しつつ対応していくというのが基本である。より具体的には, 脅かさない, 安心できる人であるということ, そして（登校など）嫌がることを無理に押しつけない人であること, さらには本当に援助したいと思っている人だということが次第に本人に実感できつつあるかどうかを考慮し, 対応を調整する。訪問後暴れるなど極端な反応を示す場合は, しばらく訪問を差し控えたり, 訪問者を変更したりすることを検討する。この「本人の反応次第で変える」というのは, これ以後述べる対応についても同様である。なお, 訪問を差し控える場合も, 「見守る」姿勢が伝わるような伝言をして訪問を中止する。

◇できれば定期的に訪問する

　できれば, 毎週何曜日の何時頃というふうにおおよそ決まった時間に定期的に訪問する。すると, 最初は会えなくても, その時間になると家から逃げていた生徒が, そのうち部屋にいるようになり, ついには会えるようになったりするものである。

◇保護者への対応

　したがって, 本人とは会えず, 当分保護者とだけ会うということがある。保護者が安定するだけでも登校に至ることもあるので保護者への対応は重要である。

　保護者はわが子の状態についてひどく心配し, 混乱していることが多い（以前は例外なくそうであったが最近はそうでもないこともある）。そういう中で学校関係者が本人に何らかの関わりを続けるだけで, 保護者の孤立感と不安を和らげる作用がある。とりわけ, 保護者は子どもの将来についての不安が大きい。したがって, その不安を大きくさせるようなことは言わず, 保護者の話に耳を傾け, その気持ちを汲み, 適宜説明をしつつ「なんとかなるもんですよ」といった態度で支える。その際, 暗にであれ, 保護者と本人を責めないことが大切である。

　保護者はしばしば「なぜこんなふうになったんでしょうか？」と問う。また, 「〜が原因ではないか」と主張する場合もある。保護者や教師が「原因」と称し

ている事柄は実際には「引き金」または「要因のひとつ」である場合がほとんどである。それに対しては，「ケースバイケースだが，一般にはたったひとつの要因でこういうことが起こるわけではない」と答えておく。ただし，たいていの人が不登校になってもおかしくないほどの出来事がある場合はこの限りではない。

保護者としては何か心当たりはないかどうか「保護者の説」を聞きたくとも，家では最小限に控えた方がよい。ひどい家庭内暴力がある場合も，それについては外部での面接で話を聴くようにした方がよい。

スクールカウンセラーの場合は，さらに学校・教師への不満があればそれを聴き，対応できるところはするように努める。

基本的には，保護者に訪問の基本方針を理解してもらえるように努める。保護者との会話は本人が聞き耳をたてていることを想定し，本人にも聞かせたい話をさしはさむように心がける。たとえば，最初の一，二回は本人の一日の様子や過ごし方や趣味などを聞くなりし，「学校へ行く行かないということよりも本人が元気になることが大切。今後周囲がどういう配慮をするのが本人が元気になるのに役立つかを，学校とご家庭の双方で考えていきましょう」「人間本当にきついときは，ひきこもることが大事なんです」という旨を伝える。そして，家庭でも本人を追い詰めないで，より元気になるにはどういう接し方をしたらよいかという視点で接し方を工夫してもらえるように心がける。ただし，焦りや不安が大きい保護者では，先を急ぎ過ぎるのでブレーキをかけるのが必要なこともある。

いつも何か教師らしいことカウンセラーらしいことを言わなければならないような気分になりがちであるが，最初の一，二回はやむをえないとしても，後は雑談を心がけるのがよい。ただし，特に訪問開始後しばらくは長居はしない。本人と会えない場合にはなおさらである。

◇会えても深追いしない

自分を脅かしそうにないことが本人にわかれば，いつかは自室から出てくるものである。しかし，ここで大事なことは，本人と会えても決して深追いしないということである。会えたことを素直に喜び，ここでも再度「嫌がることを無理に押しつけたり，話したくないことを無理やり聞き出そうとしたりはしない」ということを伝える。また，「大切なのは学校へ行く行かないということよ

りも君が元気になることだ」「人間本当にきついときはひきこもることが大事」などといった，先に保護者に伝えたのと同様のことを伝える。

　一度会えたからといって，次の訪問でも必ず会えると期待しない方がよい。会えることもあれば，会えないこともある。ひきこもり生徒にとって，いったんできたから次も同じくらいできて当然，あるいは次はもっとできて当たり前といった期待は本人を追い込むことになるからである。すなわち，きつくなったらいつでも安心してひきこもれるような関係づくりを心がける。

会えるようになってからの接し方

　訪問しても本人に会えない場合はもちろんのこと，たとえ本人に会えたとしても初期は長居せず回数を重ねることを留意する方がよい場合が多い。1回で長時間話すよりも，数分程度の短い時間で何回も会っていく方が打ち解けやすいものである。ただし，本人が話したがっている様子が見える場合は別である。

　会えるようになったら，当面は安定した関係づくりに努め，将来は本人の活動範囲や対人関係を拡げ，さらに主体的自助努力を引き出し，試行錯誤を通してその精度をあげるための援助を目標とする。まず，大事なのは，「こういうことで苦しんでいるのは君だけではない」ということを伝えることと，訪問者自身が「人生なんとかなるものよ」「長い人生で数年くらいはどうってことはない」「たいていのことは取り返しがつくものよ」「学校行くよりも，どんな仕事であれ，将来自分で食っていけるようになることが大事」という態度を示せることである。そして，そういう態度を示しつつ，自助のための「注文をつける能力」と「工夫する能力」を育成するという視点から関わる。

◇登校の約束をさせない，説教癖に注意

　まず，「勉強してるか」とか，説教や訓話めいたことを話したりなど，また登校の約束をさせるなどいわゆる教師らしいことを言いたくなるが，それは控える。

◇最初のうちは短い返事ですむ問いかけから

　原則として，最初のうちは「はい」「いいえ」で答えられるような質問をし，本人が時にこちらに視線を向けるようになったら，少しずつより長い説明的返事を求めるような対話へともっていくように心がける。

◇趣味等の話をすること，一緒に遊ぶこと

　無難なのは，趣味や本人が興味をもっていることについて話したり，ゲームに誘って一緒に遊んでみたりすることである。たとえば，テレビゲームやウノはこの年代の生徒たちのほとんどが好きなものである。訪問者が不得手であっても，教えてもらえばよい。本人が教え，訪問者が教わるという関係は本人に安心感を与え，つながりを深めるのにも役立つ。一緒に遊ぶ際には，一緒に楽しむことが大切である。筆者は，遊びながら次第に軽口を叩きあえるように——たとえば，「誉め言葉」や「負けた悔しさ」「勝った自慢」，さらには「軽い攻撃性」を冗談めかしてなごやかに交わせるようになるように——心がけている。彼らの多くは，それが苦手であるように思われるからである。これは後に述べる「きまじめ，きっちり，気をつかいすぎ」を和らげるのにも役立つ。

　もっとも，必ず一緒に遊ばなければならないことはない。その場合は，本人が友人などと遊べるように配慮する。

つながりと活動を拡げる：チャンネル探し

　自室にこもっている状態から，居間で過ごす時間が長くなってきたら，少なくとも家庭の中である程度元気になってきているサインである。この頃には，「本当にきつい時はひきこもるのがいいが，学校じゃなくていいから，余裕が出てきたら少し外に出るように心がける方がいい」と，近い将来の方向を示唆し勧める。

　そして，ある程度その状態が続いたら，外部とのつながりをなるべく多くもてるように援助する。誘ってもよいサインは，本人がやや「退屈しかけてきた」「マンネリを感じ始めた」「もう少し刺激が欲しい」ように見える頃である。本人はどこにチャンネルが開かれているか，つまりチャンネル探しを行い，つながりと活動を拡げるために必要な注文・工夫を話題にする。同級生や部活関係などの友人とつないだり，保健室や相談室へつなぐのが無難であるが，その他にもゲーム，テレビゲーム，スポーツ，塾，予備校，家庭教師，習い事，○○教室，メンタルフレンド，外来相談室，部活担当の教師，大検など適宜アイデアを出して話し合い，適当なタイミングで勧めてみる。保護者にもチャンネル探しを心がけてもらう。

　たとえば，同級生と一緒に家庭訪問し，ゲームを一緒に楽しみ，それから相

談室で放課後一緒にゲームをするようになって登校に至った生徒がいる。このように，しばしばゲームがチャンネルとなるが，家庭訪問によって意外なチャンネルが見つかることもある。筆者の経験では，家庭訪問の結果，本人が競馬に熱中しており，大変詳しいということがわかり，相談室で「競馬ビデオ」を購入して相談室へ誘ったところある程度登校するようになった例もある。

◇学校のことなどを話題にする時

　また，本人が元気になってくるにしたがって，学校やクラスや勉強あるいは自分の将来のことなどが気になっているというサインが見られるようになり，学校のことや将来のことなどそれまで話すのを嫌がっていたことにふれることができるようになる。そういう時期がきたように思われたら，「学校のこと聞いていい？」とか「こういうこと聞いていい？」など本人に聞いて，OKが出てから話題にする。

◇学校で過ごすための注文・工夫

　いきなりひとりで教室へではなく，友人とともに休日に登校してみたり，友人に誘ってもらい保健室や相談室へというのが無難である。保健室や相談室で安心して過ごせるようになってきたら，同級生に時々遊びに行ってもらう。ただし，ここで性急に教室へ誘わないように注意する。誘ってもよいサインは，ここでも本人がやや「退屈しかけてきた」「マンネリを感じ始めた」「もう少し刺激が欲しい」ように見えるころである。

　ここでも，どの授業なら出られそうかという注文を聞き，「いつでも逃げられる」ように配慮しておくことが大事である。

応用的関わり方

　以上が基本的関わり方である。これだけでも長期的には相当な変化が望めるはずだが，さらに以下のような関わりも役立つ。

◇「注文をつける能力」の育成と「工夫する能力」の育成

　ひきこもりの人は周囲へ失望し，働きかけることをあきらめている。したがって，注文をつけられるようになることは外界に働きかける力を引き出し，外界との関係を変えるのに役立つ。そこで，自分がより元気になるためには，周囲にどのような対応をしてもらうことが役立ちそうかについて「注文をつけられる」ように配慮する。さらには，本人自身がより元気になり，外界に働きか

けたり，何かをより実行しやすくするための本人自身の工夫を引き出すように配慮する。

　勉強の話はせず，登校の約束などさせたりしないで，あくまでも「学校へ行く行かないというよりも元気になることが大切」という観点から，一日の過ごし方や趣味やストレス解消法などを話題にする。次いで，「元気になる」ためにはあるいは「これ以上落ち込まない」ためには周囲にどう対応してもらった方がいいか，周囲にどういうことだけはして（言って）ほしくないかなどについて注文をつけることを勧める。すでにそれがある程度できている場合には「そういうふうに注文できることが大事」と誉めておく。

◇訪問者自身への注文

　ここで重要なのが，まずは訪問者自身に対して訪問の仕方について注文をつけてもらうことである。頻度はどうか，時間帯と滞在時間はどうか，こういうことだけはしてほしくないということはないか，など訪問の仕方をいろいろ話題にし，その注文になるべく応じるように努める。

　ただし，「もう家に来ない方がいい」などといった注文には，簡単には応じない。原則としては訪問の中止ではなく頻度を減らすことで対応することで本人に了解してもらうようにする。ここでも，「節度ある押しつけがましさ」とでも言うべきものが必要である。なお，このように訪問者をがっかりさせる「注文」が出てくることがあるが，その時こそ訪問者のスタンスを伝え信頼関係を形成するチャンスである。「そういうふうに注文できることが大事」と伝える。

◇「してほしくない」ことから「してほしい」ことへ

　同様の要領で，周囲にどう対応してもらったらいいかを話題にする。しかし，外界へ働きかけることを諦めているひきこもり者に，「（元気になるために）してほしいこと」の注文といっても，なかなか出てこないものである。その時は，「（これ以上落ち込まないために）してほしくない」「言ってほしくない」ことについての注文を聞いてみると注文が引き出しやすい。たとえば，「学校（または勉強）のことを言わないでほしい」といった注文がしばしば出てくるものである。

◇「注文・工夫」の方向

　このことからもわかるように，ひとくちに「元気になるための注文や工夫」と言っても，その水準はいろいろである。最初は「状態がよりひどくならない

ためには」,「ストレスをより和らげるために」といった消極的なレベルのものから,「ストレスを発散・解消するために」といった積極的なレベルまである。「してほしくないこと」の注文から,「してほしいこと」の注文へ,もあれば,さらには,「(たとえば,学校や自分の将来のことなどの) 嫌なことを考えるのをさけて元気」というレベルから「嫌なことを考えても実行しても元気でいられる」というもっと積極的なレベルまである。また,外界への注文から,自分自身がよりうまく実行できるための工夫へ,ということもある。このことからもわかるように,ここで注意すべきは,「(嫌なことに触れないで) 元気になる」というのはとりあえずの目標であり,最終的な目標は「(嫌なことに触れつつも) 元気でいられる」のを援助することにある。「自助のための注文・工夫」をこのような方向で徐々にレベルを上げていけるように心がける。

その無難で望ましい方向性を以下にいくつかあげてみる。

① 「してほしくない」「言ってほしくない」ことから「してほしい」ことの注文へ。
② 訪問者自身への注文からそれ以外の人への注文へ。
③ 周囲への注文から自分自身への注文・助言,自分自身の努力のための工夫へ。
④ 「嫌なことをさけて元気」から「(嫌なことにふれつつも) そこそこ元気」へ。
⑤ 家庭の中での注文・工夫から,外部や学校で過ごすための注文・工夫へ。

◇ 目標の方向に注意する

ここで重要なことは,不登校・ひきこもり生徒自身の目標の方向が適切ではないことがしばしばあるということである。きまじめできっちりした気を遣いすぎる生徒に多く,たとえば,彼らはきっちりしすぎて消耗してしまったため当面は気を抜く方向に目標を置くのが得策なところを,しばしばさらに頑張ることで対処しようとする。いわば短距離型から長距離型への転換が必要にもかかわらず,逆に短距離型を強化することで乗り切ろうとする (田嶌 1995b) のである。このような場合,さしあたっては「気を抜く」「頑張りすぎない」「気を遣いすぎない」等の目標を設定し,そのための注文・工夫を引き出すのが適切である。

その際,注意すべきことは,そういう目標を共有する際には「レパートリー

を拡げる」という観点から提案することである。さもないと，そうした方針に対して，彼らはしばしば「このままどこまでもルーズになってしまうのではないか」という不安を抱きがちである。たとえば「生きていくには，きっちりできるところと，気を抜くことができることの両方が必要。君はきっちりする方はもともと得意だから，当面は気を抜くことの方を心がけようよ。そうするとレパートリーが増えて，両方がじょうずになるから状況に応じて使いわけられるようになり，きっちりした部分もより生かせるようになるよ。だから，ずーっとそうしていなさいということじゃないから，気を抜くことを心がけてみようよ」といった言い方をするのが有効である。

◇あくまでも試行錯誤

このようにしていくと，自助のためのいろいろな注文や工夫を行うことになるが，あくまでもそれは試行錯誤であり，それは必ず成功しなければならないものではなく，本人と訪問者（時には保護者）とがいろいろアイデアを出しあって，試してみるという姿勢をとるのがよい。実行してうまくいかなかったとしても，それは失敗ではなく，「（それだと）うまくいかないということがわかった」のだという肯定的評価をくだし，新たな注文・工夫に取り組むのがよい。このようにして，本人の主体的自助努力の精度をあげていくことを援助するとともに，本人自身の外界・他者と自分自身の体験に対する体験様式が，それまでの回避的逃げ腰的なものから「逃げ腰的でない構え」または「受容的探索的構え」（田嶌 1987, 1992）に変化していくのを援助するのである。

◇「注文」と「工夫」の間

だからといって，ここで重要なことは注文つけから工夫へと性急に進まないことである。基本的には支持的受容的共感的態度で本人のニーズにそって対応する。自助のための注文をとりあげることは，なによりも訪問者のスタンスを伝えるのに役立つと同時に本人の心情の理解に役立つ。本人の内面の悩みを話しはじめる場合にはそれをじっくり受け止めるが，そうでない場合はあれこれ雑談につきあう，一緒にゲーム等をするなどを心がけることが大切である。遊べるようになったり外部とのチャンネルができるだけで，あるいは上記の対応をするだけで，工夫について特に取り上げずとも自発的になんらかの工夫が出てくることも少なくない。また，さしたる注文や工夫が出てこなくとも失敗ではないことは，先に述べた通りである。

◇「見ていてくれる」

　ある程度元気になり，復学ないし就職などなんらかの道を歩みはじめ，現実の関わりの必要は少なくなってくる。その場合，信頼できる誰かが「見ていてくれる」ということが本人を支えるものである。そういう感じを残しつつ，現実の関わりは少なくしていくように心がける。

◇別のやり方で訪問していた場合

　別のやり方，考え方で訪問を続けてきた場合，それが少しずつでも好転してきているようなら，それを続けるのがいいだろう。しかし，そうでないのなら，ただちに訪問をいったん中止し，しばし間をあけてから，再度ここで述べた方針で訪問を再開されることをお勧めする。

◇何度訪問しても会えない場合

　通常はありえないことであるが，何度訪問しても本人に会えない場合のことを考えてみよう。このような場合，メモを残して働きかけたり，メモを介してなんらかの注文を引き出すというのがひとつの方法である。また，誰が訪問するのがよいかという注文を引き出すように努め，その人と交代するのもひとつの方法であろう。また，まだ機が熟していないということもありえよう。何度訪問しても拒否的だったが，同じ人が数年後に訪問したところ，ひきこもりは以前よりひどくなっていたが，今度はうまくいったという例もある。なにごとも，タイミングが重要である。

◇非現実的期待を膨らませすぎない

　本稿で述べてきたアプローチをとる際，本人が将来への希望を持つことは大切であるが，その一方で注意すべきことは訪問者への非現実的期待を膨らませすぎない（田嶌 1998b, 2000）ように配慮するということである。非現実的な希望をなんでもかなえてもらえるという幻想をもたれないように気をつける必要がある。非現実的期待が膨らみすぎる可能性がある場合は，早めに訪問者ができることとできないことを伝えることが必要である。また特に強調しておきたいのは，重篤な事例や深刻な自傷他害の可能性のある事例の場合「ひとりで抱え込まない」，「丸投げしない」ことが大切であり，適切な専門機関との連携が必須であるということである。

IV まとめに代えて──基本モデル

本稿で述べたアプローチの心理的援助モデルは単純なものである。基本的には「ネットワーキング（NW）による援助→（状態の安定）→目標の共有→自助努力・工夫を引き出す」というモデルに沿って種々の介入を行ったものである。すなわち，本人をとりまく周囲のネットワーキングで支え，さらにできれば，自助努力や工夫を引き出すことを試みるというものである（田嶌 1998b, 1999, 2000, 2001）。

文 献

菅野信夫（2000）引きこもり現象への心理療法的接近─青年期の不登校・アパシーを中心として．In：岡田康伸・鑪幹八郎・鶴光代編：心理療法の展開（臨床心理学大系 18）．金子書房, pp.79-95.

近藤邦夫（1987）教師と子どもの関係づくり．東大出版会．

宮本亜門（1999）宮本亜門さんに聞く（インタビュー）．幼児と保育 44(14)；11-14.

長坂正文（1997）登校拒否への訪問面接．心理臨床学研究 15(3)；237-248.

大野精一（1987）学校教育相談─理論化の試み．ほんの森出版．

田嶌誠一編著, 成瀬悟策監修（1987）壺イメージ療法─その生いたちと事例研究．創元社．

田嶌誠一（1992）イメージ体験の心理学．講談社．

田嶌誠一（1995a）密室カウンセリングよどこへゆく．教育と医学 43(5)；26-33.

田嶌誠一（1995b）強迫的構えとの「つきあい方」の一例．心理臨床学研究 13(1)；26-38.

田嶌誠一（1997）多面的援助モデルによる心理的援助．日本心理臨床学会第 16 回大会発表 補足資料．

田嶌誠一（1998a）スクールカウンセリングにおける家庭訪問の実際．In：高橋良幸編：シンポジウム「学校」教育の心理学．川島書店, pp.137-147.

田嶌誠一（1998b）暴力を伴う重篤例との「つきあい方」．心理臨床学研究 16(5)；417-428.

田嶌誠一（1999）相談意欲のない不登校・ひきこもりとの「つきあい方」．日本心理臨床学会第 18 回大会発表論文集, pp.94-95.

田嶌誠一（2000）学校不適応への心理療法的接近．In：岡田康伸・鑪幹八郎・鶴光代編：心理療法の展開（臨床心理学大系 18）．金子書房, pp.59-77.

田嶌誠一（2001）事例研究の視点─ネットワークとコミュニティ．臨床心理学 1(1)；67-75.

玉岡尚子（1973）訪問面接．In：小泉英二編著：登校拒否―その心理と治療．学事出版，pp.169-185．
関川紘司（1996）閉じこもりの子どもたちへの訪問相談．日本心理臨床学会第15回大会発表論文集，pp.254-255．
菅原秀美（1998）家庭訪問の実際―ケースを通して．In：宮田敬一編：学校におけるブリーフセラピー．金剛出版，pp.153-166．
村瀬嘉代子（1988）不登校と家族病理―個別的にして多面的アプローチ．In：村瀬嘉代子（1995）子どもの心に出会うとき．金剛出版，pp.145-171．

□コラム③

夜間校内適応指導教室

　ここで紹介したいのは，ある中学校でのいわば「夜間適応指導教室」とでもいうべき試みである。これは私がスクールカウンセラーとして勤務していた福岡市の中学校で当時の校長の発案で始まり，主に生徒指導専任の先生とボランティアの方々の尽力で実施でき，私も若干の関与をした活動である。その特徴は，まず第一に週2回19時〜21時という夜間に開室したことである。第二に，参加生徒のニーズに応じた活動を，たとえば，①遊びやゲームを通じた交流，②スポーツを通した交流と心身の健康促進，③教科の基本的内容の学習，などを行ったことである。第三に，私の研究室の学生たちと地域の保護者がボランティアとして，その活動に主に関わったことである。また，第四にこれへの参加を「出席」と認めたことである。第五に，それと並行して保護者会を月1回行い，これは私が担当した。

　このうち，なんといっても最大の特徴は，夜間に開設したことである。昼間は他の生徒がいるから，来られないというのなら，夜に教室をやれば来られる生徒もいるのではないかというのがそもそもの発想である。すると，なんと，活動の2年目には3年生の不登校生徒13名のうち11名も参加できるようになったのである。最初はコミュニケーションがボランティアと個々の生徒との間にわずかに生じる程度で，なんともしめやかな雰囲気で始まった。生徒同士のコミュニケーションがまったく生じないのである。そのうち，ボランティアと個々の生徒のコミュニケーションが最初よりはとれるようになり，ついで少しずつ生徒同士のコミュニケーションが生じるようになり，だんだん生徒たちが何人かずつで一緒に遊べるようになってきた。それに伴って，生徒たちが少しずつ元気になってきた。バドミントンなどを機に，さらに明らかに元気になってきた。

　もとの教室復帰に課題を残したものの，そして運営に労力がかかることも問

題ではあるが，傍目で見ていても，生徒同士の交流を通して明らかに全員が元気になり，大きな成果をあげうるものであると私には感じられた。

□コラム④

いじめ問題が臨床心理士につきつけるもの

何者かと問われている

　いじめ問題が臨床心理士につきつけるものについて思いつくことを述べることにしたいと思います。まず指摘しておきたいのは，いじめ問題は，私たち臨床心理士がもっとも得意としてきた個人面接で心の深いところを扱うという伝統的な方法や視点だけでは大きな限界があるということです。その意味で，臨床心理士や臨床心理学は子どもたちにとって何者であるかが問われています。

「現実を見据えつつ心に関わる」，「現実に介入しつつ心に関わる」

　臨床心理士の活動という視点から見て，通常の相談にくらべいじめ問題にはきわだった特徴があります。それは内面に関わるだけではすまない場合がしばしばあるということです。いじめがからむ事例では，しばしば「現実に介入しつつ，心に関わる」ことが必要になってきます。現実の介入の必要がない場合でも少なくとも「現実を見据えつつ心に関わる」ことが必要です。少なくとも私はそう考えています。いじめがある程度収まっていれば，個人面接でいじめの心の傷などを扱うという方針でやれますが，その一方で現実にいじめが収まってない場合，そういう場合はやっぱり現実のいじめへの対応が必要かどうかということを検討することが必要になります。

　むろん，いつでも現実の生活に介入しないといけないわけではありません。また，現実の生活に介入する場合でも，いつも臨床心理士がそれをやらないといけないわけでもありません。しかし，時に，そうしたことが必要になる性質の相談内容であることに留意しておくことは重要です。心理だから，こころの内面だけにもっぱら関心をもっておけばいいというわけにはいきません。その子どもの学校等での生活の様子を見立て，「現実の生活への介入」が当面は必要ないかどうかという見立てをどこかで（あるいは随所で）しておく必要があり

ます。

最初からいじめとして登場するのではない

また，私たちの前に，いじめは最初からいじめとして登場するわけではありません。当事者が「いじめ」という語を使っていたとしてもその内実は多様です。「対人関係トラブル」なのか「いじめ」なのか，いじめであるにしても，現実の対応が必要ないじめなのかということはなかなか識別がつきにくいものです。したがって，しばしば「(関係者に) 動いてもらいながら見立てる」「動きながら見立てる」ことが必要になります。

多様な活動と多面的アプローチの必要性

臨床心理士がいじめ問題に関わるには，多様な活動があります。たとえば，少なくとも以下のようなものがあります。

1. いじめの早期発見
2. いじめによる後遺症へのカウンセリング
3. いじめられている子へのサポート
4. いじめそのものへの解決の対応
5. いじめ防止プログラム
6. いじめの発見・解決・防止のためのシステムづくり
7. いじめ加害者やキレやすい子への援助
8. 以上の諸活動のためのコンサルテーション
9. 以上の諸活動のための基礎研究

このことは必然的に，多面的アプローチが必要であることを示しています。

「個と集団という視点」

子どもたちのいじめは，そのほとんどが学級や部活動や学校という集団の中で起こるものです。したがって，被害児だけを指導したり，加害児と被害児だけを指導することですむこともありますが，それだけでなく学級あるいは学校全体への働きかけも必要となることがあります。したがって，個人の内面だけ

でなく，「個と集団という視点」が必要です。

主体と環境とのより適合的関係

しばしばその子が「いじめられやすい」という理解がされている場合があります。このような理解には注意が必要です。こうした特徴は決して「個に閉じた特性」ではなく，相手があっての問題だからです。いじめの解決・解消ないし沈静化の形は一様ではありません。加害児がいじめなくなる，周囲がきちんと止めるようになる，学級・学校を替わる，いじめ被害児が強くなる等さまざまです。つまり相手が変わる，周囲が変わる，本人が変わる，そのいずれでもよいわけです。変わるべきは必ずしもその個人でなければならないことはなく，変わるべきは「主体と環境との関係」です。

学校の寮や施設での悲惨な事件

いじめはしばしば風通しの悪いところで起こります。その点で，現在はまったく注目されていませんが，学校だけでなく，学校の寮や施設にも注意が必要です。実は，学校の寮や施設では，逃げ場がなく，これまで実際に悲惨ないじめや深刻な暴力事件が驚くほどたくさん起こっています。

学校内の3種の暴力に注目すること

ここで，長期的展望で考える際に，見落とされているように思われる重要な点についても指摘しておきたいと思います。それは，少なくとも，学校で問題になっている児童・生徒間のいじめはそれだけを対象としたのでは，その根本的な解決は難しいということです。たとえば，つい最近の報告では，なんと小学校の高学年で学校では児童から教師への暴言・暴力が大きく増加しているとのことです。小学校にしてそうなのですから，中学校はおして知るべしです。このことは，仮にいじめが発見されても，教師の児童・生徒への指導がしばしばなかなかとおらない場合があることが予想されます。

同時に，長年問題となってきたように，教師から児童・生徒への体罰や，近年問題となってきている教師から児童・生徒への「性暴力」「セクハラ」という問題があります。

つまり，重要なことは，学校には「児童・生徒間の暴力」「児童・生徒から教

師への暴力」「教師から児童・生徒への暴力」があり，それらは相互に関連しているということです。さらに言えば，近年注目されているいわゆる「保護者から学校への無理難題」がこうした事態に拍車をかけています。学校のいじめ問題を長期的展望で考えるには，このことをしっかり見据えることがどうしても必要だというのが私の考えです。

なぜ教師の体罰はなくならないか

教師の体罰は学校教育法で早くも昭和22年には禁止されています。これほど昔に禁止されているにもかかわらず，なぜ現在に至るまで体罰がなくならないのでしょうか。その要因はいくつか考えられますが，とりわけ重要な要因は体罰を禁止しておきながら，それに代わる強制力を教師・学校が実質的には与えられていないからであると私は考えています。このことはいじめ問題に限らず，形式的には「出席停止」がありますが，実質的にほとんど使われていないのが現状です。悪質ないじめをしている児童・生徒で，注意されてもやめない，どうしてもいうことをきかない児童・生徒を，どうしたらいいのか，その手立てを学校・教師は持っていないし，持たされていないのです。このことはいじめ問題に限らず，学校のさまざまな問題の解決に必要な視点でもあります（なお，学校・教師の強制力にはそれが暴走しないための歯止めもまた同時に必要です）。ですから，悪質ないじめをし，注意されてもやめない，容易に反省もしない児童・生徒を教師・学校に指導しなさいというのは，これは実はかなり無理な要求であると思います。

だからといって，私たちは手をこまねいているわけにはいきません。学校・教師・臨床心理士などいじめ問題に取り組む人たちが，その解決・解消・沈静化や予防のために当面できることはいろいろあります。このことも強調しておきたいと思います。

いじめに取り組んでいるということ

文部科学省の伊吹大臣がどこかのテレビ番組で述べておられたことですが，「いじめ報告がないのがいい学校」とされてきたのが間違いであり，「取り組んでいるのがいい学校」という視点が重要です。

取り組みに際して，臨床心理士は現場の経験と実感をもとに有用な活動や提

言を行うことができるかどうかが問われることになります。今, 臨床心理士は, 子どもたちにとって何者であるかが問われています。

あとがき

　本書をお読みいただき，ありがとうございました。いかがだっただろうか。
　実を言えば，最初は私のこれまでの仕事を本書一冊になんとかまとめるつもりでいた。しかし，けっこう量がかさみ，どうやりくりしてもそれがかなわなかった。そこで，イメージ関係のものはこれまで出版したことがあるので割愛し，また児童福祉施設の暴力問題や「システム形成型アプローチ」としての安全委員会活動については，簡単に紹介するに留めた。そういうわけで，本書では，「ネットワーク活用型アプローチ」を中心にせざるを得なかった。しかし，不十分ながらも，書きたいことはおおよそ盛り込むことができたように思う。
　「総論に代えて」で述べたように，私の心理臨床は，「内面探求型アプローチ」から「ネットワーク活用型アプローチ」へ，さらには「システム形成型アプローチ」へと展開していった。しかし，「内面探求型アプローチ」を否定して「ネットワーク活用型アプローチ」へと移ったわけでも，「ネットワーク活用型アプローチ」を否定して「システム形成型アプローチ」へと移ったわけでもない。そうではなく，「ネットワーク活用型アプローチ」は「内面探求型アプローチ」を含むものであり，同様に「システム形成型アプローチ」は「ネットワーク活用型アプローチ」を含むものである。決して前を否定して次に進むということではなく，否定でなく包含していくものである。
　読者の皆さんが，本書に刺激を受けて，それらを包含し，その先に進んでいかれる一助となることを願っている。

2009 年 9 月 1 日

索　引

あ

愛着行動　34
アスペルガー症候群　59, 60, 117, 234
アセスメント
　遊びの——　103, 104, 118, 231, 232
　安心・安全の——　37
　関係——　105, 108, 113
　個人——　105, 107, 108, 112, 115
　適応——　108, 115
　ネットワーク——　108
　発達——　59, 104, 105, 107, 108, 111, 112, 115-120, 141, 228, 234
　目標——　101
遊び方評定表　231, 232
遊びの形態評定表　231, 232
アトニーブ　129
アパシー的退却症　157
アルコール依存症　114, 135, 136, 137, 156
安全委員会方式　29, 30, 34, 35, 36, 41, 45
安全弁　13
　——という視点　13
　——を備えた治療的枠組みづくり　180, 193

い

井沢元彦　66, 86
異質同形性　64
いじめ　8, 16, 19, 25, 28, 37, 45, 59, 60, 88, 90, 93, 101-103, 106, 107, 116, 117, 125, 134, 199-201, 206, 208, 209, 225, 234, 255, 266, 282-285
一次障害　60
一時保護　29, 36, 45, 46, 48, 50, 52
居場所　20, 76, 84, 85, 90, 91, 108, 111, 117, 141, 170, 172, 173, 185, 187, 188, 193, 203, 215, 226, 228, 234, 240, 250-252, 254, 255
　——づくり　76, 84, 111, 117, 141, 203, 228, 240, 250, 251, 252, 255
　——の活用　111
イメージ体験様式　57
イメージ面接　57, 61, 76, 77, 79, 81, 166, 167, 171
イメージ療法　11, 12, 43, 57, 58, 79, 80, 86, 166, 177, 197, 257, 278
イメージ療法の危険性　80

う

ウィニコット　75
動きながら考える　30, 96, 131, 227, 254
内側からの理解　114, 136, 137

え

エイブルアート　119
ADHD　59, 60, 117, 234
NLP　73
エレンベルガー　66, 67
エンパワーメント　100

か

カーンバーグ　150
カウンセラーへのゆだね　170

カウンセリング 7, 13, 16, 17, 20, 21, 43, 55, 56, 58, 73, 74, 78, 87-89, 90, 92-96, 107, 110, 120, 126, 128, 134, 139, 147-149, 197, 199, 204, 217-220, 222, 237, 239, 240, 242, 243, 247, 251, 252, 254, 255, 257-261, 264, 278, 283
学習障害 59, 60, 116, 200, 234
学生相談 7, 13, 20, 83-85, 111, 122, 123, 141, 144, 146-148, 153, 157, 158, 173-180, 187, 188, 194, 197, 204, 240, 252, 254, 256, 257
学派と創始者の個性 72
学派への適性 74
隠れた治療者 124
過去よりも現在を 170
笠原嘉 157
学級風土 126, 134
学校心理臨床 7, 88, 90, 95, 96, 258, 260, 294
学校の風通しをよくする 209
家庭訪問 8, 18, 21, 44, 55, 87, 91, 92, 133, 206-208, 212, 215, 220-222, 235, 238-241, 245, 250, 254, 256-263, 266, 268, 272, 273, 278, 279
――の有用性と有害性 261
からだと切り離された自己 174
河合隼雄 146, 196
関係性の構築 250
関係の脱虐待化 31
関係を継続すること 193
関係を育むこと 223, 231
神田橋條治 155
菅野信夫 230, 263

き

キーパーソン 29, 34, 35
機能分担方式 96, 253
希望を引き出す 229
虐待 16, 22, 23, 26-28, 31, 34-36, 43, 59, 101-103, 125, 234, 235
　施設内―― 23, 26, 43

キャプラン 107
教育ネグレクト 219, 234, 235
境界性パーソナリティ障害 150, 151, 189
境界例 8, 80, 87, 97, 115, 150, 151, 175, 177-186, 188-190, 192, 195-197, 236, 257
　――の行動特徴 180
共感的理解 103, 112, 114, 137, 138
協同達成活動 232, 233
強迫的構えのゆるみ 161, 170
強迫パーソナリティ 152, 154, 157, 159, 161, 167, 168, 169, 172, 176, 177
拒否能力 155
切らない，維持する，育む 218, 227, 228
緊急対応チーム 31

く

工夫する能力 253, 254, 264, 271, 273
グリンダー 73

け

経験を通して成長する土台 167, 171, 173
傾聴 110, 112, 123
原因探しの落とし穴 18
原因追求的アプローチ 154
元気になること 17, 61-63, 101, 117, 213, 222, 223, 241, 242, 245, 246, 267, 268, 270, 271, 274
現実に介入しつつ心に関わる 11-52, 282
現実に介入する 132
現実を見据えつつ心に関わる 282
厳重注意 29, 32, 33, 36, 47
健全なあきらめ 55, 56, 77, 88, 169, 170, 193, 209

こ

攻撃性の法則 28, 29
行動療法 75
校内適応指導教室 8, 228, 280

夜間―― 280
志は高く,腰は低く 39
こころの居場所づくり 203
心の理論 118, 120
個人と環境との関係 19, 125, 126
個性と技法 70-72
個性を補う技法を身につける 79
個と集団 28-30, 283, 284
言葉で言えるように援助 32
言葉の使用 76
言葉への不信 75-77
断わる能力 154, 155
コミュニティ心理学 4, 11-13, 22, 43, 120, 128, 134, 239, 256, 257
コミュニティという視点 119, 124, 125, 133
コンサルテーション 107, 110, 240, 244, 258, 259, 267, 283

さ

財満義輝 156
催眠 73, 77, 160
サルズマン 152, 157, 170
3種の暴力 23, 26, 28, 29, 38, 41, 284

し

ジェンドリン 56
自己愛性パーソナリティ障害 150, 151
自己実現 102, 104, 105, 116
自己促進的関係 71, 72, 74, 75
自己補充的関係 71, 72, 74, 75
自殺未遂 84
自助活動 108, 253, 256
自助努力 20, 92, 100, 108, 110, 132, 206, 207, 226, 236, 240, 242, 243, 250, 260, 261, 263, 264, 265, 271, 276, 278
自助のための注文と工夫 253
システム形成型アプローチ 7, 11, 22, 39, 40, 42, 287
システム論 105, 112, 114
児童虐待 16, 59, 101, 102, 103, 125

児童相談所 17, 29, 40, 42, 45, 235
児童養護施設 4, 22, 23, 25, 27-29, 37, 43-46
死と再生 167, 171
社会性のない非行 206, 239, 240, 248, 249, 253, 261
集合的無意識 67
主体と環境との関係 19, 284
受容的探索的構え 171, 276
正面きらない相談 90, 203
事例研究 7, 43, 44, 85-87, 120, 122, 125, 177, 197, 257, 278
心的構え 57, 68, 69, 79, 169, 172
　受容的探索的な―― 68, 69, 79
心理アセスメント 7, 87, 98-100, 104, 105, 108, 110, 119, 120, 131
心理援助 7, 8, 59, 62, 87, 98, 119, 120, 141, 217-220, 223, 237
心理テスト 98
心理臨床の対象 128
進路相談の重要性 233

す

スクールカウンセラー 8, 16, 43, 86, 120, 124, 126, 198-203, 206-210, 221, 235, 237, 239, 250, 255, 257-261, 267, 270, 280
　――の役割 199-201
スクールカウンセリング 13, 16, 17, 20, 110, 126, 128, 199, 217, 239, 240, 252, 254, 257-260, 278
ストーカー 15
素直な感情の表現 171

せ

生活という視点 20, 22, 76, 109, 125, 128, 129
精神交互作用 169
精神分析 67, 75, 78, 147, 152, 157, 158, 181
成長のための土台づくり 250
節度ある押しつけがましさ 54, 55, 77, 215, 227, 229, 241, 242, 250, 251, 253, 263,

267, 274
セラピストの個性 70
セルフヘルプグループ 173
全員一丸方式 96, 253
全知への欲求 168

そ

創造的瞬間 68, 69
創造の病 66-68, 70
相談意欲がない 17, 20, 101, 206, 239, 248, 261
底打ち体験 114
組織全体を一つの事例としてみる 126
外側からの理解 114, 136, 137

た

体験をとおして成長するための基盤 219
対応の一貫性 30
対応の透明性 30
体験過程 56, 57, 78, 176
体験的距離 57
体験内容 56, 57
体験の仕方 68, 79, 116, 158, 169, 172, 174
体験様式 56, 57, 59, 68, 79, 80, 95, 116, 158, 177, 260, 276
退所 24, 29, 35, 36, 40, 41, 45, 47
対人恐怖 153
体罰 16, 284, 285
滝川一廣 127, 184
ダブルバインド 64
多面的アプローチ 12, 58, 65, 76, 105, 256, 279, 283
短距離型 159
談話室の活用 163

ち

チャンネル探し 272
注文をつける能力 253, 254, 264, 271, 273
懲戒権の有効かつ適正な使用 41
懲戒権の濫用 40, 41, 45, 46, 48, 50
長距離型 159
治療構造 83, 133, 147, 174, 175, 179, 180, 193

つ

つきあい方 56, 58, 109
　　——の基本原則 183
　　——の二つの水準 157
ツッパリ生徒の社会性 205
つながり 95
壺イメージ法 11-13, 22, 42, 43, 58, 61, 65, 75, 76, 82, 86, 87, 167, 254, 264

て

適応アセスメント 8, 44, 105, 107, 108, 115, 116, 119, 148, 149, 151, 157, 189, 200, 227, 228, 238, 255, 257, 278, 280
適応指導教室 8, 227, 228, 280

と

統合失調症 13, 80, 84, 114, 116, 155, 188, 194
動作法 57, 64, 76-78, 177
当事者の希望を引き出す 229
当事者の目を意識する 60, 294
特別指導 29
「努力は報われる」という体験 253

な

ナイチンゲール 137, 138
内面探求型アプローチ 7, 11, 12, 42, 287
内面より生活を 170
中井久夫 150, 170, 184
仲間集団の活用 173, 228
悩み方 56, 57, 149, 151, 153, 158, 176, 177
成田善弘 169, 170, 181
成瀬悟策 64, 77
「なんとかなるものだ」という姿勢 229

に

ニーズ 5, 11, 12, 38, 42, 44, 55, 58-60, 83, 84, 101-103, 111, 113, 117, 120, 139, 141, 181, 182, 186, 192, 193, 200, 215, 217, 234, 252, 258, 276, 280
　一次的―― 59, 60, 103
　二次的―― 59, 60
逃げ腰的でない構え 276
逃げ場を作りつつ関わり続ける 229, 240, 241, 250, 263, 267
二次障害 60
2レベル3種の暴力 23, 26, 29, 38, 40

ね

ネグレクト 37, 38, 43, 219, 234, 235
ネットワーキング 76, 84-86, 107, 108, 112, 128, 131, 132, 227, 240, 254, 256, 278
　個人心理を踏まえた―― 132, 256
ネットワーク活用型アプローチ 4, 7, 11, 13, 42, 143, 287
ネットワーク活用型心理援助 8, 217-219, 220, 223
ネットワークの活用 95, 107, 108, 227, 253, 260
ネットワークの活用方式 253
　機能分担方式 96, 253
　全員一丸方式 96, 253
　並行働きかけ方式 96, 253

は

発達援助 27, 35, 37, 111, 117, 119, 128, 141, 228, 235-237
発達障害 21, 27, 59, 60, 116, 117, 120, 234
ハッペ 118
ハルトマン 129
バンドラー 73

ひ

here and now 170
PTSD 101
ひきこもり 8, 44, 55, 62, 63, 77, 104, 107, 114, 125, 206, 207, 211-216, 231, 232, 238-240, 250-252, 258-264, 267, 271, 273-275, 277, 278
非現実的期待を膨らませすぎない 229, 255, 277
非焦点化された対話 161, 170
ひとりで抱え込まない 236, 252, 277
非密室的アプローチ 110, 240, 259
比喩 174
　――による説明 159, 169

ふ

フォーカシング 80
福祉領域との連携 219, 234
複数で抱える 185, 189, 190, 192, 193
二人関係 12, 86, 181-185, 192-194
　――への過剰な没頭 181
不登校 8, 17, 21, 44, 55, 60-63, 77, 87, 91-93, 104, 107, 114, 127, 134, 139, 199, 200, 206, 207, 209, 211, 217-221, 223, 224, 226-240, 244, 245, 247-250, 252, 255-263, 266, 267, 270, 275, 278-280
　葛藤の少ない―― 219, 239, 244, 248, 249, 256, 261
　葛藤のない―― 207
　相談意欲のない―― 8, 44, 238-240, 260, 278
不登校・ひきこもり状態評定表 231, 232
プレイセラピー 19, 37, 59, 77, 103
フロイト 66, 67
分析の隠れ身 132, 147, 179

へ

ベイトソン 64
別室移動 29

ほ

暴力
  子どもから職員への—— 23, 24, 38
  子ども間—— 23, 24, 26, 27, 38, 42
  施設内—— 23, 26, 38, 44
  児童間—— 23, 24, 26, 27, 40, 42, 44
  職員—— 23, 24, 26, 38, 42
  職員から子どもへの—— 24, 38, 40
  ——の連鎖 26, 33
  ——を非暴力で抑える 27, 31
ホールディング 75
保護者しか相談に来ない場合 222
保護者への対応 269

ま

前田重治 77, 78
まず支える 100, 131, 264, 268
マズローの欲求階層 26, 102
丸投げしない 236, 277
マレル 128

み

見立て 20, 58, 85, 95, 100, 102, 104, 108, 110-113, 115-117, 126, 128, 131, 132, 201, 210, 226, 227, 245, 254, 282, 283
密室カウンセリング 88, 90, 96
密室型心理援助 8, 217, 218
密室心理療法 89, 174, 175, 176
峰松修 170
宮本亜門 230, 263
ミルトン・エリクソン 73

む

村田豊久 118
村山正治 78

め

面接構造 133

面接室外の要因 123, 124
面接室内の要因 123, 124
面接室の外へ出る 132
メンタルフレンド 212, 215, 228, 264, 268, 272

も

目標の共有 20, 108, 132, 169, 240, 241, 243-245, 250, 251, 278
森田療法 169

や

安永浩 169, 170, 177
やわらかな対人接触 171

ゆ

ゆさぶりと抱え 170, 172
夢分析 72, 80, 166, 170
ゆるめ,ゆだねる 170, 171
ユング 66, 67

よ

4レベル3要因 105, 106, 112, 225

[初出一覧]

総論に代えて:現実に介入しつつ,心に関わる―「内面探求型アプローチ」,「ネットワーク活用型アプローチ」,「システム形成型アプローチ」 コミュニティ心理学研究 Vol.1 No.22 2008

第1章 多面的援助アプローチの考え方
  臨床心理学キーワード第11回 臨床心理学 Vol.2 No.6 2002
  つきあい方 心理教育相談における多面的援助システムに関する研究 平成10〜12年度文部省科学研究費補助金基盤研究研究成果報告書(課題番号10610214) 2000
  一次的ニーズ・二次的ニーズ 臨床心理学 Vol.7 No.3 2007
  当事者の目を意識すること 精神療法 Vol.30 No.6 2004

第2章 臨床の知恵(工夫)が生まれるとき―私の臨床実践 臨床心理学 Vol.1 No.2 2001

第3章 密室カウンセリングよどこへゆく―学校心理臨床とカウンセリング 教育と医学 Vol.43 No.5 1995

第4章 心理援助と心理アセスメントの基本的視点 臨床心理学 Vol.1 No.2 2001

第5章 事例研究の視点―ネットワークとコミュニティ 臨床心理学 Vol.1 No.2 2001
  ①勉強すればするほどダメになる? 朝倉記念病院年報, 98 1998
  ②そこにいられるようになるだけで 臨床心理学 Vol.6 No.2 2006

第6章 学生相談と精神療法 広島修道大学臨床心理学研究創刊号 1991

第7章 強迫的構えとの「つきあい方」の一例 心理臨床学研究 Vol.13 No.1 1995

第8章 青年期境界例との「つきあい方」 心理臨床学研究 Vol.9 No.1 1991

第9章 スクールカウンセラーと中学生 こころの科学 No.78 1998

第10章 ひきこもりへの援助の基本的視点(原題「ひきこもり」からの脱出) 福岡市青少年相談センター No.104 2002

第11章 不登校の心理臨床の基本的視点―密室型心理援助からネットワーク活用型心理援助へ 臨床心理学 Vol.5 No.1 2005

第12章 相談意欲のない不登校・ひきこもりとの「つきあい方」 臨床心理学 Vol.1 No.3 2001

第13章 不登校・引きこもり生徒への家庭訪問の実際と留意点 臨床心理学 Vol.1 No.2 2001
  ③夜間校内適応指導教室 臨床心理学 Vol.5 No.1 2005
  ④いじめ問題が臨床心理士につきつけるもの 臨床心理士報, 32号 日本臨床心理士資格認定協会 2007

【著者略歴】

田嶌 誠一（たじま・せいいち）

1951年生まれ。九州大学教育学部（心理学専攻）で心理学を学び，広島修道大学，京都教育大学等を経て，現在，九州大学大学院人間環境学研究院教授（臨床心理学）。博士（教育心理学）。認定臨床心理士。日本ファミリーホーム協議会顧問。NPO法人九州大学こころとそだちの相談室「こだち」理事長。

専門は臨床心理学（心理療法・カウンセリング）で，「現場のニーズを汲み取る，引き出す，応える」を目標として，さまざまな臨床活動を展開している。「壺イメージ法」と称するユニークなイメージ療法を考案し，さらには不登校やいじめをはじめ青少年のさまざまな心の問題の相談活動や居場所づくりとネットワークを活用した心理的援助を行っている。非常勤でスクールカウンセラーとして中学校にも勤務経験がある。また，児童養護施設の子どもたちにも関わっており，その経験から施設内暴力の深刻さに気づき，それを解決する取り組みとして安全委員会活動を行っている。最近では，里親ファミリーホームへの支援も行っている。

『イメージ体験の心理学』講談社現代新書，『学校教育の心理学』川島書店，『日本の心理療法』朱鷺書房，『壺イメージ療法』『臨床心理行為』創元社，『臨床心理面接技法2』『イメージ療法ハンドブック』誠信書房，『心理療法の奥行き』新曜社，をはじめいくつかの著書があるが，いずれも売れず絶版になったものが多い。本人は「幻の名著だ」と述べている。

現実に介入しつつ心に関わる
―― 多面的援助アプローチと臨床の知恵 ――

2009年9月20日　印刷	発行者　立石正信
2024年5月30日　五刷	発行所　株式会社　金剛出版
	〒112-0005 東京都文京区水道1-5-16
【著　者】	電話 03-3815-6661
田嶌　誠一	振替 00120-6-34848
（たじま　せいいち）	印　刷　新津印刷 株式会社
	製　本　誠製本 株式会社

ISBN978-4-7724-1103-5 C3011
Printed in Japan ©2009

現実に介入しつつ心に関わる
［展開編］
多面的援助アプローチの実際

［編著］＝田嶌誠一

A5判　上製　400頁　定価4,840円

不登校やいじめ、
青少年との心の相談活動や居場所づくりと
ネットワークを活用した
独創的な田嶌誠一の心理的援助。

児童福祉施設における
暴力問題の理解と対応
続・現実に介入しつつ心に関わる

［著］＝田嶌誠一

A5判　上製　752頁　定価9,350円

児童福祉施設における
暴力問題の現状理解と対応について
詳細に述べた画期的大著。
子どもの成長基盤としての安心・安全を実践から徹底追求。

価格は10％税込です。